Apoteosis

 EDITORIAL
UNIVERSIDAD DE SEVILLA

 Calidad en
Edición
Académica

Academic
Publishing
Quality

COLECCIONES

Avalado por ANECA FECYT · Promovido por une

VÍCTOR SÁNCHEZ DOMÍNGUEZ
EDUARDO FERRER ALBELDA
ANDRÉS PABLO GUIJA RODRÍGUEZ
(coordinadores)

Apoteosis
De lo humano a lo divino.
La figura del héroe

SPAL MONOGRAFÍAS ARQUEOLOGÍA
Nº LIII

EDITORIAL
UNIVERSIDAD DE SEVILLA

Sevilla 2024

Colección: Spal Monografías Arqueología
Núm.: LIII

Motivo de cubierta: Representación del dios Marduk en un sello cilíndrico
de época del rey Marduk-zakir-shumi I

© Editorial Universidad de Sevilla 2024
c/ Porvenir, 27 - 41013 Sevilla
Tlfs.: 954 487 447; 954 487 451; Fax: 954 487 443
Correo electrónico: info-eus@us.es
Web: https://editorial.us.es

© Víctor Sánchez Domínguez, Eduardo Ferrer Albelda
y Andrés Pablo Guija Rodríguez (coordinadores) 2024

© De los textos, los autores 2024

Impreso en España-Printed in Spain
Impreso en papel ecológico

ISBN: 978-84-472-2510-1
Depósito Legal: SE 764-2024

Maquetación: Cuadratín Estudio
Impresión: Podiprint

ÍNDICE

PRÓLOGO

Apoteosis: de lo humano a lo divino. La figura del héroe pretende continuar con una de las líneas editoriales desarrollada por la serie Spal Monografías Arqueología, centrada en el estudio sobre las religiones antiguas y el análisis histórico de los fenómenos religiosos en diferentes culturas. Vienen a la memoria monografías, como la reciente *Compitiendo para los dioses: los rituales agonísticos en el mundo antiguo,* u otras anteriores como *Los negocios de Plutón: economía de los santuarios y templos en la Antigüedad, El alimento de los dioses: sacrificio y consumo de alimentos en las religiones antiguas, Los dioses y el problema del mal en el mundo antiguo* o *Ex Oriente Lux: las religiones orientales antiguas en la península ibérica,* que han puesto el foco de estudio en unos temas y enfoques a veces no suficientemente tratados. Se trata de una colaboración con más de dos décadas de vida entre el Servicio de Asistencia Religiosa de la Universidad de Sevilla (SARUS) y el Departamento de Prehistoria y Arqueología, en la que colaboran habitualmente otras instituciones y servicios de la Universidad de Sevilla, como la Facultad de Geografía e Historia y el Vicerrectorado de Relaciones Institucionales, en la actualidad Vicerrectorado de Proyección Institucional e Internacionalización.

En el presente volumen hemos querido abordar dos aspectos de gran relevancia en el desarrollo histórico, social y cultural de la humanidad: el héroe y su camino hacia la divinidad a través de los procesos de apoteosis. Es evidente que la figura central dentro de esta doble temática es la del héroe, una persona a medio camino entre lo divino y lo humano que deslumbra a los hombres provocando los más encontrados sentimientos, desde la admiración a la envidia, llegando a la sublimación de su persona en el proceso de la apoteosis, en la que el héroe asciende, es asimilado al panteón y considerado una divinidad.

Hoy en día entendemos al héroe como la persona que afronta el desafío y supera la adversidad de manera sobrehumana; se podría decir que ha perdido el carácter divino en esta sociedad aparentemente cada vez más secularizada. En el propio diccionario de la RAE vemos que cinco de las seis definiciones que presenta la palabra héroe se centran en la acción en sí misma, el acto heroico, ya sea por desinterés, por causas nobles en favor de la sociedad, representadas en la cultura popular o a través de obras literarias, en las cuales el personaje principal despierta la admiración de la sociedad a la que va destinada. De esta manera, el ámbito sacro del personaje queda relegado a la última definición, en la que se habla de su génesis divina y su separación del resto de los hombres por su origen y sus virtudes. Sin embargo, el héroe mantiene ese carácter sobrenatural que lo hace un personaje único ante nuestros ojos debido, en parte, a la visión que tenemos de él. Incluso nuestros héroes actuales –deportistas, políticos, intelectuales (por no hablar de los generados por el mundo de la ficción)– son separados del resto de la sociedad y encumbrados a un estatus superior casi divino, pese al aparente laicismo militante de nuestra sociedad. Esta realidad deriva del propio concepto del héroe, transmitido a través de la tradición oral en las culturas primitivas y a través de los relatos escritos, como los de los autores clásicos, que han perdurado hasta el presente. Autores como Joseph Campbell (1949), referente por el estudio del héroe en su obra de mediados del siglo XX, plantean al héroe como un hecho antrópico, definiéndolo como quien «ha sido capaz de combatir y triunfar sobre sus limitaciones históricas personales y locales y ha alcanzado las formas humanas generales, válidas y normales», pero también quien tiene la misión de «volver a nosotros transfigurado y enseñar las lecciones que ha aprendido sobre la renovación de la vida» (Campbell 1959: 26). De esta manera, el héroe cumple con la necesidad de la sociedad de tener quien aporte las visiones, las ideas y las inspiraciones; con la necesidad de contar con modelos, referentes a los que admirar y desear emular. Los mitos sobre los héroes de antaño son parte de nuestra cultura actual y, aunque a veces la sociedad lo desconozca, esta ha asumido la necesidad de tenerlos como referentes a los que dirigirse. Sin embargo, la visión heroica que emana de estos relatos, en nuestra realidad eurocéntrica con un evidente sesgo derivado del mundo clásico, es una visión parcial, en la que hemos salvado los elementos que nos interesaban a la hora de formar nuestra identidad, acordes con nuestros paradigmas sociales.

Los héroes icónicos griegos, como Heracles, Perseo, Jasón u Odiseo, son percibidos por nuestra sociedad como individuos que afrontan las adversidades impuestas por las divinidades, superándolas en una lucha o aventura épica en la que despliegan toda serie de habilidades y virtudes, convirtiéndose en modelos para nuestra sociedad. Al igual que los cuentos que se modificaron con la Ilustración, la imagen heroica que tenemos en el presente está dulcificada y presenta, en muchos casos, un final feliz muy alejado del carácter trágico de las versiones clásicas de los relatos «originales». No debemos olvidar que, para alcanzar la apoteosis, Heracles se inmola, y lo hace para dejar de sufrir el dolor causado por el veneno suministrado por una celosa Deyanira. Perseo no puede escapar del destino y mata accidentalmente a Acrisio. Jasón no alcanza ese estatus de divinidad mientras muere aplastado por el viejo barco, Argos; y Odiseo debe afrontar una última prueba frente a todos los pretendientes que asedian a su esposa mientras gozan despilfarrando las riquezas del palacio del héroe ausente.

Hago esta pequeña digresión debido a que, como he dicho anteriormente, el mundo en el que vivimos ha mantenido el culto heroico y la veneración según unos ideales que, pese a tener sus raíces en la percepción heroica que existía en el mundo antiguo, ha sido idealizada, conservada con unos elementos que la preservan del cambio, pero a la vez, alteran la misma naturaleza del objeto preservado. Creo, además, que esta reflexión está muy a la orden del día cuando nuestra sociedad se cuestiona los modelos heroicos desde mediados del siglo pasado en una corriente escéptica que busca la comprensión por medio de la humanización de arquetipos semidivinos, la identificación de sus defectos y el cómo estos suponen una dificultad añadida, un talón de Aquiles sobre el que acrecentar la grandeza de la gesta heroica. Tal vez sea esa percepción de lo semi –o mejor– casi divino de los héroes lo que a lo largo de la historia les haya hecho tan atractivos. Seres a la vez comunes y extraordinarios que en momentos de crisis surgen como modelos a seguir. Son personajes adaptables y moldeables que justifican, a la vez que inspiran, las acciones de los hombres.

No es baladí recordar que los héroes son englobados, dentro del mito, como elementos de interpretación del mundo y del sistema de creencias que una sociedad genera para explicarlo. Son personajes fundamentales dentro de las mitologías de cada sociedad. Ellos son el mejor ejemplo en su lucha constante por recorrer ese camino en el que, como afirma J. Campbell (1959: 26), el héroe encuentra los dones y los trae a sus compañeros. El héroe suplanta a la divinidad, pero no se convierte en ella hasta pasar por la prueba final, aquella que le hace vencer la última barrera que, para algunos autores como Foucart (1922: 1), diferenciaban a los héroes del resto de personajes del mito: la inmortalidad.

La apoteosis o camino hacia la divinidad aparece como un monomito común a muchas tradiciones ya que, el héroe, que afronta las representaciones de los peligros que aguardan a la sociedad, no puede dejar de enfrentar el gran reto que preocupa a todas las sociedades: la muerte. Desde la búsqueda de la inmortalidad de Gilgamesh, hasta los intentos de recuperar lo perdido en brazos de la muerte, como pasa en los mitos de Orfeo o Teseo, vemos cómo los héroes encaran ese desafío de manera desigual. La muerte es una realidad inevitable y ellos deben ejemplificar en su fracaso lo inexorable del destino; sin embargo, ciertos héroes muestran a su vez la comunión de su naturaleza con la divinidad y sufren el proceso de cambio o apoteosis. No es algo común a todos, pero sí plantea la comunión de lo humano con lo divino.

Es por estas razones por las que consideramos tan fundamental abordar en los siguientes trabajos el papel de los héroes dentro del ideario de las sociedades antiguas y su divinización, ya que será uno de los caminos que permitirán la idea de la inmortalidad del alma y su vinculación con la divinidad. De esta manera, la presente monografía pretende hacer un recorrido por los diferentes modelos arquetípicos de héroe, su concepción en diferentes sociedades y el camino que se ha seguido para encumbrar a estos personajes hasta su estatus divino, la apoteosis.

El primero de estos capítulos nos traslada a la ciudad-estado de Babilonia, la cual, de la mano del héroe y dios Marduk, sufre su propio proceso de santificación en lo que el autor define como una apoteosis conjunta. Marduk, dios patrono de Babilonia, al completar su gran gesta heroica y derrotar a la divinidad primordial Tiamat, se convierte en una divinidad principal y sitúa a su ciudad en el centro de la creación, con un papel predominante entre las ciudades-estado mesopotámicas. En esta aportación se aprecia cómo a través del mito y las acciones de Hammurabi y la dinastía amorrea se realiza la propia gesta del héroe, quien ordena el mundo a partir del caos primordial. Los discursos literario y arquitectónico elevan al dios Marduk a un papel central dentro del panteón mesopotámico, un proceso de legitimación que surge desde la élite de la ciudad-estado que reclama su papel hegemónico por medio de la divinidad, la religión y la ritualización.

La monografía continua con dos capítulos que abordan la figura del héroe en el marco ibérico. En el primero de ellos, se realiza un análisis pormenorizado del monumento funerario de Pozo Moro y su discurso iconográfico en relación con las propias pruebas que el héroe debe seguir en su camino hacia la apoteosis, planteando un discurso que entronca con un imaginario de fuerte influencia orientalizante. Este análisis nos lleva a repasar mitos como el de Gilgamesh y a apreciar la influencia de dioses de diferentes panteones, como Mot o Taweret, divinidades que en su carácter infernal o psicopompo se enfrentan o guían al héroe representado en su viaje por el otro mundo y su proceso de cambio. De esta manera, se analizan diferentes elementos del monumento turriforme como el altar de piel de toro, la imagen de la tala del árbol identificado con el árbol *Ḫuluppu*, el encuentro con la diosa o el descenso a los infiernos, entre otros. El segundo de estos capítulos centrados en el mundo ibérico plantea el concepto de héroe dentro de este mundo y su evolución a lo largo de sus diferentes etapas, realizando un recorrido por diferentes restos y yacimientos, así como un análisis iconográfico de los mismos.

El cuarto capítulo de esta monografía entronca con este discurso del héroe en la Protohistoria a través de un trabajo detallado sobre la figura del héroe y los ancestros durante la Edad del Hierro. En él se analizan diferentes contextos (enterramientos, santuarios), a fin de profundizar en los sistemas de representación heroica durante la Edad del Hierro en el mundo centroeuropeo y en el noroeste peninsular. El autor aborda la cuestión de los santuarios y enterramientos vinculados a las figuras ancestrales y sus procesos de heroización, profundizando en los de tránsito al Más Allá y la apoteosis y su representación simbólica.

El planteamiento del héroe en la Edad del Hierro, sus tipologías y pervivencia en el mundo griego, es el tema principal del quinto capítulo. En este, tras realizar un breve repaso de la visión que se tiene de esta figura en el mundo griego, se analiza cómo a finales del periodo clásico, en un momento en que la heroización del individuo parece olvidada, resurge con todos sus elementos en un movimiento de culto al individuo precursor al culto del soberano. De esta manera se analiza la utilización de elementos propios del héroe para legitimar la figura del general corintio Timoleón y sus acciones en Sicilia contra la tiranía y la amenaza del bárbaro, en un proceso que finaliza con su heroización en un funeral de estado.

El siguiente capítulo aborda el propio concepto de la apoteosis en la figura de los emperadores romanos. Esta aportación profundiza en el concepto de divinidad y de la creencia o no en la misma dentro del mundo grecolatino, realizando un detallado estudio de los paradigmas más recientes sobre la posibilidad de analizar las creencias de la sociedad y el papel de los emperadores y su proceso de divinización.

Los dos últimos capítulos continúan con el concepto de la apoteosis dentro del pensamiento cristiano. Así, la séptima aportación aborda la problemática de transmitir el concepto de la resurrección dentro del primer cristianismo, planteando las ventajas e inconvenientes que tuvo Pablo en su predicación a los corintios. El autor analiza las creencias de la sociedad corintia del siglo I d.C. en relación con la muerte y la vida tras ella para confrontarlas con el concepto de resurrección cristiano y sus variantes. Por otro lado, el capítulo final de esta monografía plantea la apoteosis y la *aclamatio*, la cual era propia del culto imperial, como elementos religiosos que el cristianismo primitivo adoptó, vinculándolos a la figura de Cristo y a su resurrección. En esta aportación se analizan ambos conceptos cristianos y cómo el cristianismo primitivo asoció el proceso de muerte y resurrección de Cristo a un proceso de apoteosis muy similar al de muchas de las gestas heroicas analizadas en esta monografía.

BIBLIOGRAFÍA

CAMPBELL, J. (1949): *The Hero with a Thousand Faces*. New York, Pantheon Press.

CAMPBELL, J. (1959): *El héroe de las mil caras. Psicoanálisis del mito*. México, Ed. Fondo Cultura Económica.

FOUCART, P. (1922): «Le culte des héros chez les Grecs», *Mémoires de l'Institut national de France*, tome 42: 1-166. DOI: https://doi.org/10.3406/minf.1922.998

Víctor Sánchez Domínguez
septiembre de 2022

BABILONIA, MARDUK Y ETEMENANKI: LA HORA DE LA APOTEOSIS

Juan-Luis Montero Fenollós

Universidade da Coruña

El dios mesopotámico Marduk es conocido por ejercer como árbitro del panteón babilónico y como patrono protector de la ciudad de Babilonia. Esta posición privilegiada no
fue el resultado de un hecho improvisado y espontáneo, sino el fruto de un largo proceso
de transformación teológica e ideológica.

Marduk y su ciudad-morada eran casi unos desconocidos hasta los primeros siglos del
II milenio a.C., a pesar de que Babilonia ya aparece citada con seguridad en un texto de la
dinastía de Akkad (Frayne 1993: 183). Originariamente era una divinidad agraria de segundo
rango. Hubo que esperar hasta la época del rey Hammurabi (1792-1750 a.C.) para que
Babilonia y Marduk abandonaran su papel secundario en el contexto político-religioso
de Mesopotamia. Esta profunda mutación terminó por convertirlo en un símbolo nacional, el dios babilonio por excelencia, de ahí que en muchas ocasiones recibiera el simple
nombre de Bêl, «el Señor» (Biga y Capomacchia 2008: 446).

1. MARDUK, HAMMURABI Y EL *POEMA BABILÓNICO DE LA CREACIÓN*

La llegada al trono de Babilonia del soberano amorreo Hammurabi en 1792 a.C. supuso
un cambio de rumbo para la ciudad, que pasó de una posición política irrelevante a
convertirse en la capital de un reino provisto de una importante base territorial (desde
Eridu, al sur, hasta Mari y Nínive, en el norte). Esta espectacular ascensión de Babilonia fue acompañada de su divinidad políada, Marduk. El propio Hammurabi, en el inicio del prólogo de su código de leyes, intenta situar a Marduk entre los grandes dioses
de Mesopotamia:

> Cuando Anum, el Altísimo, Rey de los Anunnakus, (y) el divino Enlil, señor de cielos
> y tierra, que prescribe los destinos del País, le otorgaron al divino Marduk, al hijo primogé-
> nito del dios Ea, la categoría de Enlil de todo el pueblo, (y) lo magnificaron entre los Igigus;
> cuando le impusieron a Babilonia su sublime nombre (y) la hicieron la más poderosa de los
> Cuatro Cuadrantes; (cuando) en su seno le aseguraron a Marduk un reino sempiterno cuyo
> cimientos son tan sólidos como los del cielo y la tierra […] (Sanmartín 1999: 97).

En este texto, estamos asistiendo a la investidura de Marduk como el dios reinante entre los grandes dioses. El objetivo es claro, Hammurabi quería sentar las bases teológicas de su reinado, fundamentadas en un nuevo dios (un nuevo Enlil, si se prefiere) para una nueva Babilonia. Sin embargo, el propio rey amorreo era consciente de que esta era una labor compleja y de implantación a largo plazo. Una prueba de ello, la encontramos en la maldición final, inscrita en la famosa estela de su código, contra todo aquel descendiente que no respetara su obra política. En ella, el monarca hace una exhortación a los principales dioses mesopotámicos, entre los que no aparece curiosamente Marduk.

Se necesitaron varios siglos para que el proyecto teológico de Hammurabi se impusiera y alcanzara su madurez plena. No fue hasta finales del II milenio a.C. cuando Marduk fue aceptado como soberano absoluto de los dioses, suplantando a Enlil de esa función. El *Poema babilónico de la Creación*, obra compuesta casi con toda seguridad en tiempos de Nabucodonosor I (1126-1105 a.C.), fue una pieza clave en el programa de exaltación de Marduk como el rey de todos los dioses (Lambert 2013: 439-444). De hecho, el poema debería titularse *La exaltación de Marduk*, ya que este es el tema central de esta composición literaria mítico-épica (Nielsen 2018: 163-181). Fue, precisamente, durante el reinado de este soberano de la segunda dinastía de Isin cuando se recuperó la estatua del divino Marduk, que los elamitas se habían llevado de Babilonia como botín de guerra en 1157 a.C. A este mismo período pertenecen varios himnos dedicados a Marduk, en los que se habla de él como «príncipe y señor de los dioses» (Foster 2005: 688-690). El *Poema de la Creación* es un texto épico, escrito en lengua acadia, que los babilonios conocían, como era costumbre en la región, por las dos primeras palabras de esta composición, *enûma elish*, expresión que significa literalmente «Cuando allá en lo alto» (Lambert 2013; Bottéro y Kramer 2004).

Esta obra era recitada durante la fiesta del Año Nuevo babilónico. La acción comienza con una alusión al inicio de los tiempos; es decir, al caos original. En ese estadio primigenio, el cosmos estaba representado por una pareja, el dios Apsu, que encarnaba al agua dulce, y la diosa Tiamat, que simbolizaba el agua salada. De la unión de ambos nacieron los dioses primitivos y, posteriormente, los grandes dioses, entre ellos Ea (Enki en sumerio), el padre de Marduk. Por un conflicto generacional, Ea se enfrentó a Apsu, al que finalmente asesinó. Ea aprovechó la situación para instalarse con su esposa en la residencia de Apsu. Allí nació Marduk. El nuevo dios es descrito con todo lujo de detalles y un estilo elevado:

> En medio del sagrado Apsû, Marduk fue traído al mundo. Lo trajo al mundo Ea, su padre, y lo parió su madre, Damkina. Él sólo mamó de pechos divinos: el ama de cría que lo criaba lo llenó de una vitalidad formidable. Su naturaleza era desbordante; su mirada fulgurante. Era desde su nacimiento un hombre hecho y derecho, lleno de fuerza desde el principio (…). Sus formas son inauditas, admirables: imposibles de imaginar, insoportables de ver. Cuatro son sus ojos y cuatro sus orejas. ¡Cuando mueve los labios el fuego resplandece! (…) ¡Es el más alto de los dioses, preeminente por su estatura: sus miembros son grandiosos! ¡Es preeminente por naturaleza! (Bottéro y Kramer 2004: 622-623).

Pese a todo, el conflicto generacional entre dioses ancestrales y jóvenes va a continuar. El joven Marduk provocó tormentas e inundaciones que molestaron a Tiamat. Presionada por sus colegas, la diosa decidió finalmente crear un ejército de seres monstruosos formado por hidras, formidables dragones, monstruos marinos, leones colosales, perros rabiosos, hombres escorpión, monstruos agresivos, hombres pez y gigantescos bisontes que blandían armas despiadadas (Bottéro y Kramer 2004: 624). Tiamat situó a Kingu, su nuevo amante, al frente de este terrorífico ejército. Ea, conocedor de estos planes, informó a la asamblea de los dioses para buscar un voluntario que no temiese enfrentarse a Tiamat y sus monstruosas criaturas. Marduk, aconsejado por su padre, se ofreció para marchar contra la temida diosa. Es en este contexto cuando Marduk hizo una petición a la asamblea de dioses, que fue clave para su futuro. El dios, como recompensa por su valeroso gesto, solicitó lo siguiente: «¡Que no se cambie nada de aquello que yo disponga, y que toda orden dada por mis labios sea irreversible, irrevocable!» (Bottéro y Kramer 2004: 632). Marduk demandó como condición que, una vez eliminada Tiamat, se le proclamase rey de los dioses. La asamblea aceptó su petición. Así las cosas, se enfrentó y derrotó a Tiamat tras lanzarle una mortal flecha a la panza. Finalmente, con su despiadada maza le rompió el cráneo, le cortó las venas y la partió en dos. Con el cuerpo de Tiamat dividido, Marduk creó el universo: el cielo, las estrellas, la luna, el sol, las montañas, los ríos, etc. A continuación, se dirigió a la asamblea de dioses en los siguientes términos para que cumplieran lo pactado: «Entonces todos los Igigi, reunidos, se postraron ante él. Y todos los Annunaki que había allí le besaron los pies: su asamblea puso su rostro en tierra. (Después), tras haberse levantado, se inclinaron ante él, diciendo: ¡Aquí está el rey!» (Bottéro y Kramer 2004: 649).

Marduk, insaciable, sintió la necesidad de realizar un gran prodigio con el que demostrar su nuevo estatus, por lo que decidió crear a los hombres para que se ocuparan de hacer el trabajo de los dioses: «Voy a condensar sangre, constituir una osamenta y crear, así, un prototipo humano que se llamará hombre. Este prototipo, este hombre, lo voy a crear para que le sean impuestas las fatigas de los dioses y, así, estos puedan estar ociosos.» (Bottéro y Kramer 2004: 652).

El poema concluye con la enumeración de los cincuenta nombres de Marduk, en su mayoría sumerios, con el objetivo de demostrar la gloria de su persona y, al mismo tiempo, sus obras (Bottéro y Kramer 2004: 657). Cincuenta era el número atribuido a Enlil, que era el soberano de los dioses antes de que Marduk llegara a reinar. Es posible que el autor del poema utilizara este número para señalar el desplazamiento del papel de cabeza del panteón de Enlil a Marduk (Matsushima 2009).

El dios principal de Babilonia necesitaba de un gran poema mítico-épico que narrase sus hazañas a la manera de los grandes dioses del panteón tradicional. El *enûma elish* fue la respuesta a esta necesidad, pues, como hemos visto, se trata de una obra que tiene como eje central la glorificación y la exaltación de Marduk entre los grandes dioses del panteón. El poema concluye con la siguiente sentencia: «Después de haber derrotado a Tiamat, recibió el poder soberano.» (Bottéro y Kramer 2004: 667). La entronización del dios Marduk era el símbolo del deseo de Babilonia de llegar a ser la ciudad hegemónica de toda Mesopotamia.

2. MARDUK Y SU ICONOGRAFÍA

Según un tratado de culto del Esagil, la estatua del dios Marduk tenía que ser de madera preciosa, llamada *mêsum* en acadio (André-Salvini 2001: 103), y no de oro como afirma

Figura 1.1. Representación del dios Marduk
en un sello cilíndrico de época del rey
Marduk-zakir-shumi I

Heródoto (I, 183). Su aspecto ha podido reconstruirse gracias a un cilindro-sello de lapis-lázuli hallado bajo el suelo de una vivienda parta cercana al santuario del Esagil (fig. 1.1). Se trata de un objeto votivo ofrecido por el rey Marduk-zakir-shumi I (854-819 a.C.), que contiene una inscripción cuneiforme donde se puede leer la siguiente dedicatoria:

> Marduk-zakir-shumi, le roi de l'univers, le prince qui le vénère [Marduk], a fait fabriquer pour la vie de son âme, le bien-être de sa famille, la longueur de ses jours, la solidité de son règne, pour repousser ses ennemis et avancer devant lui sain et sauf pour toujours, un sceau en pur lapis-lazuli rendu pérenne par l'or rouge, afin de lui offrir en parure de son cou parfait (André-Salvini 2008: 210).

En la representación, Marduk, acompañado de un «dragón», aparece ricamente ataviado con un vestido largo decorado con símbolos celestes en los brazos y con motivos zoomorfos y vegetales dentro de círculos en la falda. Se le presenta barbado y con los emblemas del poder de los grandes dioses: el anillo y el bastón de mando, en la mano derecha, y la tiara, sobre la cabeza. Con la mano izquierda blande la espada curva con la que venció a Tiamat, el agua salada primordial, que aparece representada por las olas bajo sus pies (Black y Green 1992: 129).

Figura 1.2. Un «dragón» mušḫuššum
perteneciente a la puerta de Ištar en Babilonia

En el ámbito de la simbología de Marduk, es necesario hacer una parada en la puerta de Ištar en Babilonia. En este célebre acceso a la ciudad había una rica decoración de relieves esmaltados, entre los que destacan los llamados «dragones». Estos animales fantásticos, denominados *mušḫuššum* en acadio, eran en su origen una especie de serpiente aterradora. Realmente se trata de un ser híbrido (fig. 1.2), formado por la suma de parte de animales como el león, el águila, la serpiente y el escorpión (André-Salvini 2008: 200; Green 1995: 1838-1840; Wiggermann 1993-1997: 455-462). En un principio, este dragón cargaba sobre su lomo al dios Marduk, por lo que acabó convirtiéndose en su símbolo, que compartirá con su hijo Nabu (Wiggermann 1993-1997: 458-459). En los muros de la puerta de Ištar, dicho animal fantástico simbolizaba la presencia del dios de la ciudad, que en la fiesta del Año Nuevo atravesaba en procesión esa bella y espectacular entrada, hoy reconstruida en el Museo de Pergamo, en Berlín. Otro símbolo o emblema de Marduk era una especie de azada, llamada *marrum* en acadio, que hacía referencia al origen agrario de esta divinidad (Rittig 1987-1990: 373).

3. BABILONIA, LA MEGACIUDAD DE MARDUK

Babilonia se había convertido en la primera mitad del I milenio a.C. en el corazón espiritual e intelectual de la antigua Mesopotamia. La ciudad, heredera de una cultura milenaria, brillaba con luz propia sobre el mundo civilizado preclásico. Era el centro cósmico, el símbolo de la armonía del mundo, que había emergido entre otras ciudades gracias a la pujanza de Marduk, dios supremo vencedor de las fuerzas del caos y organizador del universo. Este aspecto cosmológico está bien presente en la concepción urbanística y arquitectónica de la ciudad, en cuyo centro neurálgico se levantaba desafiante su célebre torre escalonada, el gran zigurat donde se hallaba el templo alto de Marduk.

En Mesopotamia, la ciudad no era solo el centro de un territorio geográfico, sino también el punto de unión entre el mundo divino y humano. Las principales divinidades del panteón tenían bajo su protección una ciudad, cuya prosperidad dependía de las relaciones entre palacio y templo. La elección del lugar, el plano de la ciudad y los ritos de fundación eran responsabilidad de los dioses.

Babilonia es uno de los mejores ejemplos de la fundación teológica de una ciudad mesopotámica (Goodnick Westenholz 1998). Babilonia y Marduk eran nuevos en el conjunto de ciudades y dioses del sur de Mesopotamia. Por esta razón, Babilonia tuvo que inventar unos orígenes míticos para ser considerada entre las ciudades más antiguas. Así, para promover la ciudad y su dios nacional, Marduk, se creó un programa teológico y cosmológico basado en la elaboración de mitos, poemas, himnos y textos historiográficos en los que Babilonia era identificada con las ciudades primordiales de Eridu y Nippur, sede de los dioses sumerios Enki y Enlil.

Según el *Poema de la Creación*, los grandes dioses pidieron a Marduk que les construyera una ciudad y sus templos principales:

> ¡Construid, así pues, Babilonia (dijo), dado que queréis asumir dicha labor! ¡Que se prepare su enladrillado, después levantad su parhilera! Los Anunnaki cavaron el suelo con sus azadas y durante un año moldearon ladrillos; después, a partir del segundo año, del Esagil, réplica del Apsû, alzaron la techumbre. También construyeron la alta torre de pisos de este nuevo Apsû. Allí dispusieron un habitáculo para Anu, Enlil y Ea. Entonces, en plena majestad, él vino a ocupar su lugar ante estos últimos (Bottéro y Kramer 2004: 654-655).

Ninguna ciudad del mundo antiguo fue tan deseada y temida, admirada y deshonrada, devastada y reconstruida como Babilonia. Su prestigio era incomparable a los ojos de sus contemporáneos, como puede verse en algunos de los augustos epítetos que le asignaban sus sabios, a finales del II milenio a.C., entre ellos: la ciudad donde el lujo es inagotable, la ciudad de la verdad y la justicia, la ciudad que aniquila a sus enemigos, la ciudad que ha recibido la sabiduría, la ciudad santa, etc. (André-Salvini 2001: 3). La adopción de estas cualidades por Babilonia formó parte de un nuevo programa teológico orientado a conceder a Marduk y a su ciudad un prestigio y una supremacía que fueran acordes con su reciente estatus de dios nacional y de capital real a lo largo del II milenio a.C. Estas cualidades estaban anteriormente reservadas a otras ciudades mesopotámicas como Nippur, el más prestigioso centro de culto y sede de una importante escuela de escribas.

Es evidente que los propios babilonios contribuyeron a deformar, al menos en parte, la realidad, puesto que Babilonia no era realmente el centro de Mesopotamia y, por ende, del universo, como ellos la definían a finales del II milenio a.C., sino el principal polo político de la parte meridional de este territorio. Solo a partir de la caída de Asiria, tras la conquista de Nínive en 612 a.C., Babilonia se transformó en el corazón de toda Mesopotamia, presentándose ante sus coetáneos como la capital de un imperio universal.

Esta misma admiración por Babilonia está bien reflejada en un texto en el que el rey Nabucodonosor II se dirige al dios Marduk afirmando que la suya era una ciudad sin igual (Seux 1976: 506). De idéntica manera, el historiador griego Heródoto (I, 178), que describe con detalle la grandeza de sus monumentos, ahonda en la misma idea de ciudad única, ya que retrata Babilonia como una capital que estaba adornada como ninguna otra de las ciudades conocidas de la Antigüedad.

A la luz de estos textos, parece lógico pensar que la fama de Babilonia como ciudad excepcional y como centro del mundo no responde a una realidad histórica demostrable en toda su dimensión. Por el contrario, más bien podría ser el resultado de una serie de juicios de valor y de un proceso de mitificación de la ciudad sustentado por los textos babilónicos y, posteriormente, por los relatos del Antiguo Testamento y de los autores de época clásica.

Babilonia es una ciudad secuestrada a la historia y entregada al mito. Se trata, además, de un mito singular, inconcluso y en continua construcción. En este proceso de mitificación podemos distinguir varios niveles. En primer lugar, una fase «pre-arqueológica», en la que han tomado parte la literatura babilónica, el relato bíblico, las descripciones de los historiadores grecorromanos, y los viajeros y artistas europeos de los siglos modernos (Rodríguez Moya y Mínguez 2007: 157-186). Posteriormente, a este primer nivel, se sumaría la fase «arqueológica» y «post-arqueológica», en la que el principal protagonista fue la arqueología alemana de principios del siglo XX, liderada por Robert Koldewey y su equipo (Koldewey 1914). Para hacer comprensible la compleja ciudad de Babilonia, construida en ladrillo y adobe, se recurrió a la arqueología reconstructiva a diferentes planos: gráfico (artístico y romántico), a escala (con el uso de maquetas) y a la reconstrucción real en Berlín (como la puerta de Ištar o la vía procesional), que tuvo que adaptarse al espacio museográfico. Walter Andrae culpó a los arquitectos del museo sobre las limitaciones físicas que tuvo a la hora de reconstruir la vía:

> Tan solo era correcta la altura de los dos muros fortificados de ambos lados, por los que corrían los leones. Uno se sentía occidentalmente constreñido, en lugar de orientalmente expandido. Para quien viniese de Babilonia resultaba muy agobiante, y maldeciría la estrechez de las salas del museo. A pesar de todo se trataba de transmitir a nuestros contemporáneos, por lo menos, una cierta idea de la grandeza y el brillo multicolor, la solidez y el ritmo de la tremenda obra arquitectónica de Nabucodonosor (Andrae 2010: 335).

A la deformación de la realidad histórica contribuyó de forma significativa el gran proyecto de reconstrucción de Babilonia apoyado por Sadam Hussein a finales de los años 70 del pasado siglo. El resultado fue un atentado contra el patrimonio cultural, que consistió en una recreación casi cinematográfica sobre las ruinas arqueológicas de una nueva Babilonia. Para este proyecto se fabricaron millones de ladrillos con el nombre del dictador iraquí impreso en árabe. En realidad, fue una operación de escaso valor científico, de promoción turística y de evidente contenido político, pero de nefastas consecuencias patrimoniales (Parapetti 2008: 134-135).

Ha habido que esperar hasta fechas recientes, junio de 2019, para que la UNESCO haya declarado el sitio de Babilonia como Patrimonio Mundial. Esta declaración representa, en principio, una protección especial y bien merecida para la que fue la última capital de la historia de Mesopotamia.

4. EL ZIGURAT ETEMENANKI Y LA GLORIFICACIÓN DE MARDUK

Marduk contaba con dos moradas en la ciudad de Babilonia, el Esagil, o santuario bajo, y el Etemenanki, el zigurat o templo alto. No sabemos de manera precisa, por la falta de datos, cómo debieron participar estos dos monumentos en los rituales de las principales celebraciones religiosas en honor de su dios patrón, en particular en la fiesta del *Akitum* o Año Nuevo. Esta festividad se celebraba durante doce días en el equinoccio de primavera (en el mes de *nisannum*). Resulta difícil reconstruir en su integridad este festival, ya que las tablillas seléucidas que describen las ceremonias y rituales practicados se conservan solo de forma fragmentaria. Sí se puede, sin embargo, recomponer a grandes rasgos los momentos cumbres de la celebración (Marzahn 1993: 45-47; Feliu y Millet 2014: 31-34).

El santuario más célebre de la ciudad, por su monumentalidad, era el zigurat que los babilonios llamaban Etemenanki, la «casa fundamento de cielo y tierra». El estado de conservación en el que nos ha llegado este zigurat o torre escalonada no permite hacerse una idea aproximada de cómo fue este impresionante monumento de tierra, que es conocido universalmente como torre de Babel.

La precariedad de los restos hallados por los arqueólogos alemanes en 1913 ha dado origen a numerosas hipótesis interpretativas (Wetzel y Weissbach 1967), que han centrado la discusión científica en tres aspectos: la altura del monumento, el sistema de accesos y el aspecto del templo de la cima. Todas las tentativas de reconstrucción de la altura total y de las diferentes terrazas del zigurat de Babilonia han estado condicionadas por las dimensiones recogidas en el texto cuneiforme del Esagil (Montero Fenollós 2010: 97-105). Las hipótesis realizadas hasta la fecha han sido esclavas de este documento, fechado en el 229 a.C., en el que indica que la torre tenía 90 m de alto (15 *nindanum*, según el sistema métrico babilónico). Evidentemente, el edificio resultante es un monumento espectacular por sus dimensiones, que hace honor a la grandeza de Babilonia. Pero, a tenor de las dimensiones resultantes, nos hallamos delante de un descubrimiento extraño, puesto que una torre escalonada de 90 m de altura (construida íntegramente en tierra) se presenta como una anomalía en los anales de la arquitectura mesopotámica. Las investigaciones recientes llevadas a cabo por un equipo multidisciplinar, liderado por la Universidad de A Coruña, han arrojado nueva luz sobre el debate en torno a la forma y la altura del zigurat de la capital babilónica. De acuerdo con las conclusiones de esta investigación, se ha propuesto una torre de Babilonia de 60 m de altura, distribuidos en seis terrazas que sumarían 48 metros y en un templo alto de 12 m, al menos en el siglo VI a.C. (Montero Fenollós 2017-2018; 2019 y 2020). Esta nueva interpretación ha sido valorada positivamente por diversos especialistas en arqueología mesopotámica (Matthiae 2018: 414-420; Butterlin 2019: 218).

Sobre la cima de la sexta terraza del zigurat de Babilonia se hallaba un templo, considerado como la morada alta del dios Marduk y su familia. Dada su situación, coronando la construcción, no se han conservado restos arqueológicos de la planta de este edificio. Hasta ahora, las principales reconstrucciones del templo se han hecho a partir de la descripción de la tablilla del Esagil (Schmid 1995: 129-135). Sin embargo, parece que la llamada «estela de Oslo», labrada *ca.* 590 a.C. para conmemorar la (re)construcción del zigurat, es el documento más fiable para reconstruir el templo alto de Marduk en el Etemenanki (George 2011). El estudio de los dos planos que aparecen grabados en la estela nos permite apuntar que el templo de la cima tenía dos puertas, una al sur (hacia el santuario del Esagil) y otra al norte (hacia el palacio meridional). Ambas puertas están situadas en un eje perfecto, que dividía el edificio en dos partes. El templo es de planta cuadrada con muros que poseen una decoración exterior de entrantes y salientes, que era típica de los edificios sagrados neobabilónicos.

El plano del templo (fig. 1.3) estaba formado, probablemente, por doce salas (el ángulo sureste del plano se ha conservado mal). En el muro occidental había un nicho, que debía representar la ubicación del «lugar muy santo», donde se encontraba el pódium con la estatua del dios Marduk. Era el sitio de la epifanía. El espacio central del templo estaba cubierto por una especie de claraboya, que iluminaba el interior del edificio, que debía tener un piso superior.

De acuerdo con la tablilla del Esagil, el templo de la cima del Etemenanki era denominado *kissum elûm* por el rey Nabucodonosor II, término que podría ser sinónimo de *gigunûm*; es decir, una capilla elevada sobre una terraza o torre (George 1992: 432;

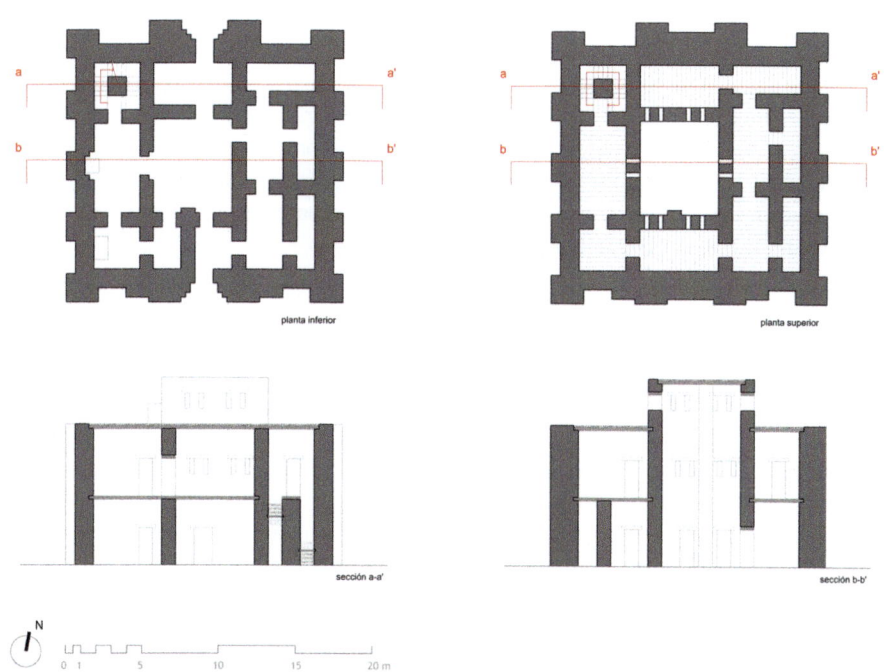

planta inferior   planta superior

sección a-a'   sección b-b'

Figura 1.3. Propuesta de reconstrucción de las dos plantas y secciones del templo de la cima del zigurat de Babilonia.

Figura 1.4. Reconstrucción en 3D del templo alto del zigurat Etemenanki

Cavigneaux 2016: 74). Este templo alto dispondría, de acuerdo con la misma tablilla, de un *saḫurum*, concepto que es interpretado como un piso superior al que se acedía por una escalera interior (George 1992: 433). La capilla del zigurat era denominado también *nuhar* y *bît ziqrati* en acadio (George 1992: 89 y 424). Por último, según indican algunos textos, las fachadas del templo de la cima estaban decoradas con ladrillos de color azul lapislázuli (fig. 1.4); es decir, con ladrillos vidriados similares a los utilizados en la puerta de Ištar (André-Salvini 2001: 113).

5. CONCLUSIÓN

Babilonia y Marduk son una ciudad y un dios cuyo discurrir histórico es en gran medida indisociable. Tras un largo proceso de transformación de más de un milenio, ambos alcanzaron la apoteosis en sentido amplio. Babilonia, en su estadio final, encarnaba el cénit de toda una civilización urbana, la mesopotámica. Transformada en una megaciudad de 375 hectáreas, era a ojos de sus contemporáneos un lugar sin parangón que representaba el centro del universo. Para Heródoto (I, 178) Babilonia era la ciudad más renombrada y la más fuerte, que estaba adornada como ninguna otra.

Al amparo de Babilonia, Marduk alcanzó la realeza entre los grandes dioses del panteón, transformándose en la luz del nacionalismo babilónico. Un buen ejemplo de ello lo representa la muralla de Babilonia, emblema por antonomasia de las ciudades en Mesopotamia, que contaba con varias puertas bautizadas con nombres de grandes divinidades:

Marduk, Enlil, Ištar y Šamaš, entre otras. Esta devoción oficial por Marduk estuvo acompañada, sobre todo en época neobabilónica, por la de su hijo, el dios Nabu, protector de la sabiduría y patrón de los escribas. El nombre utilizado por los soberanos de este período (Nabopolasar, Nabucodonosor y Nabónido) es buena prueba de la veneración de la realeza por el hijo de Marduk, divinidad políada de Borsippa (ciudad satélite de Babilonia). El triunfo de Marduk y su familia era una realidad en el pensamiento religioso mesopotámico del I milenio a.C.

El mejor símbolo del complejo programa de glorificación y ensalzamiento de Marduk, como soberano divino, lo hallamos en el «templo azul» que remataba el zigurat Etemenanki, su morada alta en Babilonia y, por extensión, del cosmos. Asistimos, a través de esta colosal construcción, a la exaltación de Babilonia y de su dios protector, que fue cuidadosamente alimentada tanto por el discurso teológico como político a lo largo del II y I milenio a.C. Era la hora de la apoteosis en el mundo preclásico: Babilonia y Marduk representaban el cenit de la civilización mesopotámica.

BIBLIOGRAFÍA

ANDRAE, W. (2010): *Memorias de un arqueólogo. Viajes y descubrimientos en Babilonia y Asiria*. La Coruña, Ediciones del Viento.

ANDRÉ-SALVINI, B. (2001): *Babylone*. Paris, PUF.

ANDRE-SALVINI, B. (dir.) (2008): *Babylone*. Paris, Hazan.

BIGA, M. G. y CAPOMACCHIA, A. M. (2008): *Il politeismo vicino-orientale*. Roma, Libreria dello Stato.

BLACK, J. y GREEN, A. (1992): *Gods, Demons and Symbols of Ancient Mesopotamia*. London, British Museum.

BOTTÉRO, J. y KRAMER, S. N. (2004): *Cuando los dioses hacían de hombres. Mitología mesopotámica*. Madrid, Akal.

BUTTERLIN, P. (2019): *Histoire de la Mésopotamie. Dieux, héros et cités légendaires*. Paris, Ellipses.

CAVIGNEAUX, A. (2016): «L'enigme du gigunû», en P. Quenet (dir.), *Ana ziqquratim. Sur la piste de Babel*: 74. Strasburg, Presses Universitaires de Strasbourg.

FELIU, L. y MILLET, A. (2014): *Enûma eliš y otros relatos babilónicos de la creación*. Barcelona, Trotta.

FOSTER, B. R. (2005): *Before the Muses. An Anthology of Akkadian Literature*. Bethesda, CDL Press.

FRAYNE, D. R. (1993): *The Royal Inscriptions of Mesopotamia 2. Sargonic and Gutian Period*. Toronto, University of Toronto Press.

GEORGE A. R. (1992): *Babylonian Topographical Texts*. Leuven, Peeters.

GEORGE, A. R. (2011): *Cuneiform Royal Inscriptions and Related Texts in the SchØyen Collection*. Bethesda, CDL Press.

GOODNICK WESTENHOLZ, J. (1998): «The theological foundation of the city, the capital city and Babylon», en J. Goodnick Westenholz (ed.), *Capital cities. Urban planning and spiritual dimensions*: 43-54. Jerusalem, Rubin Mass.

GREEN, A. (1995): «Ancient Mesopotamian Religious Iconography», en J. M. Sasson (ed.), *Civilizations of the Ancient Near East*, III & IV: 1837-1855. New York, Charles Scribner's Sons.

KOLDEWEY, R. (1914): *The Excavations at Babylon*. London, Macmillan and Co.

LAMBERT, W. G. (2013): *Babylonian Creation Myths*. Winona Lake, Penn State University Press.

MARZAHN, J. (1993): *La puerta de Ishtar en Babilonia*. Mainz, Verlag Philipp von Zabern.

MATSUSHIMA, E. (2009): «Quelques notes sur l'épisode des cinquante noms de Marduk», en X. Faivre *et al.* (dir.), *Et il y eut un esprit dans l'Homme. Jean Bottéro et la Mésopotamie*: 55-64. Paris, Editions De Boccard.

MATTHIAE, P. (2018): *Dalla terra alla storia. Scoperte leggendaire di archeologia orientale.* Torino, Einaudi.

MONTERO FENOLLÓS, J. L. (2017-2018): «Propuesta para una secuencia histórica del zigurat de Babilonia», *Isimu* 20-21: 249-257.

MONTERO FENOLLÓS, J. L. (2019): «Los zigurats de Babilonia, Dur Kurigalzu y Borsippa. Estudio comparativo sobre su altura», en J. Gil y A. Mederos (eds.), *Orientalística en tiempos difíciles. Actas del VII Congreso Nacional del Centro de Estudios del Próximo Oriente*: 293-307. Zaragoza, Pórtico.

MONTERO FENOLLÓS, J. L. (2020): «Imagining the Tower of Babel in the Twenty-First Century. Is a New Interpretation of the Ziggurat of Babylon Possible?», en L. Verderame y A. García-Ventura (ed.), *Receptions of the Ancient Near East in Popular Culture and Beyond*: 269-286. Atlanta, Lockwood Press.

MONTERO FENOLLÓS, J. L. (coord.) (2010): *Torre de Babel. Historia y mito.* Murcia, Comunidad Autónoma de la Región de Murcia.

NIELSEN, J. P. (2018): *The Reign of Nebuchadnezzar I in History and Historical Memory.* London-New York, Routledge.

PARAPETTI, R. (2008): «Babylon 1978-2008, a Chronicle of Events in the Ancient Site», *Mesopotamia* 43: 131-159.

RITTING, D. (1987-1990): «Marduk. B. Archäologisch», *Reallexikon der Assyriologie* 7: 372-374.

RODRIGUEZ MOYA, I. y MÍNGUEZ, V. (2017): *The Seven Ancient Wonders in the Early Modern World.* London-New York, Routledge.

SANMARTÍN, J. (1999): *Códigos legales de tradición babilónica.* Madrid-Barcelona, Tortta.

SCHMID, H. (1995): *Der Tempelturm Etemenanki in Babylon.* Mainz am Rhein, Verlag Phillip von Zabern.

SEUX, M. J. (1976): *Hymnes et priéres aux dieux de Babylonie et d'Assyrie.* Paris, Cerf.

WETZEL, F. y WEISSBACH, F. H. (1967): *Hauptheiligtum des Marduk in Babylon, Esagil und Etemenanki.* Osnabrück.

WIGGERMANN, F. A. M. (1993-1997): «mušḫuššu», *Reallexikon der Assyriologie* 8: 455-462.

EL CULTO HEROICO DE TRADICIÓN ORIENTAL EN LA PROTOHISTORIA DEL SUR DE LA PENÍNSULA IBÉRICA: POZO MORO COMO CASO DE ESTUDIO

Álvaro Gómez Peña

Universidad de Sevilla

> El viaje al Más Allá es la empresa definitiva del héroe mítico; es la aventura por excelencia, la que aguarda al Elegido, la que sólo él puede cumplir. Ese Más Allá es el mundo negado a los mortales de condición efímera, es el ámbito vedado que queda en la otra orilla, el mundo de los dioses y de los muertos, el de los espíritus, los fantasmas y las hadas. Pero el Héroe, que desafía los límites, debe arrostrar esa Aventura, que es la Aventura con mayúscula, saltar por encima de las barreras, atravesar los linderos de mayor riesgo, vadear los ríos tenebrosos, surcar los senderos de la mar ignota, y allá, en ese Otro Mundo, templar su mirada con el encuentro de lo eterno.

(García Gual 2011: 32)

1. INTRODUCCIÓN

La aproximación que se realiza en el presente capítulo a la figura del héroe y al culto heroico en su aplicación a la Protohistoria peninsular ibérica requiere, aunque sea brevemente, la aclaración de algunos conceptos ampliamente utilizados en estas páginas.

Primeramente, es necesario comenzar desambiguando el propio término 'héroe', que ya desde sus primeros testimonios escritos aparece en la literatura con un valor polisémico. En este sentido, es posible hacer referencia a los héroes como: (1) personajes superiores a los humanos y a la naturaleza, lo que permite circunscribirlos dentro del ámbito mitológico; (2) personajes superiores a los humanos pero no a la propia naturaleza, lo que inserta sus perfiles en la épica y la tragedia, encontrándose atrapados en numerosas ocasiones estos héroes entre la arrogancia relacionada con su grandeza (lo que les hace distanciarse por encima de la comunidad) y el buen hacer político y militar asociado a su deber (lo que les hace acercarse a aquella); (3) personajes que no son superiores ni a los humanos ni a la naturaleza, asunto que encuentra su reflejo en la imagen proyectada por determinados líderes políticos que pretenden emular el arquetipo heroico en la narrativa histórica, aunque también puede englobarse en esta categoría a los «antihéroes» dentro de la ficción cómica, quienes encarnan los valores y actitudes opuestos a aquellos, tanto por interés como por incapacidad; en consonancia con esta división conceptual, el análisis del culto heroico aquí efectuado oscilará entre las tres categorías descritas.

Teniendo presente este esquema divisorio, algunas prácticas cultuales visibles en la Protohistoria de la península ibérica pueden interpretarse sin grandes esfuerzos vinculando la imagen proyectada por (3) algunas comunidades y líderes políticos fallecidos (2) con el arquetipo heroico de personajes semidivinos, así como con (1) los propiamente divinos. Desde este punto de vista, los elementos y contextos arqueológicos analizados en las siguientes páginas son entendidos como expresiones rituales que tratan de emular episodios arquetípicos atribuidos a héroes y dioses. Por este motivo, el presente texto se articula en torno a un grupo de relieves, piezas y tumbas que pueden ser entendidos como manifestaciones diversas de un conjunto limitado de leyendas y mitos que se encuentran presentes, con variantes, en diversas tradiciones próximo-orientales y del Mediterráneo oriental desde el III milenio a.C. a los primeros siglos tras el cambio de era.

En segundo término, la búsqueda y análisis de episodios heroicos que pudieran haber sido emulados y reivindicados en los casos que se describen en los siguientes apartados requiere de una caracterización de los diversos relatos épicos que pudieron haber servido de modelo ejemplificante. Llevar a cabo tal propósito en profundidad conllevaría describir cada relato heroico conocido, analizando los elementos en común y los disímiles. Frente a esta posibilidad, del todo punto inoperante por tiempo y por espacio, se propone abstraer el ciclo heroico siguiendo la hipótesis del monomito de Campbell (2020 [1949]). En síntesis, este autor estadounidense dividió el periplo de los héroes en tres grandes fases, a su vez subdivididas en varias etapas que por lo general se encuentran en la gran mayoría de mitos y epopeyas. Dichas fases son: (a) la salida del protagonista de sus hábitos tradicionales, asunto que puede llevar aparejado la ayuda sobrenatural y el descubrimiento de objetos de especial importancia para momentos posteriores; (b) la iniciación heroica, cuestión que por lo general consiste en la superación de distintas pruebas de claro carácter sobrenatural, el encuentro con la diosa y una posible apoteosis; (c) el regreso a casa, que suele plasmar un proceso de cambio y expiación de los excesos adquiridos durante dicho tránsito vital.

De estos tres grandes momentos, se hará hincapié sobre todo en el segundo de ellos. Por lo general, los contextos peninsulares de época protohistórica suelen mostrar elementos vinculados con la iniciación heroica (b) a través de la plasmación iconográfica de diversas pruebas o mediante piezas que aluden a dichas hazañas. De nuevo, realizar un análisis exhaustivo sobre los numerosos contextos del I milenio a.C. que muestran detalles iniciáticos en este sentido superaría con creces la extensión recomendable para este capítulo. Por tal razón, se ha decidido centrar la atención en el monumento turriforme de Pozo Moro (Chinchilla de Montearagón, Albacete) debido a la cantidad y diversidad de referentes que presenta, empezando por su base y terminando con sus relieves (fig. 2.1).

En tercer lugar, hay que profundizar en los principales puntos que, para el interés del presente texto, comparten algunos de los héroes más conocidos del Mediterráneo y el Próximo Oriente antiguos. El caso de Gilgamesh y, paradójicamente, el de Baal pueden servir de ejemplos paradigmáticos. El primero fue soberano de Uruk, hijo del monarca

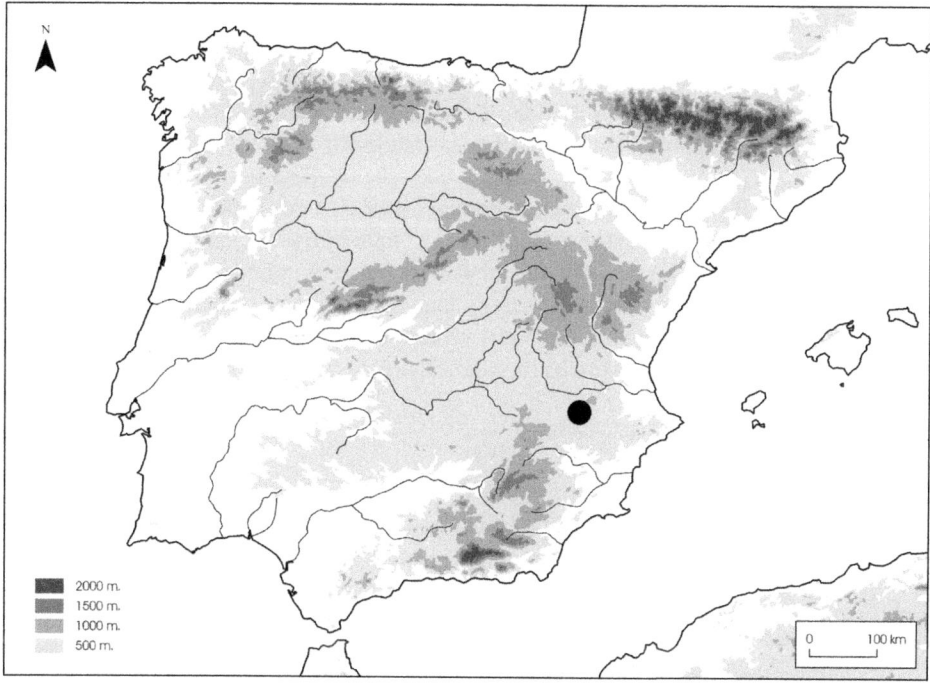

Figura 2.1. Mapa de la península ibérica con la ubicación del yacimiento de Pozo Moro (Chinchilla de Montearagón, Albacete) (elaboración propia)

Lugalbanda y de la diosa Ninsun. Junto con Enkidu, la famosa epopeya que lleva su nombre, nos narra que emprendió varias hazañas en busca de gloria, entre las que destacan por encima de todas ellas la muerte del monstruo Humbaba y la del Toro Celeste. Precisamente, a raíz del combate que entablan ambos héroes con este último animal, propiciado por Inanna/Ishtar al haber sido rechazada sentimentalmente por Gilgamesh, Enkidu acaba pereciendo. El fallecimiento de su amigo provoca que el rey de Uruk tome conciencia de la finitud de su propia vida dado su carácter semihumano, lo que hace que busque en los confines del mundo la ayuda sin éxito de Utnapishtim, único superviviente junto a su esposa del diluvio universal. Derrotado por no lograr conseguir la inmortalidad tras fracasar intentando llevar a cabo varias pruebas iniciáticas, Gilgamesh vuelve a su tierra con un regalo de consolación: una flor encontrada tras descender hasta el fondo de un pozo de agua cuyo aroma al ser aspirado le permitiría recuperar su vigor juvenil. Sin embargo, de camino a Uruk, una serpiente roba la esencia de la planta mudando su piel. Con ello, Gilgamesh asume con humildad su carácter mortal y se dispone a trascender a la muerte exclusivamente en la memoria de sus súbditos gracias a su ejemplaridad como gobernante.

El segundo caso es el de Baal, cuyo ciclo mitológico contiene información que puede ser fácilmente conectada con el conjunto de iniciaciones heroicas. A pesar de que Baal es hijo del dios supremo del panteón ugarítico, 'Ilu, las tablillas de Ras Shamra (Keilalphabetische Texte aus Ugarit (KTU 1.1-6) perfilan su figura en el II milenio a.C. como una divinidad menor, todavía no asentada entre las principales deidades del panteón cananeo. Es precisamente el interés que muestra en todo momento por querer emularse a las grandes deidades lo que permite vincular su figura con la de los héroes. Al comienzo de este relato, se narra la primera gran hazaña de Baal: su lucha contra Yam (KTU 1.1-2), una deidad marina también hija de 'Ilu. Yam cuenta con el beneplácito de este y pide al dios de la artesanía, Kothar, que le construya un palacio, lo que rebela a Baal hasta tal punto que acaba declarando la guerra y dando muerte a su hermano gracias a que el propio Kothar le regaló dos armas con las que puso fin a su vida. Tras esta victoria, Baal se gana el favor de su hermana y esposa Anat, reclamando entre ambos a su padre 'Ilu que le construya un palacio desde el que liderar a los dioses (KTU 1.3-4). Para reafirmar esta posibilidad, se enumeran las hazañas previas de Baal y los enemigos vencidos en ellas, algunos de los cuales guardan estrechos paralelos con los monstruos derrotados por Gilgamesh y Heracles:

> ¿No aplasté yo al Amado de *Ilu, Yammu*
> no acabé con *Naharu*, el Dios grande?
> Sí, amordacé a *Tunnanu*, cerré su boca,
> aplasté a la Serpiente tortuosa,
> al Tirano de siete cabezas;
> aplasté al Amado de *Ilu, Aršu,*
> aniquilé al Novillo divino, *'Ataku;*
> aplasté a la Perra divina, *Išatu,*
> acabé con la hija de *Ilu, Dububu.*

(KTU 1.3 III 39-46; trad. Del Olmo Lete 1981: 185)

Sin embargo, no todas las divinidades aceptan el nuevo rol de Baal. El dios de la muerte y del inframundo, Mot, planta cara a su hermano y acaba asesinándole. Este suceso, junto con la incapacidad de Athtar para suplir a Baal como mandatario entre los dioses, lleva a Anat a tomar la decisión de bajar al inframundo para matar a Mot y revivir a su esposo. A pesar del éxito de Anat, Mot vuelve a escena con vida (lo que evidencia que la muerte no perece sino de forma transitoria) y se enfrenta de nuevo a Baal, rindiéndose definitivamente en beneficio de este último gracias a las advertencias y amenazas de 'Ilu.

El carácter heroico de Baal, así como sus paralelos con otros dioses menores como el babilonio Marduk, no ha pasado desapercibido para algunos autores (Glassman 2017: 440 y ss.). Se trata, en definitiva, de héroes o dioses menores con tintes heroicos caracterizados por ser ahijados de la divinidad principal y por realizar hazañas para ser considerados entre los dioses más importantes de sus respectivos panteones. Un arquetipo fácilmente aplicable al monumento de Pozo Moro, donde se narra la apoteosis de nuestro protagonista tras su muerte.

El hallazgo e interpretación de este yacimiento ha supuesto uno de los hitos más importantes no solo dentro de la historiografía íbera, sino de la Protohistoria peninsular ibérica. Su ubicación se situó cerca de la Vía Heraclea, en un camino junto a un antiguo pozo en las estribaciones de los montes de Chinchilla que inspira el nombre de este yacimiento. Su descubrimiento se produjo casualmente en 1971 durante unas labores agrícolas en el término municipal de Chinchilla de Montearagón, en Albacete. Notificado el

Figura 2.2. Propuesta de reconstrucción del monumento turriforme de Pozo Moro (man.es, Museo Arqueológico Nacional)

hallazgo por parte del propietario al Museo Arqueológico Nacional, Almagro-Gorbea, restaurador de la institución en aquel momento, se encargó de su excavación en 1973. El monumento turriforme se encuentra delimitado por un murete que marca el *témenos* sagrado. Presenta en su interior, comenzando por la parte inferior, una base con forma de piel de toro. Sobre esta se apoyan tres hiladas de sillares escalonadas formando una plataforma cuadrada rematada por una escultura leonina en cada una de sus esquinas. Aprovechando el lomo de ellas se asentaron otras filas de sillares decorados con diferentes escenas mitológicas hasta rematarse presumiblemente la torre en la zona superior en punta piramidal (fig. 2.2).

Desde las primeras publicaciones, Almagro-Gorbea ha propuesto que los restos del monumento señalizaron la tumba de un monarca íbero del que se hallaron junto a los sillares del mismo y bajo un suelo de arcilla rojiza quemada su *bustum* y su ajuar. El estudio antropológico que se realizó de los restos encontrados en dicho *bustum* indica que estos podrían pertenecer a un individuo masculino de unos 50-55 años de edad (Reverte 1985). Formando parte del ajuar se encontraron, además de fragmentos de diversos elementos metálicos, un *kylix* ático en el que aparece un hombre desnudo bailando, un *lekythos* con sátiros y ménades representados en su superficie, y el asa de un posible *oinochoe*. Las tres piezas, que posiblemente formaron parte del ritual libatorio funerario, encajan dentro de la tradición helénica de comienzos del siglo V a.C., momento en que se ha datado el enterramiento (Almagro-Gorbea 1978: 255-256; 1983: 184).

A pesar de la claridad que ofrece el contexto funerario, su relación con el monumento generó más discrepancias. Mientras para Almagro-Gorbea el enterramiento y la erección de la estructura habrían sido coetáneas, autores como Abad y Bendala se mostraron contrarios a esta posibilidad. Según ambos investigadores, la incineración pudo haber sido una intrusión bajo su base debido a que la deposición es excéntrica y de orientación no coincidente con la torre, los fragmentos de sillares sobre la tumba aparecieron rotos y con señales de una posible reutilización, y el aparente estilo neohitita visible en la decoración de las escenas sería varios siglos anterior al ajuar de la tumba (Abad y Bendala 1999: 62 y 72). Frente a esta posibilidad, el propio Almagro-Gorbea planteó que la tumba habría impedido cimentar la torre, cuestión que pudo generar su desplazamiento y desplome hacia el norte (Almagro-Gorbea 1982: 242; 1983: 190), no habiéndose encontrado en toda la necrópolis contextos anteriores al siglo V a.C. Más recientemente, García Cardiel y Olmos, actualizando ideas planteadas por este último (Olmos 1989: 46), han propuesto que los relieves de Pozo Moro habrían formado parte de, al menos, dos monumentos diferentes, denominados por ellos como A y B. El primero, coincidente con el que aquí analizamos, habría tenido una arquitectura bastante similar a la que se muestra actualmente en el Museo Arqueológico Nacional, mientras que para el segundo no se dan detalles sobre su posible reconstrucción. La cronología dada al menos para el primero se situaría hacia finales del siglo VI a.C. Esta idea se basa, en primer lugar, en el diferente tratamiento estilístico de los relieves conocidos, la existencia de un segundo pavimento de guijarros a varios metros del consabido suelo con forma de piel de toro y la posibilidad de encontrar nuevos datos en la zona de este segundo pavimento dado que se ha excavado solo un 60% del total del yacimiento (García Cardiel y Olmos 2021: 252).

Por otro lado, se ha venido conectando la estructura arquitectónica del monumento de Pozo Moro con diversas torres funerarias del área fenicio-púnica, tanto en Oriente como en el Norte de África, caso de Amrith, Meghazil A y Burdj-el-Bezzâk (López Pardo 2006: 28-33). Además de su función mortuoria, tampoco puede descartarse su uso como hito territorial y marcador fronterizo. Un buen ejemplo de ello sería el monumento erigido en la heroización de los hermanos Filenos, que sirvió igualmente de frontera entre la Cirenaica griega y la Cartago púnica, indicándose con su tumba un mito fundacional y la adquisición de territorio conquistado (Prados Martínez 2009: 101-103).

Por lo que respecta al plano simbólico, Almagro-Gorbea ha venido proponiendo desde las primeras interpretaciones que el monumento turriforme representaría el *nefesh* del difunto, en tanto que alma e imagen que habría seguido presente entre los vivos (Almagro-Gorbea 1978; 1983). En conexión con esta idea, los frisos de Pozo Moro estarían reflejando escenas de un culto heroico dedicado a la monarquía sacra, con posibles influencias fenicias. No obstante, la aparente variedad y complejidad de los relieves, así como su estado de fragmentación, han venido dificultando relacionar claramente las diferentes escenas con un único paralelo literario, ya sea europeo, mediterráneo o próximo-oriental (Almagro-Gorbea 1978: 267). Desde entonces, han sido numerosos los investigadores que han venido aceptando que Pozo Moro estaría reflejando la legitimación de la dinastía gobernante, visible a través del culto a un antepasado heroizado tras su muerte (entre otros, *vid.* Muñoz Amilibia 1984: 149; Olmos 1996: 113; Fernández Rodríguez 1996: 299), relacionando los sillares de aires neohititas con escenas concretas del mito de Gilgamesh y del ciclo baalico (Blázquez 1979), así como profundizando en las posibles conexiones de los relieves con la tradición religiosa cananea y fenicio-púnica (Kennedy 1981; López Pardo 2004; 2006; 2009).

En consonancia con estas interpretaciones previas, en los siguientes apartados se insistirá en que el monumento turriforme de Pozo Moro refleja en sus detalles iconográficos un claro culto heroico que se centra exclusivamente en la fase de iniciación (b) del monomito de Campbell. En concreto, se hará hincapié en la simbología de la base en forma de piel de bóvido, en varios relieves que muestran algunas de las pruebas a las que se somete el héroe en este proceso de iniciación, en el encuentro con la diosa que facilita la aceptación de su aspecto divino por parte del resto de deidades y en la anástasis como paso previo a la apoteosis definitiva. Se trata en todos los casos de relieves que guardan una homogeneidad técnica, estilística y temática, formando parte del posible «monumento A» propuesto por García Cardiel y Olmos (2021).

2. EL SACRIFICIO DEL TORO CELESTE

El suelo que rodea el monumento turriforme de Pozo Moro fue decorado con un fino empedrado de guijarros de tendencia cuadrangular que se incurva en sus esquinas (fig. 2.3). El contorno resultante fue en un primer momento vinculado con los característicos lingotes chipriotas, tan habituales en el Mediterráneo del II milenio a.C. (Almagro-Gorbea 1983: 189 y 288; 1993-1994: 124). No obstante, numerosos altares y hogares protohistóricos que presentan el mismo perfil en el sur de la península ibérica muestran

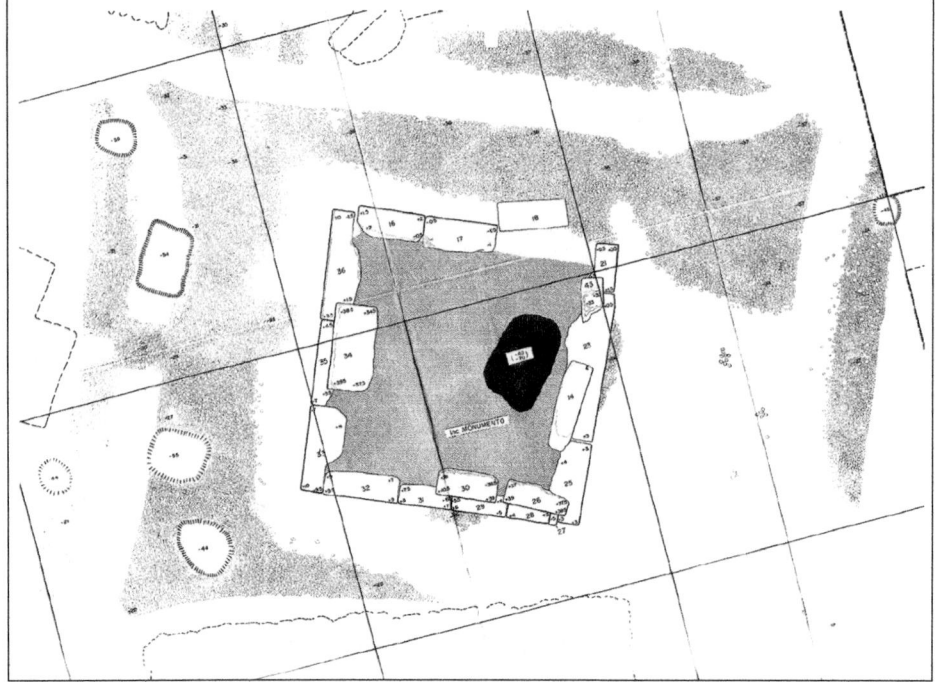

Figura 2.3. Planta del monumento funerario de Pozo Moro (Almagro-Gorbea 2009: 10)

detalles formales, cromáticos y simbólicos que hacen más fácilmente vinculable su forma con la de la piel bovina (Escacena e Izquierdo 2000; Gómez Peña 2017).

A propósito de su simbología táurica, son varias las propuestas que se han planteado (*vid.* Gómez Peña 2012-2013; 2017). Entre todas ellas se destaca aquí, por su aplicación en las siguientes páginas, aquella que viene proponiendo desde hace una década que los ejemplares con forma de piel de toro habrían sido un símbolo del sacrificio primordial de un toro sagrado realizado *in illo tempore* por parte del héroe (Almagro-Gorbea y Lorrio 2011; Almagro-Gorbea *et al.* 2011-2012). La lucha iniciática entre el toro y el héroe se trata de un mitema frecuente en la mitología antigua, entre cuyos ejemplos más conocidos se encuentran el de Heracles y el toro de Creta, Gilgamesh y el Toro Celeste, Horus y Seth transformado en bóvido, o Mitra y la tauroctonía. Igualmente, en muchas ocasiones la piel de este animal hace acto de presencia tanto en este tipo de mitos, como en los rituales arquetípicos que emulan dichas narraciones. Al hilo de este tema, un repaso por algunos de los principales relatos mitológicos permite perfilar el probable uso y simbología de la piel de toro en ellos y, por extensión, el porqué de su presencia en la base de la torre de Pozo Moro.

El primero de los referentes de esta lucha entre el héroe y la res es el de Gilgamesh y el Toro Celeste. Si bien en este relato no se indica uso alguno para la piel de la bestia, los diferentes elementos que aparecen mencionados en este mito guardan estrechos paralelos con los datos presentes en otras tradiciones analizadas más adelante. Como se ha indicado anteriormente, en esta epopeya se narra cómo la diosa Inanna/Ishtar, atraída por las virtudes heroicas de Gilgamesh, pretende al rey de Uruk sin conseguir su propósito. Enfurecida porque el monarca no accede a sus pretensiones, le pide a su padre Anu que cree al Toro Celeste y lo suelte para sembrar el caos en Uruk y asesinar a Gilgamesh por el desplante. Con la ayuda de su amigo Enkidu, Gilgamesh consigue dar muerte a la bestia, realizando con posterioridad una ofrenda a los dioses de la ciudad. Entrega por una parte el corazón del bóvido a Shamash, divinidad solar por excelencia, mientras que en una actitud provocadora Enkidu ofrenda irónicamente una pata del astado arrojándosela a Inanna/Ishtar a la cara, en una clara muestra de desprecio. Finalmente, tras repartir las partes del Toro Celeste por la ciudad, Gilgamesh ofrenda los cuernos del animal como receptáculo para los ungüentos de Lugalbanda, el tercer rey sumerio de la I dinastía de Uruk y padre divinizado de Gilgamesh, colgándolos en la Sala del Jefe de su familia (Bottéro 2015 [1998]: 117-128). De sumo interés es el apelativo utilizado en las tablillas sumerias para este bóvido: GU.GAL.AN.NA. Con dicho nombre no solo se designa al Gran Toro Celeste de la epopeya, sino a la propia constelación de Tauro. Como muy bien ha puesto de manifiesto Soltysiak, el Toro Celeste aparecía en el III milenio a.C. en el firmamento mesopotámico por el mismo lugar por el que se hacía visible el dios Shamash, lo que indica el carácter heliacal de la constelación y su estrecha conexión con la deidad solar (Soltysiak 2001: 6).

Datos similares pueden aportarse acerca de Mitra y la tauroctonía, conociéndose en este caso el uso que recibe el pellejo del animal. El estudio del culto mitraico ha llamado la atención de numerosos investigadores desde la obra de Cumont (1903), siendo desde entonces el análisis de su iconografía uno de los pilares sobre los que se han apoyado las explicaciones sobre los rituales implicados en él. No solo a la hora de identificar las escenas en sí mismas, sino por supuesto a la hora de interpretarlas tanto en lo figurativo como

Figura 2.4. Placa con relieves mitraicos por ambas caras. A la izquierda, anverso con el sacrificio del Toro Celeste. A la derecha, reverso con la escena del banquete sobre la piel del animal sacrificado (Fiano Romano, Italia)

en lo simbólico, recurriéndose para ello en numerosas ocasiones a paralelos culturales iranios (Cumont 1903), grecorromanos (Turcan 1986), así como a referentes astronómicos y astrológicos (Speidel 1980; Sandelin 1988; Ulansey 1989a; 1989b; Beck 2006).

A partir de los escasos testimonios escritos y de las imágenes halladas en los mitreos, se piensa que Mitra nació de una roca bajo un árbol, cerca de un manantial sagrado. Se le suele representar con un gorro frigio, una antorcha y un cuchillo, elementos que portaba desde su nacimiento. Su relación con el toro al que da posteriormente muerte surgió cuando lo encontró pastando en las montañas. El joven dios trató entonces de domeñarlo agarrándolo por los cuernos y montarlo sin éxito, si bien consiguió seguir aferrado a su cornamenta hasta agotarlo de cansancio, momento en el que lo cogió por sus patas traseras y lo cargó sobre los hombros hasta llevarlo a una cueva. A su llegada a la cavidad, un cuervo enviado por la divinidad solar le avisó de que debía matarlo en sacrificio, ante lo cual Mitra le clavó el cuchillo en el costado, brotando de su cuerpo trigo y vino como su sangre.

Sobre este mito se han conservado hasta nuestros días numerosas placas decoradas en bajorrelieve por ambas caras en las que se observan su nacimiento y sus hazañas, entre las que destacan notablemente la muerte del toro y la celebración de un banquete con posterioridad a dicho sacrificio (fig. 2.4). A propósito de las representaciones conocidas sobre la tauroctonía, hay que resaltar la aparición de diversos animales y objetos que aparecen rodeando al animal mientras Mitra clava su cuchillo en él. Especialmente interesante para su interpretación es la hipótesis defendida entre otros autores por Beck, según la cual los mitreos no habrían sido otra cosa que representaciones del cosmos (Beck 2006: 102-118), siendo los elementos representados en dicha tauroctonía constelaciones y cuerpos celestes cercanos a Tauro. De este modo, los perros que se arrojan sobre su cuello son asimilables con Can Mayor y Can Menor, la serpiente que repta por debajo del bóvido sería Hidra, el escorpión que trata de agarrarle un testículo Escorpio, el cuervo representaría a Cuervo, la pareja de gemelos sería Géminis, y la cola de la bestia en forma de espiga de trigo podría ser Espiga, *Alpha Virginis* de la constelación de Virgo. Incluso en algunas representaciones de la zona germana con extensión hasta el Danubio han aparecido también representadas una copa por Cráter y un león en referencia a Leo bajo el Toro Celeste (Beck 2006: 31). Dada la correlación entre figuras e hitos astronómicos, la gran mayoría de investigadores se ha centrado en desentrañar a qué representa el propio Mitra. Así, mientras unos han propuesto que se trataría de Orión enfrentado a Tauro (Speidel 1980), otros han planteado lo propio con el Auriga (Sandelin 1988), con Perseo (Ulansey 1989a) e incluso con la precesión de los equinoccios (Ulansey 1989b).

A pesar del enorme interés de estos datos, la tauroctonía no es el principal motivo que me hace tratar aquí este asunto, sino el rito cosmogónico que se efectúa a continuación. En numerosas placas, el sacrificio del toro se complementa por la cara opuesta con una escena de banquete en la iconografía mitraica. En ella aparecen tanto Mitra como la divinidad solar recostados sobre la propia piel del Toro Celeste recién defenestrado, bebiendo probablemente de su cornamenta el vino que tenía por sangre el animal y comiendo el pan realizado con trigo emanado de su cuerpo.

La relación entre Orión, Tauro y la piel de toro no acaba aquí. También se encuentran similares elementos en las dos narraciones conocidas sobre el nacimiento del primero en la tradición grecorromana gracias a las versiones aportadas por Higino, escritor latino que vivió durante el cambio de Era. En una de ellas se recoge lo siguiente:

> Hesíodo cuenta que era hijo de Neptuno, nacido de su unión con Euríale, hija de Minos. Se le concedió el don de caminar sobre las olas lo mismo que sobre la tierra. Igualmente dicen que sucedió con Íficlo, que podía caminar sobre el trigo sin romperlo. Según Aristómaco, existió un tal Hirieo, tebano, aunque según Píndaro vivía en la isla de Quíos. Como había recibido hospitalariamente a Júpiter y a Mercurio, inmoló un buey y lo puso sobre la mesa. Acto seguido, Júpiter y Mercurio le pidieron la piel que había arrancado del buey, orinaron sobre el cuero y ordenaron que la enterrara. De allí nació más tarde un niño al que Hirieo llamó Urión a partir de lo ocurrido, pero que por elegancia y por el uso se le ha llamado Orión.

> (Higino, *De Astronomia*, 2.34; trad. Morcillo 2008: 287)

Por su parte, en la segunda narración se indica:

> ORIÓN Júpiter, Neptuno y Mercurio llegaron como huéspedes a Tracia, al reino de Hirieo. Como fueron acogidos gustosamente por éste, le concedieron la facultad de pedirles lo que quisiera. Él deseaba tener hijos. Mercurio presentó la piel de un toro que Hirieo había sacrificado para ellos. Éstos orinaron en ella y la cubrieron con tierra. De allí nació Orión. Cuando éste quiso violar a Diana, la diosa le mató. Posteriormente, fue incluido por Júpiter entre las estrellas. Esta estrella se llamó Orión.

> (Higino. *Fabulae*, 195; trad. Morcillo 2008: 163)

Por último, hay que hacer mención acerca del uso de la piel de toro en varios contextos religiosos y narraciones fundacionales dentro de la tradición cananea. Dado el carácter sintético de este apartado, hay que aclarar que la posible presencia del cuero

Figura 2.5. Cilindros-sellos con altares con forma de piel de toro procedentes de Ugarit (siglos XIV-XIII a.C.) (Lagarce y Lagarce 1997: 80)

de este animal con un marcado significado religioso en cilindros-sellos, *smiting-gods* y representaciones funerarias en ámbitos de tradición cananea y fenicio-púnica ha sido ampliamente tratada en anteriores publicaciones (entre otras, *vid.* Gómez Peña 2010; 2017; 2020) (fig. 2.5). No obstante, se puede seguir aportando novedades que continúen enriqueciendo el panorama.

En primer lugar, cabe resaltar que, entre las hazañas acometidas por Baal, recogidas en KTU 1.3 III 42, se menciona la lucha contra *'gl.il. 'tk.* Recientemente Richey ha interpretado este epíteto como 'el novillo de 'Ilu, el atado', haciéndose interesantes aportaciones que encajan perfectamente con los datos mencionados en párrafos anteriores. Por una parte, el empleo aquí del término *'gl,* novillo, no haría referencia a una cría, sino a un toro en plenitud de facultades físicas. Por otra, la expresión *'tk* debería ser traducida como 'el atado', poniéndose a esta bestia en relación con el Toro Celeste mesopotámico que bajara a la Tierra Inanna/Ishtar mientras lo sujetaba de la soga (Richey 2018). Del mismo modo, la constelación de Tauro también aparece en la mitología egipcia atada en el firmamento, encargándose Isis de su custodia (acerca del enfrentamiento entre Horus, como personificación de Orión, y Seth, transfigurado en el Toro Celeste al que hay que vencer para domeñar a las fuerzas del caos, *vid.* Gómez Peña y Carranza Peco 2020: 123-126).

De ser correcta esta interpretación, el empleo de la piel de toro en la fundación de Cartago por parte de Elisa podría inscribirse dentro de las tradiciones aquí analizadas, rememorándose con ello el sacrificio primordial del becerro de 'Ilu a manos de Baal. Justino narra sobre este episodio que a la muerte del rey tirio Mutón, este dejó como herederos a sus hijos Pigmalión y Elisa. El primero ascendió al trono, mientras que la segunda acabó casándose con su tío materno Aquerbas, también denominado Siqueo (Virg., *Aen.* I, 343 y 349), sacerdote de Melqart y segundo cargo más importante en Tiro después del propio Pigmalión. Dadas las riquezas escondidas por Aquerbas, el rey decidió matarle para hacerse con ellas, pero Elisa no accedió al chantaje de su hermano y huyó junto a gente de su confianza poniendo rumbo a Chipre, donde se unió a su séquito el sacerdote de Júpiter con su mujer y sus hijos (Justino, *Epit.* XVIII, 4. 3-15 y 5. 1-3). De ahí partieron hacia la costa libia, donde según Justino se establecieron como comerciantes en Cartago, cuya fundación fue conseguida cortando en finas tiras la piel de un bóvido justo después de recuperar fuerzas de un viaje tan agotador (Justino, *Epit.* XVIII, 5. 8-14):

> La primera tierra en la que desembarcaron fue la isla de Chipre, donde el sacerdote de Júpiter con su mujer y sus hijos, por indicación de los dioses, se ofreció a Elisa como compañero y aliado, después de acordar para él y para sus descendientes la dignidad del sacerdocio para siempre. La condición fue aceptada como un manifiesto presagio. Era costumbre de los chipriotas enviar a las doncellas, unos días determinados antes de la boda, a la orilla del mar a traficar con su cuerpo para ganar el dinero de la dote y ofrecer a Venus sus primicias por el pudor del resto de su vida. Así pues Elisa ordena raptar unas ochenta doncellas de éstas y embarcarlas, para que los jóvenes pudieran casarse y la ciudad tener descendencia. Mientras esto sucede, Pigmalión, enterado de la huida de su hermana, se dispone a perseguirla en su huida con una guerra impía, pero desistió a su pesar, vencido por los ruegos de su madre y las amenazas de los dioses; puesto que los adivinos, inspirados, le vaticinaron que no quedaría sin castigo, si impedía el engrandecimiento de la ciudad nacida con los más favorables auspicios de todo el mundo, de este modo se dio a los fugitivos un momento de respiro. Así pues Elisa, llevada a un golfo de África, atrae a la amistad a los habitantes de aquel lugar, que se alegraban por la llegada de los extranjeros y por el recíproco comercio. Luego, comprado el terreno que podía cubrirse con la piel de un buey, en el que pudiera hacer que sus compañeros, cansados del largo viaje por mar, se repusieran hasta que partieran, ordena que la piel sea cortada en tiras muy finas y así ocupa un espacio mayor del que había pedido, por lo que aquel lugar recibió después el nombre de Birsa. Después acudieron los habitantes de los lugares vecinos, quienes llevaban muchas mercancías a los forasteros con la esperanza de ganancias, y se establecieron allí, formándose por la concurrencia de gentes una especie de ciudad. También unos embajadores uticenses les llevaron presentes como a sus consanguíneos y les exhortaron a fundar una ciudad allí donde por el azar se habían asentado. Y también los africanos fueron presa del deseo de retener a los extranjeros. Así pues, estando todos de acuerdo, se funda Cartago, después de fijarse un canon anual por el suelo que ocupaba la ciudad.

> (Justino, *Epit.*, XVIII, 5. 1-15; trad. Castro 1995: 310-311)

Tomando como referencia este pasaje, se ha venido proponiendo que el uso de la piel de bóvido en la legendaria fundación de Cartago se trataría de una invención propia del mundo griego para explicar la etiología del topónimo *Byrsa* dado que este término se asemeja bastante al empleado por los helenos para denominar al cuero bovino (Gsell 1920: 8; Cintas 1970: 173-174; Fantar 1993: 92; 2010: 14-15). En la misma línea, aunque de un modo más cauto, se ha pronunciado Lancel (1994: 33-35).

Ante estas hipótesis, se propone en estas líneas que el pasaje de la piel de toro no sería una construcción helénica *a posteriori* para justificar una etiología etimológica, sino el reflejo de un episodio que tiene sentido dentro de la tradición religiosa cananea, tal y como se ha venido exponiendo. Desde este punto de vista, el pellejo utilizado hubiera procedido de una res sacrificada en un ritual de fundación del santuario, y por extensión de la futura colonia, que acabó cumpliendo la función de lugar de comercio. La única diferencia en esta ocasión radica en la necesidad de dar una salida óptima para su gente al desafío planteado por el jefe libio Jarbas, quien en lo que se podría interpretar como un acto de provocación le plantea a Elisa que le cederá tanto territorio para la fundación de su ciudad, como extensión pudiera abarcar la piel de un toro. Ante este problema, la propia Elisa decidió cortar en finas tiras el cuero del animal, creando un extenso perímetro y dando así solución al problema isoperimétrico más antiguo conocido.

En definitiva, a partir de los fragmentos analizados se manifiesta la existencia de un mitema ampliamente difundido por el Mediterráneo y el área próximo-oriental, al menos desde el III milenio a.C. En él se muestra la lucha entre un personaje masculino, a veces héroe semidivino y ahijado de la divinidad principal, a veces dios menor dentro del panteón, pero también hijo de dicha deidad, que da muerte al Toro Celeste, demostrando con ello su capacidad de domeñar a las fuerzas destructoras de la naturaleza y de garantizar la estabilidad en la Tierra. Frente a su vertiente mítica, el reflejo histórico (y legendario) de este mitema habría generado como resultado el interés de las elites políticas por emular el arquetipo del héroe, empleándose para ello pieles de toro como bases sagradas con las que simbolizar la hazaña iniciática más importante de todas las llevadas a cabo por él: la victoria del orden sobre el caos a manos del fundador de una dinastía o asentamiento. Es precisamente dicho carácter fundacional el que se observa en el relato de Elisa de Cartago; el que se muestra en el depósito del 'dios del lingote' que inaugura el santuario de Enkomi (Chipre) analizado en otras publicaciones; y el que se advierte en varias necrópolis protohistóricas del sureste ibérico, analizadas al final del presente capítulo, cuyas primeras tumbas presentan dibujadas en el suelo esta peculiar forma, destacando como ejemplo más emblemático el de Pozo Moro.

3. LA TALA DEL ÁRBOL *ḪULUPPU*

El monumento turriforme de Pozo Moro cuenta entre sus relieves con una escena que muestra a un personaje masculino orientado hacia la izquierda que parece enfrentarse a un monstruo del que se conserva una cabeza con la boca abierta echando fuego y una pequeña ala o posible cola de aspecto serpentiforme. A la derecha de ambos, la composición de la escena se encuentra dominada por varias ramas que son golpeadas por tres personas con herramientas de difícil identificación. Con ellas pretenden ahuyentar a las crías de un ave de mayor tamaño que se encuentra abandonando la copa del árbol y de la que solamente se observa ya el final de su cola doble (fig. 2.6).

La escena ha sido interpretada por Olmos y López Pardo como la tala del árbol de la fecundidad (Olmos 1996: 108-110; López Pardo 2006: 83-84). En sintonía con esta interpretación, Blázquez había llamado previamente la atención sobre diferentes pasajes de la Epopeya de Gilgamesh en los que se hace alusión a varios árboles que son arrancados del suelo (Blázquez 1979: 150-152). Entre ellos se encuentra la tala de un árbol mencionada en una versión sumeria del «Suplemento» de la Tablilla XII de dicha epopeya, en la que se recoge un episodio entre Gilgamesh, Enkidu y el inframundo (Kramer 1938;

Figura 2.6. Relieve de la tala del árbol *Ḫuluppu* (López Pardo 2006: 82)

Bottéro 2015 [1998]: 32-33; George 1999: 78 y ss.). Lo interesante para el propósito del presente análisis no está en el propio descenso de Enkidu a los infiernos, sino en el extenso preámbulo que lo acompaña, donde se narra el episodio en el que Inanna pide ayuda al comienzo de los tiempos para que echen de un árbol *Ḫuluppu* que tiene en su jardín a varios seres malignos que se han hecho fuertes en él:

'At that time there was a solitary tree, a solitary willow, a solitary tree, / growing on the bank of the holy Euphrates, / drinking water from the river Euphrates. / The might of the south wind tore it out at the roots and snapped off its branches, / the water of the Euphrates washed over it. / I, the woman who respects the word of An, / I who respect the word of Enlil, / I picked up the tree in my hand and took it into Uruk, / took it into the pure garden of Inanna. / I, the woman, did not plant the tree with my hand, I planted it with my foot, / I, Inanna, did not water the tree with my hand, I watered it with my foot. / I said: «How long until I sit on a pure throne?» / I said: «How long until I lie on a pure bed?» / 'After five years had gone by, after ten years had gone by, / the tree had grown stout, its bark had not split, / in its base a Snake-that-Knows-no-Charm had made its nest, / in its branches a Thunderbird had hatched its brood, / in its trunk a Demon-Maiden had built her home.' / The maiden who laughs with happy heart, / holy Inanna was weeping. / His sister having spoken thus to him, / her brother Bilgames helped her in this matter. / He girt his loins with a kilt of fifty minas, / treating fifty minas like thirty shekels. / His bronze axe for expeditions, / the one of seven talents and seven minas, he took up in his hand. / In its base the Snake-that-Knows-no-Charm he smote, / in its branches the Thunderbird gathered up its brood and went into the mountains, / in its trunk the Demon-Maiden abandoned her home, / and fled to the wastelands. / As for the tree, he tore it out at the roots and snapped off its branches. / The sons of his city who had come with him / lopped off its branches, lashed them together. / To his sister, holy Inanna, he gave wood for her throne, / he gave wood for her bed. / For himself its base he made into his ball, / its branch he made into his mallet.

(Sup. Tab. XII, vv. 114-150, trad. George 1999: 183-184)

En estos versos se describe cómo Inanna, al principio de los tiempos, al ver que el viento había arrancado un árbol, decidió llevarlo a su jardín para trasplantarlo. Sin embargo, con el paso del tiempo acaban anidando en él varios seres maléficos que le impiden aprovechar su madera para hacer un trono y una cama. Se trata de una serpiente entre sus raíces, un águila gigante en su cima y un demonio femenino entre ambos. Para echarlos pide ayuda a la divinidad Shamash, quien rehúsa el ofrecimiento. Ante su negativa, Inanna recurre a Gilgamesh, quien ve la oportunidad de realizar una hazaña a la altura de los dioses que le permita seguir ganándose la consideración heroica de éstos. Por este motivo, asiste a la deidad expulsando a los enemigos del árbol *Ḫuluppu* con la ayuda de algunos súbditos, talándolo y dándoselo a Inanna para que esta pueda construirse el trono y la cama que desea. Por su parte, Gilgamesh hace lo propio fabricándose un aro y una vara, símbolos de la realeza mesopotámica. La escena, situada en un tiempo mítico, subraya el carácter cósmico del pasaje y le otorga una dimensión prototípica, como bien ha indicado Bottéro (2015 [1998]: 33).

Hasta el momento, este fragmento es el que más estrechamente encaja de todos los conocidos con la iconografía representada en el relieve de Pozo Moro. En este caso, el héroe estaría dando muerte a la serpiente o al demonio de sexo femenino que asoma su cabeza flameante sobre la de aquel, mientras que los hijos de la ciudad tratan de echar a los pájaros de las ramas después de que el ave *Anzû* haya emprendido ya el vuelo.

4. AL ENCUENTRO CON LA DIOSA

Las biografías heroicas mediterráneas y próximo-orientales suelen incluir un pasaje amoroso entre el héroe y la diosa, interesada en aquel gracias a sus proezas. Es el caso, por ejemplo, de Dumuzi-Inanna, Gilgamesh-Ishtar y, siguiendo la tónica establecida con Baal, Baal-Anat. El monumento turriforme de Pozo Moro también ha conservado fragmentos de una deidad femenina en dos escenas diferentes que probablemente haya que relacionar con nuestro héroe en el mismo sentido.

En el primero de los relieves aparece representada una figura femenina sentada sobre una silla de tijera. Destacan en ella dos enormes alas detrás de las que sobresalen dos flores de loto pisadas por la propia deidad. Se trata de la misma planta que agarra con sus manos del tallo, mientras a su izquierda asoman parte de la cola y del cuerpo de una posible serpiente (fig. 2.7). Los paralelos más cercanos se encuentran en marfiles asirios procedentes de Nimrud, en el peine también de marfil de Medellín (Badajoz), en el bronce del Berrueco (El Tejado, Salamanca) y en el pavimento de guijarros de Cerro Gil (Iniesta, Cuenca). Su carácter fértil y divino ha sido advertido en múltiples ocasiones. Más problemática, sin embargo, ha sido su identificación. Almagro-Gorbea propuso que se trataría de Anat (Almagro-Gorbea 1978: 266-267), mientras que Blázquez dudó entre esta divinidad, Hathor o Shapash (Blázquez 1979: 153-154). Por su parte, López Pardo trató de vincularla con Astarté, ya que aparece representada como una imagen de tipo *Qudšu* (López Pardo 2006: 115 y ss.). Este tipo de figuras *Qudšu* han sido habitualmente identificadas como Anat-Astarté, cuestión que cuadra con la idea de Almagro-Gorbea acabada de indicar, gracias entre otras cosas a los epítetos

Figura 2.7. Arriba: Fragmentos del relieve de la diosa alada (a partir de man.es, Museo Arqueológico Nacional). Abajo: Propuesta de reconstrucción del friso elaborada por Blanco Freijeiro (a partir de Blanco Freijeiro 1981)

que acompañan a esta figura en una estela conservada en el Winchester College (López Pardo 2006: 121).

Hasta la fecha, ninguna propuesta ha tratado de concatenar el relieve del árbol de la vida con el de la diosa alada, pero el fragmento antes citado del Suplemento XII de la Epopeya de Gilgamesh permite trazar interesantes conexiones. Al final del mismo se indicaba que, una vez ahuyentados los monstruos que moraban en el árbol *Ḫuluppu*, se aprovechó su madera para fabricar el trono y la cama que tanto anhelaba. Teniendo en mente el final de dicho pasaje, la escena de la diosa sedente podría estar reflejando a Inanna/Ishtar disfrutando de su asiento. Reflejo de ello podrían ser las plantas que muestra en sus manos, iguales a los extremos de las ramas del árbol *Ḫuluppu* del relieve anterior.

Como consecuencia del éxito de nuestro héroe en la empresa, la diosa pudo haberle aceptado como futuro consorte, posibilitando así su acceso a la esfera divina. Este episodio dentro del monomito podría haberse reflejado en el monumento turriforme de Pozo Moro en el relieve hierogámico (Almagro-Gorbea 1978: 266; 1983: 204; Olmos 1996: 111 y ss.; López Pardo 2006: 97 y ss.; García Cardiel 2013). De él se ha conservado tan solo su extremo derecho, presentando la unión sexual entre un hombre desnudo y un personaje que muestra a medias un carácter antropomorfo y anicónico. Habitualmente se ha pensado que dicha cópula estaría ocurriendo en el interior de un templo, del que se ha conservado en la escena la base de una columna salomónica a la espalda del primero (fig. 2.8).

Almagro-Gorbea planteó desde las primeras publicaciones que el relieve estaría reflejando la unión sexual entre dos personajes divinos (Almagro-Gorbea 1978: 204), mientras que Blázquez apuntó que podría hacer alusión, bien a la unión de Enkidu con una prostituta sagrada, bien a los excesos sexuales de Gilgamesh, continuando así con su lectura mesopotámica (Blázquez 1979: 150). Esta idea fue aceptada posteriormente por el propio Almagro-Gorbea, quien la interpretó bajo la óptica fenicia como la unión entre Melqart y Astarté (Almagro-Gorbea 2005a: 17). También Olmos aceptó esta interpretación hierogámica, anotando que la escena estaría reflejando un episodio fertilístico en el que el héroe y la diosa engendrarían al primer mandatario que habría mandado erigir el monumento turriforme (Olmos 1996: 111-112). López Pardo hizo lo mismo equiparando los detalles iconográficos del relieve con un mito ugarítico en el que dos hombres roban un árbol y se lo ofrecen a la diosa de la fertilidad, quien gracias a ello accede a tener relaciones sexuales con ambos personajes (López Pardo 2006: 97-100). Por último, más

Figura 2.8. Relieve de la hierogamia (López Pardo 2006: 96)

recientemente García Cardiel ha rehusado aceptar los paralelos mediterráneos y próximo-orientales de anteriores autores y ha tratado de dar explicación a dicho relieve profundizando en la sintaxis y el léxico del lenguaje iconográfico íbero (García Cardiel 2013).

Desde mi punto de vista, el episodio que se narra en esta escena es, siguiendo el discurso iconográfico de anteriores sillares, la unión hierogámica entre el héroe y la diosa. A diferencia de lo que en algunas ocasiones se ha pensado, ambos personajes poseen la misma altura. Así, mientras del hombre tan solo falta su cabeza, de la diosa se estaría observando su parte superior al completo, llevando el héroe su mano derecha a la altura de la cabeza de la deidad, que estaría probablemente velada o presentando un aspecto anicónico, lo que refuerza que el lugar donde ocurre el acto sexual sea el interior del *sancta sanctorum* de un templo. En apoyo de esta posibilidad, y a tenor de que anteriores relieves trazan claros paralelos con los relatos próximo-orientales, hay que indicar que existen ejemplos iconográficos de relaciones sexuales en los que el hombre lleva su mano a la altura de la nuca de la mujer en el área mesopotámica (Kramer 1999 [1969]).

5. EL DESCENSO AL INFRAMUNDO Y SU SALIDA TRIUNFANTE

En todas las aproximaciones al monumento de Pozo Moro ha recibido especial atención la conocida como 'escena del banquete', entre otros motivos por ser uno de los relieves que más completos ha llegado hasta el presente. En él se han representado varios seres de aspecto grotesco, destacando el que se encuentra a la izquierda del conjunto por tener doble cabeza y aparecer entronizado. Se trata de un monstruo que engulle a dos manos una pequeña figura humana en el interior de un cuenco y una pata de jabalí, mientras es asistido por un segundo personaje de menor tamaño. A la derecha del conjunto se encuentra otro individuo, tradicionalmente interpretado como un matarife que empuña un arma blanca con la que se dispone a trocear a otra pequeña figura humana dentro del cuenco que está puesto al fuego (fig. 2.9). La inmensa mayoría de los autores que se han aproximado a su significado ha coincidido en explicar dicha escena como un banquete infernal en el que el personaje sedente, en calidad de rey del inframundo, engulle víctimas humanas.

La primera propuesta interpretativa sobre la escena de este relieve fue realizada por Almagro-Gorbea, indicando que se trataría de un banquete funerario en honor a una divinidad del inframundo. En ella se incluyó, con buen criterio, un fragmento en el que aparece representada la cabeza y el inicio del cuerpo de un pequeño ser también de aspecto monstruoso que habría formado parte de la escena en la esquina superior derecha (Almagro-Gorbea 1978: 260; 1983: 196-198). A la hora de explicar todos los elementos en conjunto, Almagro-Gorbea propuso dividir la escena en dos partes. Por un lado, se encontraría el personaje entronizado de dos cabezas. Por otro, una comitiva de figuras de pie acercándose a él con ofrendas, en un esquema compositivo típico de piezas del Mediterráneo oriental cercanas al Norte de Siria, como el sarcófago de Ahiram y los marfiles de Megiddo, entre otros ejemplos. Por último, dentro de esta interpretación habría que entender a los dos pequeños humanos como ofrendas sacrificiales, uno ya muerto a punto de ser engullido y el otro en actitud de súplica, acaso los hijos del difunto, en honor a una divinidad de ultratumba de perfil monstruoso (Almagro-Gorbea 1978: 264; 1983: 198-200).

Figura 2.9. Relieve del descenso al inframundo (elaboración propia)

Desde la hipótesis de Almagro-Gorbea, la gran mayoría de investigadores ha aceptado que este friso de Pozo Moro es de influencia estilística neohitita y representa un banquete funerario en honor de una divinidad infernal. En este mismo sentido se expresó Blázquez, para quien la escena estaría mostrando un banquete con daimones infernales con cabezas de animales, con un paralelo en la leyenda de Keret (Blázquez 1979: 146-148 y 165).

Línea similar planteó Kennedy desde una perspectiva cananea, para quien el personaje entronizado no sería otro que Mot. Por su parte, el segundo sirviente podría haber sido una personificación equina de Seth o su equivalente ugarítico, y los humanos, dado su pequeño tamaño, niños ofrecidos para cometer con ellos infanticidio (Kennedy 1981).

Una alternativa es la ofrecida por Muñoz Amilibia. Esta autora relacionó el relieve del banquete de Pozo Moro con el mundo heleno, y más concretamente con las peripecias de Heracles. Así, el humano en el cuenco le recuerda tanto a la famosa «copa del Sol» con la que el héroe griego cruzó el océano para llegar a Eritia en busca de los bueyes de Gerión, como a la jarra de bronce que mandó fabricar Euristeo para refugiarse de su primo Heracles. En conexión con esta última posibilidad, sugiere que la representación del jabalí sobre la mesa podría tener conexión con la de Heracles llevando a la bestia sobre sus hombros mientras Euristeo se refugia en dicho recipiente (Muñoz Amilibia 1984: 148).

Hipótesis diferente han propuesto por separado Olmos (1996: 106-108) y Fernández Rodríguez (1996: 300-304), dividiendo la escena en dos momentos sucesivos. El primero afecta a la mitad derecha del relieve, en la que un personaje con cabeza equina, el 'domador de caballos' ibérico, estaría cocinando al difunto en el interior de un caldero como acto iniciático. El segundo acto tendría lugar en la mitad izquierda, donde la divinidad ingeriría al fallecido para que este consiguiera con ello la apoteosis. Con esta interpretación, Pozo Moro se insertaría dentro de la tradición salvífica indoeuropea en la que el cocimiento del muerto en el interior de un caldero mágico jugaría parte importante en el proceso de tránsito al Más Allá (Fernández Rodríguez 1996: 300-304). Opinión diferente en este punto de la interpretación planteó Olmos, para quien el jabalí sería comido como víctima sustitutoria del difunto, quien conseguiría mediante la cocción en el caldero su particular *apothanatismós* (Olmos 1996: 107). En ambos casos, se seguiría una línea interpretativa, la del tránsito salvífico del difunto mediante la cocción en el caldero, cuestión ampliamente conocida en la tradición indoeuropea (*vid.* Eliade 1999 [1979]: 178-179).

También Chapa ha aceptado las propuestas anteriores, indicando que el humano representado dentro del caldero en el banquete infernal es un niño que se salva de morir. No obstante, como la propia autora deja entrever, no queda claro cómo pudo llegar a salvarse y continuar su vida realizando proezas heroicas (Chapa 2003: 104-105).

Por su parte, Rundin, influido por las primeras publicaciones de Almagro-Gorbea, ha creído ver en la mitad izquierda del panel una escena en la que un padre consume a sus propios hijos sin reconocerles hasta que no ve su cabeza, sus manos y sus pies. Como ejemplos de este mitema analiza los casos de Thyestes, Tereus y Harpagus. En cuanto a la mitad derecha, Rundin plantea que el personaje representa una figura tauromórfica asociable con el minotauro griego (Rundin 2004).

Más recientemente, López Pardo propuso ahondar en el posible carácter salvífico de la escena del banquete desde una perspectiva cananea. De este modo, se continuaba con la tradición iniciada a mediados de los noventa para interpretar este relieve, pero se negaba la posibilidad de estar ante la representación de Mot o alguna otra divinidad inframundana de claro carácter negativo. Para ello, se relacionó la escena con la información visible en KTU 1.108. En esta tablilla ugarítica se señala que el rey difunto es *šty*, lexema traducido como «bebido/establecido». Es decir, es «bebido/establecido» *Rafa*, «bebido/establecido» *gathar*, nombre este último atribuido al rey mítico de Ugarit convertido en primer antepasado divinizado de la dinastía. De este modo, el humano en el caldero que acerca a su boca la deidad entronizada estaría a punto de ser salvada. En contraposición, el daimon con la falcata en la mano representaría la aniquilación del otro humano (López Pardo 2006: 146-151).

Frente a esta hipótesis salvífica mediante la consumición del difunto por parte de las divinidades, en los siguientes párrafos se propone una nueva interpretación (Gómez Peña 2022a) que difiere notablemente con respecto a las alternativas previas en la mitad derecha de la escena. En su conjunto, el relieve del 'banquete' de Pozo Moro representa el descenso al inframundo del héroe, equiparable claro está al que realiza el alma del difunto enterrado bajo el monumento turriforme antes de emprender su viaje al Más Allá. Sin embargo, a diferencia de lo que han planteado los autores previos, nuestro protagonista conseguiría la salvación gracias al papel jugado por la figura que aparece a la derecha del conjunto.

En general, llama la atención el carácter aparentemente monstruoso de los personajes de gran tamaño que se observan a lo largo de toda la escena. La presencia de seres híbridos en el inframundo es una constante de numerosas escatologías indoeuropeas, mediterráneas y próximo-orientales desde la Antigüedad hasta el presente. Esta región, en tanto que espacio liminal entre el mundo de los vivos y el de los muertos, ha sido espacio propicio para imaginar poderosos peligros. Dotar de mayores capacidades ofensivas a dichos peligros existentes en la naturaleza suele resultar evolutivamente más adaptativo que no hacerlo, de ahí que fuera de la *oikoumene* conocida por una comunidad sea donde frecuentemente se ubican fenómenos y bestias que poseen mayor peligrosidad que los lugares y animales conocidos dentro de sus propios límites geográficos. Esta idea permite explicar la creencia en seres híbridos a lo largo y ancho de la historia de la humanidad, desde esfinges, grifos y sirenas, entre otras creaciones de la Antigüedad (*vid.* Izquierdo y Le Meaux 2003; García Huerta y Ruiz Gómez 2012), pasando por las descripciones dadas por los colonizadores españoles en América acerca de animales y nativos con rasgos híbridos y asombrosos (Mancall 2017), hasta peligros alienígenas en tiempos más recientes, en los que la *oikoumene* ha salido de los límites terrestres debido a la globalización y al desarrollo de las telecomunicaciones.

Más allá de este margen parcialmente conocido es donde tradicionalmente se han venido localizando los territorios completamente ignotos. Se trata de lugares donde los peligros pueden ser todavía mayores, hasta el punto de que lo irracional y lo sobrenatural sean la norma. Por ello, los seres híbridos han jugado habitualmente un papel de intermediarios entre lo conocido y lo desconocido, lo racional y lo irracional, lo físicamente posible y lo imposible. Como se ha escrito de ellos, los seres híbridos

> son seres míticos, liminales y ambiguos, de doble o triple naturaleza, esencia de metamorfosis, de cambio, que simultáneamente pertenecen y no pertenecen a ninguno de los mundos que su múltiple naturaleza quiere definir. Pueblan y delimitan un espacio simbólico, el espacio de la eschatiá, de la frontera, el ámbito de lo antisocial, de lo inesperado, de las fuerzas disgregadoras de la vida, de la muerte. Son seres cuya naturaleza híbrida, monstruosa, traspasa los límites de la normalidad, abre las fronteras del mundo en su realidad cotidiana y nos transportan a las regiones limítrofes de la existencia, donde las normas se invierten, donde las barreras se rompen y el hombre entra en comunión con los dioses, donde vive la experiencia de la muerte y del renacer a otra vida

(Cabrera y Rodero 2003: 22-24)

De entre todos los seres híbridos, el que se encuentra entronizado a la izquierda del conjunto, asistido por otro personaje que le acerca un cuenco de pequeñas dimensiones, puede relacionarse con un monstruo andrófago en el que creyeron muchas poblaciones del II y I milenios a.C. asentadas en torno al Mediterráneo. Este híbrido devorador tenía como principal cometido eliminar a aquellos difuntos que no habían seguido correctamente los preceptos religiosos de su comunidad. A pesar de las diferencias regionales, esta criatura guarda características comunes fácilmente rastreables en la literatura y en la iconografía de dicho período. Se trata siempre de un ser mezcla de algunos de los más temidos animales conocidos en cada región, representado con las fauces abiertas, los colmillos visibles y la lengua fuera, que habita en el inframundo y engulle con apetito voraz diversas manifestaciones del alma de los fallecidos, en especial su sombra. Es el caso de la Ammit egipcia, el Mot cananeo, Mutu en la tradición asiria, el Sheol hebreo, los depredadores andrófagos celtas y Eurínomo en el ámbito heleno (Gómez Peña y Bermúdez Cordero 2022).

En el caso particular de Pozo Moro, los detalles iconográficos de su relieve permiten conectar estrechamente su figura con las características conocidas acerca de Mot, como así han advertido algunos autores en anteriores publicaciones (Kennedy 1981). Sea en efecto Mot, una deidad local u otro tipo de monstruo oriental diferente, lo cierto es que su información sirve de referente para apuntalar el papel jugado por este personaje entronizado. Sirva por lo tanto un breve repaso por sus características más conocidas de paralelo ejemplificante.

La tradición literaria cananea posee una nutrida información textual acerca del inframundo, tanto para el período ugarítico (Tromp 1969: 6-19; Xella 1991) como para el fenicio-púnico (Ribichini 1991). Gracias a las tablillas procedentes de Ras Shamra se tiene una visión bastante completa de su escatología religiosa (*vid.* del Olmo Lete 1995: 45-222, con bibliografía asociada). En ellas se dan dentro del panteón divino referencias a una deidad inframundana conocida como Mot (*vid.* Healey 1999, con bibliografía asociada). Durante mucho tiempo se planteó que el sentido de la palabra Mot, *Mōtu*, tenía que ser conectado con el término acadio *mutu*, 'guerrero', dado que se denominaba a esta divinidad como 'el amado de El, el Guerrero' (KTU 1.4 VII 46-47). Sin embargo, esta idea fue desechada hace décadas en favor de su traducción como 'muerte', asunto más acorde con las cualidades que de él se conocen. Esta interpretación es fácilmente emparentable con el término egipcio para muerte, *mwt*, palabra contenida en el nombre egipcio de Ammit, *'m-mwt*, 'la devoradora de los muertos', y con el acadio, *mu-ú-ᵋtu*, 'muerte'. En consonancia con esta idea, también hay testimonios sobre Mot en la *Praeparatio Evangelica*, obra de Eusebio de Cesarea realizada entre *ca.* 314-324 d.C., donde se dice que *los fenicios le llaman Muerte y Pluto* (*PE*, 1.10.34).

Mot, al igual que Baal, era hijo de 'Ilu, el 'padre de la humanidad'. Sin embargo, a diferencia del resto del panteón divino, reinaba en el inframundo como deidad de la muerte y de la esterilidad de la tierra:

> Así, pues, poned cara / hacia su ciudad 'Fangosa', / (pues) una poza es el trono de su sede, / un lodazal la tierra de su posesión. / Y prestad atención, heraldos divinos: / no os acerquéis (demasiado) al divino Mot, / no os ponga como un cordero en su boca, / como un lechal en la abertura de su esófago quedéis triturados.

(KTU 1.4 VIII 10-20; trad. del Olmo Lete 1998: 91)

Su papel era acompañado de temibles atributos, entre los que caben destacar un apetito voraz y unas fauces enormes cuyos labios abarcan desde la tierra a los cielos. Ante ellas acabó sucumbiendo Baal, quien tuvo que ser rescatado por su hermana Anat tras bajar al inframundo a por él:

> —Mensaje del divino Mot, / Palabra del amado de El, el Adalid: / —Mi apetito, sí, es el apetito del león de la estepa, / o, si se quiere, la gana del tiburón (que mora) en el mar; / o bien (el ansia de) la alberca que buscan los toros salvajes, / (de) la fuente (que anhela), sí, la manada de ciervas. / O, (dicho) sin ambages, / mi apetito devora a montones. / Y es verdad que a dos manos yo engullo / y que son siete las raciones de mi plato / y que mi copa mezcla (vino) a raudales. / Invítame, pues, Baal, junto con mis hermanos, / convídame, Hadad, junto con mis parientes / a comer con mis hermanos viandas / y a beber con mis parientes vino. /

¿Has acaso olvidado, Baal, / que yo voy de veras a destruirte, / que [voy a machacar (?)]te? / Aunque aplastaste [a Leviatán, la serpiente] huidiza, / acabaste [con la serpiente tortuosa], / el 'Tirano' [de siete cabezas], / (y) se arrugaron (y) [aflojaron los cielos] / [como el ceñidor de] tu [túnica], / [*yo te pienso devorar a palmos, / a trozos de dos codos.* / ¡Venga, pues, desciende a las fauces del divino *Mot*, / *al sumidero del amado de El, el Adalid!*].

(KTU 1.5 I 13-35; trad. del Olmo Lete 1998: 102-103)

[Cuando ponga Mot un labio en la ti]erra y otro en el cielo, / [cuando extienda] (su) lengua a las estrellas, / entrará [Baal] en sus entrañas, / en su boca caerá cuando se agoste el olivo, / el producto de la tierra y la fruta de los árboles.

(KTU 1.5 II 2-6; trad. del Olmo Lete 1998: 104)

Como se ve a partir de la información recogida en estos fragmentos, Mot reina en una ciénaga cuyo trono estaba en una poza (KTU 1.4 VIII 10-20; igualmente, KTU 1.6 VI 23-32) engullendo con apetito devorador a dos manos (KTU 1.5 I 13-35). Estos detalles cuadran con los mostrados en la escena de Pozo Moro. Por una parte, el monstruo devora humanos y animales con ambas manos, enfatizándose su apetito voraz al ser representado con doble cabeza: una sobre sus hombros y otra en el estómago, del mismo modo en que en el cristianismo medieval europeo se personificó el infierno devorando almas de los creyentes (*vid.* Bermúdez Cordero y Gómez Peña 2022). Por otro lado, aparece entronizado sobre un suelo con plantas acuáticas que denotarían el carácter cenagoso del lugar.

En cuanto a la mitad derecha de la escena, desde mi punto de vista, requiere de una nueva explicación. Tradicionalmente se ha aceptado que el personaje que se encuentra de pie se trata de un segundo sirviente que estaría preparando, cuchillo en mano, el sacrificio de una víctima humana dentro de un cuenco. Como se ha indicado previamente, esta interpretación ha suscitado problemas dentro del conjunto de los relieves de Pozo Moro dado que, si en ellos se recogen hazañas heroicas, en ningún caso el personaje que se halla en el interior del cuenco, presumiblemente el héroe, puede acabar siendo engullido por el rey del inframundo. Tratando de salvar este problema, Olmos vinculó el relieve del banquete con el mito del niño en el caldero.

Como se ha indicado anteriormente, López Pardo propuso que en la escena se estaría reflejando un poco conocido ritual ugarítico (KTU 1.108) a través del cual el fallecido estaría a punto de ser bebido/establecido *rephaite*, en una suerte de sacralización de su figura tras la muerte gracias a la entrada en contacto con la divinidad mediante la ingesta (López Pardo 2006: 146-147). Aceptar esta hipótesis supondría tener que rechazar la posibilidad de que el personaje sedente fuera un monstruo inframundano, identificable con Nergal u otra deidad similar (*vid.* López Pardo 2009), ya que acabaría haciendo desaparecer al héroe tras su consumo.

Este problema de identidad, todavía no resuelto por quienes han aceptado la idea de López Pardo, podría solucionarse al reinterpretar la figura del segundo asistente como la imagen de la diosa egipcia Taweret o, como se ha propuesto para el caso de Mot, algún tipo de deidad que habría tenido las mismas características iconográficas y funcionales que aquella.

Taweret es conocida en el mundo egipcio como una deidad protectora de las embarazadas y de los difuntos. Aparece habitualmente representada de pie sobre sus patas traseras, con cuerpo de hipopótamo y cabeza de cocodrilo. Cayendo por su espalda puede tener igualmente otro cocodrilo enganchado a su lomo, la cola de este unida a su cabello o ambas cosas. Dependiendo de su cometido, en ocasiones puede llevar en sus manos una antorcha, un *anj* o un cuchillo. Como protectora de los difuntos, su papel era acompañar y proteger al fallecido por el inframundo, ayudándole a sortear los numerosos peligros con los que podía cruzarse en medio de la oscuridad en su viaje al Más Allá.

Además de recibir culto en Egipto, gozó de cierto predicamento también fuera del país nilótico. En este sentido, se sabe que su figura fue empleada para dar forma al conocido como 'genio minoico', si bien en este ámbito egeo llegó a presentar diferencias notables. En primer lugar, su figura se estilizó con un cinto atado (característica que comparte la figura de Pozo Moro) y dejó de llevar un cocodrilo en su espalda (detalle en que difiere como se verá más adelante). En cuanto a sus atribuciones, también fueron totalmente diferentes ya que siempre se la observa asistiendo con aguamanil a dioses y difuntos (*vid.* Gill 1961; Baurain 1985; Crowley 1989: 58-63; Sambin 1989; Weingarten 1991; 2013; Keel 1993; Rehak 1995; Hitchcock 2009; Blakolmer 2015; Kuch 2017). Igualmente, Taweret tuvo la simpatía de una parte de la población fenicio-púnica que se hizo enterrar con amuletos suyos a lo largo y ancho de todo el Mediterráneo, probablemente, en línea continuista con la escatología egipcia, para que cumpliera su papel como protectora del alma del fallecido en su tránsito al Más Allá.

Entre los detalles iconográficos que permiten sostener su presencia en el relieve de Pozo Moro hay que mencionar cinco: 1) Sus fauces alargadas, característica propia de su aspecto hipotamesco, tal y como se representó siempre a Taweret en el Antiguo Egipto. Curiosamente, este asunto ha hecho en el pasado a diversos autores dudar sobre la identificación de esta figura con algún animal en concreto, atribuyéndosele forma de caballo, toro e incluso hipopótamo (*vid.* López Pardo 2006: 150, nota 551). 2) Su cuerpo orondo es otra característica que presenta esta diosa en todas las imágenes conocidas de ella dentro del Antiguo Egipto. Su cinto, rasgo propio de su figura en el mundo minoico, es el único detalle que la hace estilísticamente vinculable con esta región mediterránea, no así en lo que respecta a su función. 3) En la parte superior derecha, el sillar puede ser reconstruido uniendo al conjunto la imagen de un pequeño animal en posición sedente que saca la lengua. La yuxtaposición de ambos fragmentos permite recomponer su figura uniéndola a la cola que presenta Taweret a su espalda y que cae hasta el suelo. De hecho, es posible atisbar la segmentación de esta, del mismo modo en el que suele aparecer representada la cola-melena de Taweret en las imágenes nilóticas. Se trataría por tanto de una idealización del cocodrilo egipcio (fig. 2.10,3) que suele llevar esta deidad enganchado a su lomo y que cuenta con paralelos en escarabeos egipcios dentro y fuera de las fronteras del Antiguo Egipto (fig. 2.10,4). 4) Igualmente, el objeto que levanta esta deidad en su mano derecha no se trataría en ningún caso de un puñal o falcata, sino de una antorcha encendida (fig. 2.10,1). Este objeto es, por ejemplo, el que lleva siempre en la mano la diosa egipcia Taweret cuando se la representa en los papiros de finales del II milenio y durante todo el I milenio a.C. antes y durante su viaje por el inframundo, acompañando al difunto para que no sea aniquilado por las fuerzas del mal en su viaje

Figura 2.10. Comparativa entre diferentes representaciones de Taweret y el relieve de Pozo Moro:
1) Imagen de Taweret portando la antorcha tras su viaje como guía del difunto por el inframundo
(papiro de Ash-au-hat, LUND KM 21933, Din. XIX) (a partir de Olsson *et al.* 2001: 71).
2) Fragmento derecho del relieve del descenso al inframundo de Pozo Moro (elaboración propia).
3) Imagen de Taweret con el cocodrilo pegado a su espalda. Entre ella y el animal se observa la
prolongación de su melena formando la cola (Charles Edwin Wilbour Fund, n.º inv. 70.2, Período
Tardío) (brooklynmuseum.org, Brooklyn Museum). 4) Escarabeo egipcio con representación de
Taweret, probablemente antorcha en mano, que lleva anexo a su espalda una variante del cocodrilo
nilótico (Tholos B de Flur Stavros) (Platanos, Creta) (*ca.* 1800-1600 a.C.) (a partir de arachne.uni-
koeln.de, Instituto Arqueológico Alemán)

Figura 2.11. Taweret tras haber cumplido su papel como guía del difunto por el inframundo (papiro de Ani, EA 10470, 37, Din. XIX) (a partir de britihmuseum.org, British Museum)

al Más Allá. 5) Taweret, en tanto que divinidad protectora de embarazadas y difuntos, aparece a menudo en el Antiguo Egipto portando en su mano izquierda un *anj*, símbolo de vida eterna, y apoyando la misma mano sobre el símbolo protección, *sa* (fig. 2.11). Haciendo un símil con estos elementos, la Taweret de Pozo Moro estaría posando la mano siniestra sobre la figura del difunto, al cual protegería, garantizando con ello su salvación de las fauces del monstruo devorador.

De ser cierta esta hipótesis, y asumiendo como se ha venido haciendo aquí que la identidad de esta figura es la de Taweret, o en su defecto la de una deidad oriental equiparable a esta, cobra una nueva dimensión la existencia de amuletos de Taweret en tumbas de la protohistoria meridional ibérica, pues su hallazgo en ellas podría deberse no solo a un interés por parte de los fallecidos y sus allegados a la hora de hacer ostentación de su posición social con objetos exóticos de alto valor económico, sino a la existencia de una escatología fenicio-púnica más egiptizada de lo hasta ahora aceptado, que sigue acercando la erección del monumento turriforme a la tradición religiosa cananea.

6. A MODO DE CONCLUSIÓN: LA APOTEOSIS DEL HÉROE MÁS ALLÁ DE POZO MORO

El repaso efectuado a algunos de los principales elementos simbólicos e iconográficos de Pozo Moro ha servido para seguir profundizando en el culto heroico que habría recibido el personaje al que estuvo dedicado el monumento. Por este motivo, se ha hecho especial hincapié en el episodio iniciático del árbol *Ḫuluppu*, así como en la relación de la base con forma de piel de toro con el sacrificio del Toro Celeste.

Igualmente, además de la clara ambientación oriental de estos pasajes iniciáticos, la conocida como escena del banquete presenta rasgos iconográficos emparentables con una tradición cananea egiptizada. De acuerdo por tanto a esta interpretación, el relieve del banquete de Pozo Moro, datado en el siglo V a.C., sería la primera representación de la figura de Mot, o en su defecto, de un monstruo devorador equiparable a aquel. Su posible vinculación con el mundo fenicio-púnico permite igualmente plantear que la introducción de este personaje en la escatología del sureste ibérico pudo haber sido obra de poblaciones de tradición oriental, bien por influencia de dichas comunidades asentadas en el sur de Iberia desde los primeros siglos del I milenio a.C., bien por posteriores influencias cartaginesas. En ambos casos, la presencia de Taweret en el conjunto reflejaría ecos egiptizantes en sus creencias religiosas, visible en el uso de amuletos con su imagen repartidos por numerosos puntos del Mediterráneo, incluyendo el sur de la península ibérica.

El probable carácter oriental de estos elementos simbólicos presentes en Pozo Moro y su relación con el culto dinástico a un antepasado fundador guardan correlación con lo observado en otros puntos de la península ibérica. Es el caso de lo observado para la piel de toro. Con la llegada de población fenicia a las costas del sur de la península ibérica en torno al siglo IX a.C., empezaron a aparecer en el área tartésica altares muebles e inmuebles de tendencia rectangular y con las esquinas apuntadas (Escacena e Izquierdo 2000; Gómez Peña 2010; 2017).

Tras la conocida como crisis del siglo VI a.C. en el corazón del territorio tartésico, los ambientes cultuales de tradición oriental, tanto santuarios como funerarios, prácticamente desaparecieron. Curiosamente, los mismos elementos anteriormente constatados en esta región empezaron a proliferar en el interior peninsular, el noreste y el sureste ibéricos. Entre ellos se encuentra también la silueta con forma de piel de toro que aquí se comenta. Dentro de esta migración cultural a estas tres nuevas regiones, el sureste de la península ibérica es la única área en la que además de la existencia de altares con esta silueta en el interior de edificios de culto y de reunión, también han sido identificados en las cubiertas de varias tumbas íberas. En los casos que se detallan a continuación, el perfil táurico se colocó en las tumbas que inauguraban el espacio funerario. Junto a este patrón, los objetos y las iconografías que acompañan a estas sepulturas permiten plantear que quienes se enterraron en ellas pudieron ostentar un papel regio cuya imagen tras su muerte quiso ser vinculada con su divinización como héroe fundador. Es el caso, junto a Pozo Moro, de los yacimientos de *Tutugi* (Galera, Granada) y Los Villares (Jaén).

El asentamiento de *Tutugi* se encuentra ubicado sobre el Cerro Real, en las inmediaciones del río Orce, muy cerca del actual núcleo de Galera y en un punto casi equidistante entre los *oppida* de *Basti* y la Molata de Puebla de Don Fadrique. Poco se sabe de él y de su entorno, aunque es destacable que entre mediados del siglo V a.C. y comienzos del IV a.C. el lugar se reorganizó constructivamente, justo en la misma época en que se funda el cementerio que aquí se analiza. A diferencia del *oppidum*, se conoce con bastante detalle su necrópolis desde comienzos del siglo XX a partir de las excavaciones realizadas por Cabré y por de Motos. Se asienta sobre los cerros que se encuentran al otro lado del río Orce en relación con su poblado. Su ocupación se extiende por tres áreas diferenciadas. Este hecho le otorga al cementerio una singularidad dentro del mundo funerario del sureste íbero. La distribución de sus tumbas y los datos cronológicos que aportan permiten inferir que las sepulturas más antiguas, datables entre fines del siglo V a.C. y principios del IV a.C., se encuentran en la Zona Ia. Se trata de las sepulturas 11, 20 y 34. Aquellas se hallan frente al poblado homónimo justo al otro lado del río formando un triángulo equilátero casi perfecto. Este hecho ha sido interpretado por sus excavadores como una repartición del espacio entre diversos grupos familiares o clientelares del linaje allí enterrado. Durante la segunda fase cronológica, datada durante todo el siglo IV a.C., las tumbas ocupan todo el espacio llegando al momento de mayor intensidad en el uso de la necrópolis. Es en esta etapa cuando empiezan a utilizarse las Zonas Ib, Ic, II y III, mientras que la Zona Ia se densifica con nuevas sepulturas en torno a las antes indicadas. La equidistancia entre las tumbas de la Zona II ha llevado a sus excavadores a proponer que los distintos grupos familiares o clientelares se reparten el espacio de esta área (Rodríguez-Ariza 2014: 59-60). De todas las tumbas halladas, el interés se centra aquí en las tres que inauguran el espacio funerario, las sepulturas 2, 11 y 20, por presentar posibles decoraciones con forma de piel de toro en el suelo que las cubría.

La más famosa de las tres es la número 20, especialmente por el descubrimiento en su interior de la famosa Diosa de Galera. Su reexcavación se realizó en 2006 dado que a nivel estructural no se tenían datos precisos. La cámara en la que se depositó ésta mide 16,5 m² y hasta el momento es la más grande de toda la necrópolis. En su interior, junto a la Diosa de Galera se ha hallado un lote de piezas cerámicas que formaban parte del ajuar. Se trata de cuatro vasijas decoradas de rojo tapadas por platos-tapadera, dos platos, un *kylix* ático de tipo Cástulo y tres pequeños recipientes de pasta vítrea datables en torno a mediados del siglo V a.C. Saliendo al exterior de la cámara, en torno a ella se empleó una capa de yeso a un metro aproximadamente de los muros con sus lados cóncavos. En los bordes se han encontrado restos de pintura roja y en paralelo una banda blanca de 10 a 40 cm de grosor rodeando todo el conjunto. Del mismo modo la sepultura también fue pintada de rojo. En total la superficie de la tumba ocupa 13 m de diámetro encontrándose la cámara en el centro y dos de las cuatro esquinas de la huella táurica conservadas a su alrededor (fig. 2.12).

En cuanto a la Diosa de Galera, se trata de un recipiente facturado en alabastro que presenta la imagen de una mujer sedente que porta en sus manos un gran cuenco mientras le flanquean dos esfinges recostadas sobre un escabel que sirve de base a todo el conjunto. Su fecha de fabricación se ha datado en torno al siglo VIII a.C. La discordancia entre su cronología y la de su contexto de hallazgo le otorgan el papel de objeto preciado dentro de la tumba no solo por su posible simbolismo, sino por su antigüedad (Almagro-Gorbea 2010a: 231-232). Su función se infiere de la oquedad que tiene la posible diosa en su cabeza, la cual conecta con otros dos pequeños agujeros en cada uno de sus pechos. El paso del líquido del primero a los segundos a través del interior de la pieza caería sobre el vaso que sostiene. El líquido vertido de sus senos podría haber representado la ambrosía sagrada que bebe el heredero al trono o el monarca ya fallecido. Se trata de la bebida de los dioses, cualidad que el difunto habría alcanzado con su muerte y heroización (Almagro-Gorbea 2009). Como bien ha puesto de relieve Almagro-Gorbea, esta idea tiene paralelos en la tradición ugarítica y egipcia, donde la diosa Asherah, Astarté e Isis amamantan al rey y le protegen entre sus brazos (Almagro-Gorbea 2010a: 222-223).

Junto a estos elementos de clara simbología fenicio-púnica, hasta el momento ha pasado casi desapercibida una palmeta de bronce. A lo sumo, ha sido citada para determinar a qué pieza pudo pertenecer. En concreto Cabré (1920: 33, fig. 5, 3) y García y

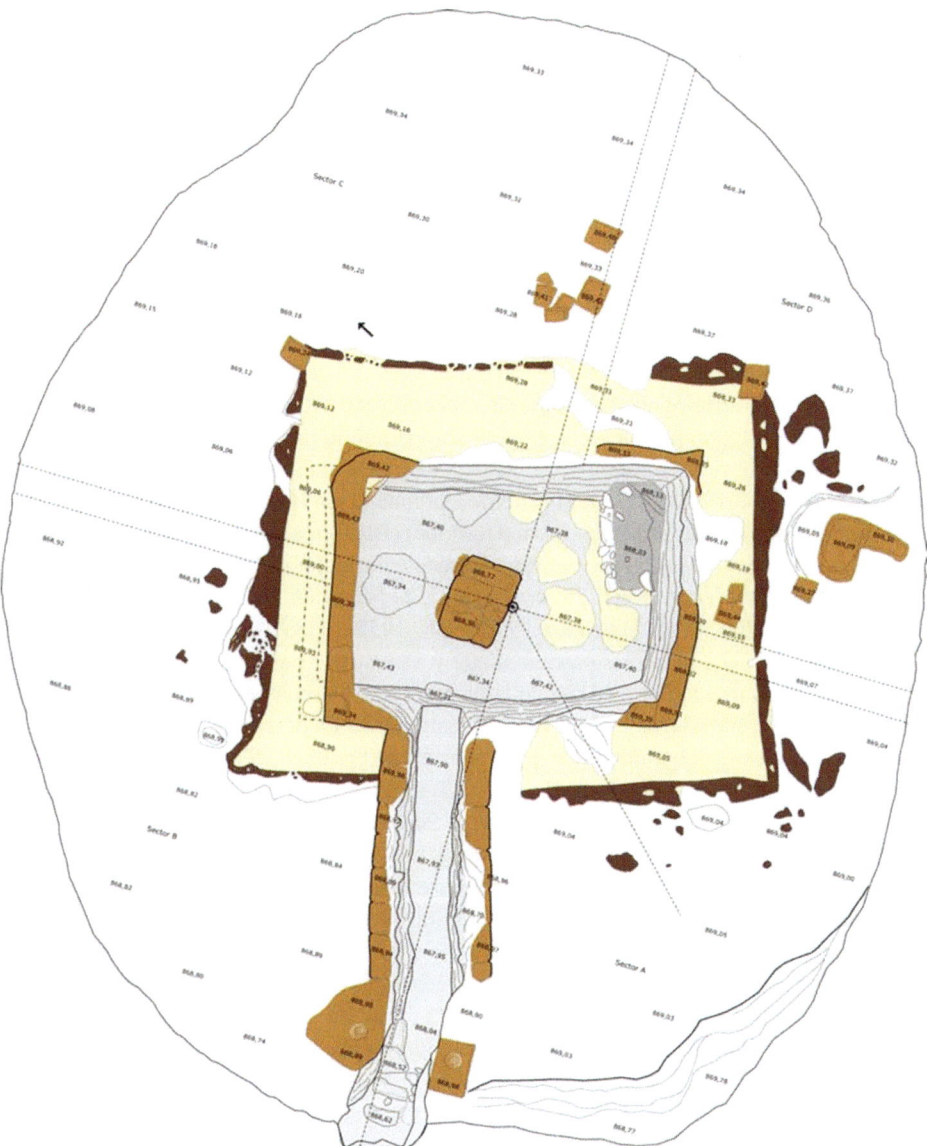

Figura 2.12. Planta de la tumba 20 de *Tutugi* (Galera) (Rodríguez-Ariza 2010: 34)

Bellido (1936: 27-28, lám. V) propusieron que podría proceder de un *oinochoe*, mientras que Shefton y Olmos han pensado que podría haberse tratado de un asa de anilla móvil de una *phiále mesómphalos* de tipo «Galera-Olinto» con paralelos en el mundo griego y la Europa oriental, y datable a mediados del siglo V a.C. (Olmos 1991: 301-302; Shefton 1991, con una lista de referentes para este tipo de asas). Una palmeta similar se conserva en el Museo Arqueológico de Ibiza (MAI 6401), quizás procedente de Puig des Molins.

Ha sido igualmente identificada como procedente de una *phiále mesómphalos* y fechada a finales del siglo V a.C. o principios del IV a.C. por parte de Olmos, tomando como paralelo el ejemplar de Galera (Olmos 1991: 303) (fig. 2.13). Hay que poner de relieve a este respecto, que no ha aparecido ningún otro fragmento de dicha *phiále* además de la propia palmeta. Este dato permite tratar a la planta en sí misma como *leitmotiv*, más allá de que la *phiále* pudiera haber sido utilizada con bastante probabilidad en los rituales libatorios para el difunto.

Acerca de su simbología, ya se ha apuntado en anteriores publicaciones que dicha palmeta podría haber tenido una simbología revigorizante e incluso revivificadora, tal y como se observa en la epopeya de Gilgamesh o en otros relatos clásicos que tienen como protagonistas a personajes de nombre Glauco (Gómez Peña 2018; 2022b). En estos casos, humanos y ofidios entran en competición por la planta. Este mitema, de cierto interés dentro de la tradición filológica, ha pasado desapercibido en el campo de la iconografía prerromana. No obstante, podría ser la explicación para todo un conjunto de palmetas protegidas por seres híbridos como la de la bandeja de El Gandul (Alcalá de Guadaíra, Sevilla) (Fernández Gómez 1989; 1991), el grifo de Porcuna (Jaén) (Blanco Freijeiro y González Navarrete 1980: 75), las urnas de Cabra (Córdoba) (Blánquez y Belén 2003a; 2003b), la de la crátera de Atalayuelas (Fuerte del Rey/Torredelcampo, Jaén) (Pachón *et al.* 1989-1990: 235, fig. 8; Pachón *et al.* 2007: 25, fig. 5), la de la pátera de los peces de Tivissa (Tarragona) (Serra Ráfols 1941; Blázquez 1955-1956; 1957-1958; Almagro-Gorbea 1993: 41; Olmos 1997: 93-97), las de las páteras 38202 y 38203 de Abengibre (Albacete) (Olmos y Perea 2004) y la de la matriz M18b de la tumba 100 o Tumba del Orfebre de Guardamar del Segura (Alicante) (Uroz 2006: 140-147), entre otras. La presencia de la misma palmeta en todos los casos, denominada en ocasiones como 'palmeta fenicia', dada su habitual relación con ambientes fenicio-púnicos (Jiménez Ávila 2002: 81-86), el papel protector por parte de leones, esfinges, águilas y grifos, así como los contextos funerarios a los que pertenecen todos los ejemplares o sus paralelos más estrechos, refuerzan esta posibilidad.

De estar en lo cierto, quizás los personajes enterrados en las tumbas a las que se asocian estos elementos podrían haber ostentado un papel heroico, bien como reyes/aristócratas, bien como militares, cuya muerte habría conllevado un culto dinástico, tal y como ha propuesto en varias ocasiones Almagro-Gorbea para la tumba 20 de la necrópolis de Galera (Almagro-Gorbea 2009: 11; 2010a: 195-196). En este sentido, el papel de la flor revigorizante encajaría en estos contextos otorgando al difunto una eterna juventud con la que disfrutar del Más Allá.

Por su parte, la tumba número 11 es más parca en información. Fue excavada en la roca con un tamaño de 144 pies cuadrados. En su interior se documentó en cerámica una crátera, una copa y un ánfora, y entre los objetos metálicos una falcata, una lanza, un bocado de caballo, un broche de cinturón y una fíbula; lo mismo puede decirse de la sepultura número 2, de cuarenta pies cuadrados. Al parecer, la cámara de esta tumba apareció pintada tanto en sus paredes como en su suelo, habiéndose publicado la ornamentación de este último en colores rojo, negro y amarillo, decoración interpretada como tapiz fenicio de posibles lotos (Almagro-Gorbea 2008).

Tanto la tumba 11 como la 20 se realizaron a partir de la construcción de cámaras subterráneas de plantas cuadrangulares más estrechas en su zona superior que en la base. Se sabe que sus techumbres se realizaron con madera de pino salgareño

Figura 2.13. 1) Palmeta de posible *phiále mesómphalos* localizada en la tumba 20 de Tutugi (a partir de ceres.mcu.es). 2) Fragmento procedente de Puig dels Molins (Ibiza). Sin escala en el original (Olmos 1991: 303)

(Rodríguez-Ariza 2014: 30-33). El acceso a las cámaras de ambas, así como a la del sepulcro número 34, se realizaba a través de un corredor y una posterior escalera que permite pensar en que el interior se habría podido abrir en varias ocasiones (Rodríguez-Ariza 2014: 67). Los datos más interesantes se deducen a partir de las cronologías propuestas para ambas sepulturas a partir de sus materiales. Las fechas barajadas sitúan tanto a las tumbas 11 y 20 como a la 34 en torno a finales del siglo V a.C. y principios del IV a.C. (Rodríguez-Ariza 2014: 52 y 60). Para el caso de la tumba número 2 no hay datación segura dado su estado de destrucción. Sin embargo, por su situación y su cubierta con forma de piel de toro se piensa que también pudo formar parte de la primera etapa de esta necrópolis (Rodríguez-Ariza 2014: 66 y 69).

Por otra parte, se han barajado varias hipótesis a propósito de la relación entre los individuos enterrados. En la primera de ellas se ha planteado que en la tumba 20 se hubiese enterrado la pareja fundadora del linaje y las otras tres serían sepulturas de los aristócratas dependientes de aquéllos. En la segunda propuesta las sepulturas 11 y 20 serían las de la pareja fundadora, basándose en la relación visual directa entre ambas y en que sus corredores están orientados hacia el otro enterramiento, mientras que las tumbas 34 y 2 pertenecerían a clientes comerciales afincados en el asentamiento (Rodríguez-Ariza 2014: 70-72). Tanto la número 11 como la 20, y posiblemente la número 2, que presentan un cubrimiento con bases pintadas en rojo y blanco en forma de piel de toro, son prácticamente equidistantes, formando un triángulo equilátero casi perfecto. Este dato ha hecho pensar a sus excavadores que sus ubicaciones no son casuales, señalándose una distribución especial que estaría indicando diferentes grupos familiares o clientelares (Rodríguez-Ariza 2014: 60).

La necrópolis íbera de los Villares fue excavada entre 1983 y 1990. En ella se sacaron a la luz 106 tumbas de cremación, 40 de cubrición tumular, datables entre el último cuarto del siglo VI a.C. y el primer cuarto del siglo IV a.C. El poblado al que estuvo asociado no ha sido localizado todavía. Su ubicación se sitúa dentro de una red articulada de comunicaciones. Se encuentra cerca de la vía Heraclea, conocida a la altura de Los Villares como 'camino de Aníbal', estando conectada con la Alta Andalucía y la costa levantina (Blánquez 1992: 249-250). Sus excavadores le han otorgado al cementerio una centuria y media de vida repartidos en tres fases. La Fase I se asienta sobre niveles geológicos y duró tan solo el último cuarto del siglo VI a.C. Tras estos primeros enterramientos el terreno se aplanó y con ello se dio comienzo a la denominada Fase II, fechada durante todo el siglo V a.C. A partir de ella se generalizaron las tumbas con cubierta tumular. Especial interés reviste su período IIc, ya que además de observarse la continuidad de las tumbas tumulares, el uso de conjuntos escultóricos y los adornos personales facturados en bronce, se suman como novedades en este momento las cerámicas áticas y los *silicernia*. Por su parte, la Fase III constituyó un drástico cambio tanto por la tipología de sus tumbas como por los ajuares. Las cremaciones en hoyo y las tumbas tumulares se hicieron más pequeñas y comenzaron a afectar a las deposiciones anteriores, viéndose entre los ajuares espadas de hoja recta y cerámicas griegas (Blánquez 1992: 251-253). De entre todas ellas hay que destacar aquí la tumba 31, de la que Blánquez ha indicado lo siguiente:

> Otro aspecto a destacar es la aparición, al final de la *fase I* de un enterramiento tumular, previo a la remodelación que sufrió la necrópolis al inicio de la *fase II*. Se trata de la tumba número 31 realizada externamente de idéntico modo a los túmulos del s. V. Especial interés tiene el estudio de su construcción, como forma de *lingote chipriota* al que se cubrió con la estructura tumular propiamente dicha. De igual modo, cerrando el interior de la tumba, sobre un nivel de greda verdosa se moldeó un segundo *lingote*. Por último, los restos óseos estaban, igualmente, dentro de un tercer *lingote*.

(Blánquez 1992: 255)

A tenor de los datos extraídos de los anteriores cementerios analizados, quizás sería posible matizar las apreciaciones de Blánquez situando la tumba 31 no como la última de la Fase I, sino como la que comenzó la Fase II, reinaugurando la necrópolis de manera simbólica siguiendo los parámetros de heroización ya vistos para el caso de Pozo Moro. Esta fase dio paso a las grandes tumbas tumulares de tipo principesco propias del siglo V a.C. Este hecho no es exclusivo de Los Villares, sino que es una norma general visible en todas aquellas necrópolis íberas que presentan enterramientos principescos datados en esta centuria (Blánquez 1992: 259). A partir del siglo IV a.C., el abandono progresivo de este tipo de sepulturas y la realización de otras con diferentes tipologías y ajuares ha permitido entrever la evolución del sistema social hacia una menor jerarquización (Blánquez 1992: 261).

En definitiva, la relación entre tumba que inaugura el espacio funerario y el posible carácter heroico de sus fundadores es una hipótesis de trabajo para el área íbera que cuenta con ejemplos bien documentados, entre otros casos en la tradición griega. Dentro del ámbito geográfico heleno, el nacimiento de la *polis* estaba conectado con la realización de cultos basados en la heroización del *oikistes* (De Polignac 1984: 127) en tanto que *archēgetēs* (Malkin 1987: 243 y 248-249). Sus nombres son conocidos gracias a las tradiciones de las ciudades, donde los mitos de fundación ocupan un lugar privilegiado, caso de Alcathoos en Megara (De Polignac 1984: 134). La religión de la *polis* servía para generar una identidad colectiva que estaba basada en la figura ficticia o histórica de un ancestro real que era entendido como progenitor (Carstens 2005: 58-59). En este sentido, el culto que recibía el fundador de la dinastía y de la ciudad tenía que tener como respuesta por parte del héroe asegurar la protección de dicha *polis* una vez muerto (Malkin 1987: 244-245). Desde esta perspectiva, el culto al *oikistes* sirvió como símbolo de identidad de las colonias y de conmemoración del nacimiento de las mismas (Malkin 1987: 260).

Dentro del mundo cananeo pudo haber ocurrido un proceso semejante (Ribichini 1991; 2004; Merlo y Xella 1999; 2001). Durante mucho tiempo se rehusó pensar en la existencia en *Ugarit* de una heroización tras la muerte. Sin embargo, actualmente la idea está tan bien asentada dentro de los estudios fenicios que incluso se ha llegado a proponer por parte de algunos investigadores que las referencias dentro del mundo hebreo a esta tradición podrían entroncarse con aquel (López Pardo 2006: 174-176). Algunos textos indican que una vez que el rey fallecía era considerado 'Rapiu, rey eterno' (KTU 1.108 = RS 24.252), lo que significa que al monarca se le consideraba divino tras su fallecimiento (KTU 1.113 = RS 24.257). La liturgia comenzaba invocando a los *rephaim*, o antepasados heroicos divinizados (Ribichini y Xella 1979), y se iniciaba un banquete seguido por las órdenes dadas por la deidad solar Sapash al rey difunto para que descendiera al inframundo. Tras esto se realizaban sacrificios propiciatorios con el fin de conseguir prosperidad, protección y respuestas oraculares (Merlo y Xella 1999: 299).

En este sentido, el carácter sacro de la monarquía fenicia, tanto del corredor siropalestino como de la isla chipriota, también ha sido puesto de relieve por Almagro-Gorbea y Lorrio (2011). Es el caso del *basileús kaì hierós* de Pafos en Chipre, el rey-sacerdote de Astarté en Sidón y los reyes de Israel (II *Cron.* 2, 18). Otro ejemplo sería el del dios Melqart de Tiro, considerado como un dios-héroe, 'rey de la ciudad' y *archegéta* (Almagro-Gorbea 2010b: 351; Almagro-Gorbea y Lorrio 2011: 70), de lo que se puede inferir que la divinidad no habría sido otra cosa que una hipóstasis mitificada del arquetipo de monarca fenicio en tanto que fundador, protector y señor de la ciudad. Quizás sea desde la óptica fenicio-púnica, y no desde la helenización que sufre el mundo íbero, desde la que habría que analizar el culto heroico visible en el monumento turriforme de Pozo Moro.

BIBLIOGRAFÍA

ABAD, L. y BENDALA, M. (1999): *El arte ibérico*. Madrid, Historia 16.

ALMAGRO-GORBEA, M. (1978): «Los relieves mitológicos orientalizantes de Pozo Moro», *Trabajos de Prehistoria* 35: 251-278.

ALMAGRO-GORBEA, M. (1982): «Pozo Moro y el influjo fenicio en el Período Orientalizante de la Península Ibérica», *Rivista di Studi Fenici* X, 2: 231-272.

ALMAGRO-GORBEA, M. (1983): «Pozo Moro. El monumento orientalizante, su contexto socio-cultural y sus paralelos en la arquitectura funeraria ibérica», *Madrider Mitteilungen* 24: 177-293.

ALMAGRO-GORBEA, M. (1993): «Tarteso desde sus áreas de influencia: La sociedad palacial en la Península Ibérica», en J. Alvar y J. M. Blázquez (eds.), *Los enigmas de Tarteso*: 139-161. Madrid, Cátedra.

ALMAGRO-GORBEA, M. (1993-1994): «Ritos y cultos funerarios en el mundo ibérico», *Anales de Prehistoria y Arqueología de Murcia* 9-10: 107-134.

ALMAGRO-GORBEA, M. (2005a): «Iconografía fenicia y mitología tartésica. El influjo fenicio en las creencias de Tartessos», en E. Acquaro y G. Savio (eds.), *Studi iconografici nel Mediterraneo antico. Iconologia ed aspetti materici*: 11-64. Roma, Agora.

ALMAGRO-GORBEA, M. (2005b): «La literatura tartésica. Fuentes históricas e iconográficas», *Gerión* 23, 1: 39-80.

ALMAGRO-GORBEA, M. (2008): «Un tapiz fenicio en Galera (Granada, España). Tapices y tejidos hispano-fenicios», *Lucentum* XXVII: 51-60.

ALMAGRO-GORBEA, M. (2009): «La diosa de Galera, fuente de aceite perfumado», *Archivo Español de Arqueología* 82: 7-30.

ALMAGRO-GORBEA, M. (2010a): «La diosa de Galera», en M. Almagro-Gorbea y M. Torres (eds.), *La escultura fenicia en Hispania*: 187-233. Madrid, Real Academia de la Historia.

ALMAGRO-GORBEA, M. (2010b): «La escultura hispano-fenicia: características y significado», en M. Almagro-Gorbea, M. Torres (eds.), *La escultura fenicia en Hispania*: 333-396. Madrid, Real Academia de la Historia.

ALMAGRO-GORBEA, M. y LORRIO, A. J. (2011): *Teutates. El héroe fundador y el culto heroico al antepasado en* Hispania *y en la* Keltiké. Madrid, Real Academia de la Historia.

ALMAGRO-GORBEA, M.; LORRIO, A. J.; MEDEROS, A. y TORRES, M. (2011-2012): «El mito de Telepinu y el altar primordial en forma de piel de toro», *Cuadernos de Prehistoria y Arqueología de la Universidad Autónoma de Madrid* 37-38: 241-262.

BAURAIN, C. (1985): «Pour une autre interprétation des génies minoens», *Bulletin de correspondance hellénique*, Supl. 11: 95-118.

BECK, R. (2006): *The Religion of the Mithras Cult in the Roman Empire. Mysteries of the Unconquered Sun*. Oxford, Oxford University Press.

BERMÚDEZ CORDERO, M. y GÓMEZ PEÑA, A. (2022): «Los orígenes iconográficos del infierno como devorador de almas en el cristianismo medieval europeo», *SVMMA. Revista de cultures medievals* 19: 87-123.

BLAKOLMER, F. (2015): «The many-faced "Minoan genius" and his iconographical prototype Taweret. On the character of Near Eastern religious motifs in neopalatial Crete», en J. Mynářová, P. Onderka, y P. Pavúk (eds.), *There and Back Again - the Crossroads II. Proceedings of an International Conference Held in Prague, September 15–18, 2014*: 197-220. Praha, Charles University in Prague.

BLANCO FREIJEIRO, A. (1981): *Historia del Arte Hispánico I. La Antigüedad*. Madrid, Alhambra.

BLANCO FREIJEIRO, A. y GONZÁLEZ NAVARRETE, J. (1980): «Las esculturas de Porcuna (Jaén)», en A. García y Bellido (coord.), *Arte ibérico en España*: 73-78. Madrid, Espasa-Calpe.

BLÁNQUEZ PÉREZ, J. J. (1992): «Las necrópolis ibéricas en el Sureste de la Meseta», en J. J. Blánquez Pérez y V. Antona (coords.), *Congreso de Arqueología Ibérica: las necrópolis*: 235-278. Madrid, Universidad Autónoma de Madrid.

BLÁNQUEZ PÉREZ, J. J. y BELÉN DEAMOS, M. (2003a): «Conclusiones», en J. J. Blánquez (ed.), *Cerámicas Orientalizantes del Museo de Cabra*: 187-203 Córdoba, Ayuntamiento de Cabra.

BLÁNQUEZ PÉREZ, J. J. y BELÉN DEAMOS, M. (2003b): «Cerámicas orientalizantes del Museo de Cabra (Córdoba)», en J. J. Blánquez Pérez (ed.), *Cerámicas Orientalizantes del Museo de Cabra*: 78-145. Córdoba, Ayuntamiento de Cabra.

BLÁZQUEZ MARTÍNEZ, J. M. (1955-1956): «La interpretación de la pátera de Tivissa», *Ampurias* 17-18: 111-139.

BLÁZQUEZ MARTÍNEZ, J. M. (1957-1958): «Nuevas aportaciones a la interpretación de la pátera de Tivissa», *Ampurias* 19-20: 241-244.

BLÁZQUEZ MARTÍNEZ, J. M. (1979): «Las raíces clásicas de la cultura ibérica. Estado de la cuestión. Últimas aportaciones», *Archivo Español de Arqueología* 52: 141-174.

BOTTÉRO, J. (2015 [1998]): *La epopeya de Gilgamesh. El gran hombre que no quería morir*. Madrid, Akal.

CABRÉ AGUILÓ, J. (1920): «La necrópolis de Tútugi», *Boletín de la Sociedad Española de Excursiones* XXVIII: 1-44.

CABRERA, P. y RODERO, A. (2003): «Seres híbridos en las culturas del Mediterráneo antiguo», en I. Izquierdo y H. Le Meaux (coords.), *Seres híbridos: apropiación de motivos míticos mediterráneos*: 21-25. Madrid, Ministerio de Educación, Cultura y Deporte / Casa de Velázquez.

CAMPBELL, J. (2020 [1949]): *El héroe de las mil caras*. Gerona, Atalanta.

CARSTENS, A. M. (2005): «To bury a ruler: the meaning of the horse in aristocratic burials», en V. Karageorghis, H. Matthäus y S. Rogge (eds.), *Cyprus: religión and society from the Late Bronze Age to the end of the Archaic period*: 57-76. Nicosia, Möhnesee-Wamel.

CASTRO, J. (trad.) (1995): *Justino. Epítome de las «Historias filípicas» de Pompeyo Trogo*. Madrid, Gredos.

CHAPA BRUNET, T. (2003): «El tiempo y el espacio en la escultura ibérica: un análisis iconográfico», en T. Tortosa Rocamora y J. A. Santos Velasco (eds.), *Arqueología e iconografía. Indagar en las imágenes*: 99-119. Roma, L'Erma di Bretschneider.

CINTAS, P. (1970): *Manuel d'Archéologie punique*, vol. I. Paris, A. et J. Picard.

CROWLEY, J. L. (1989): *The Aegean and the East: An Investigation into the Transference of Artistic Motifs between the Aegean, Egypt and the Near East in the Bronze Age*. Jonsered, Paul Åströms.

CUMONT, F. V. M. (1903): *The Mysteries of Mithra*. Chicago, Open Court Publishing Company.

DE POLIGNAC, F. (1984): *La naissance de la cité grecque*. Paris, Éditions La Découverte.

DEL OLMO LETE, G. (1981): *Mitos y leyendas de Canaán según la tradición de Ugarit*. Madrid, Ediciones Cristiandad.

DEL OLMO LETE, G. (1995): «Mitología y religión de Siria en el II milenio a.C.», en D. Arnaud, F. Bron, G. del Olmo y J. Teixidor (eds.), *Mitología y Religión del Oriente Antiguo II/2. Semitas Occidentales (Emar, Ugarit, Hebreos, Fenicios, Arameos, Árabes)*: 45-222. Sabadell, Ausa.

DEL OLMO LETE, G. (1998): *Mitos, leyendas y rituales de los semitas occidentales*. Barcelona, Trotta.

ELIADE, M. (1999 [1979]): *Historia de las creencias y las ideas religiosas. De la Edad de Piedra a los Misterios de Eleusis*, vol. I. Barcelona, Paidós.

ESCACENA, J. L. e IZQUIERDO, R. (2000): «Altares para Baal», *Arys* 3: 11-40.

FANTAR, M. H. (1993): *Carthage, approche d'une civilisation*. 2 vols. Tunis, Les Éditions de la Méditerranée.

FANTAR, M. H. (2010): «Elyssa de Carthage. Apports d'un mythe fondateur», en *Mare Internum. Archeologia e culture del Mediterraneo*: 11-18. Pisa / Roma, Fabrizio Serra.

FERNÁNDEZ GÓMEZ, F. (1989): «La fuente orientalizante de El Gandul (Alcalá de Guadaira, Sevilla)», *Archivo Español de Arqueología* 62: 199-218.

FERNÁNDEZ GÓMEZ, F. (1991): «Una fuente de bronce decorada con motivos orientalizantes en el Museo Arqueológico de Sevilla», *II Congresso Internazionale di Studi Fenici e Punici*, II: 854-863. Roma, Consiglio Nazionale delle Ricerche.

FERNÁNDEZ RODRÍGUEZ, J. M. (1996): «Mitos y ritos de paso en la concepción ibérica del poder: los relieves de Pozo Moro (Albacete)», *Tabona* IX: 297-316.

GARCÍA CARDIEL, J. (2013): «De la hierogamia a la ofrenda: el contacto con la divinidad en el mundo ibérico», *Mediterraneo Antico* XVI, 1: 277-308.

GARCÍA CARDIEL, J. y OLMOS ROMERA, R. (2021): «The Pozo Moro reliefs (Chinchilla, Spain): a Mediterranean hero between East and West», *Oxford Journal of Archaeology* 40, 3: 250-267.

GARCÍA GUAL, C. (2011): *Mitos, viajes, héroes*. Madrid, Fondo de Cultura Económica de España.

GARCÍA HUERTA, M. R. y RUIZ GÓMEZ, F. (2012): *Animales simbólicos en la historia: desde la protohistoria hasta el final de la Edad Media*. Madrid, Síntesis.

GARCÍA Y BELLIDO, A. (1936): *Los hallazgos griegos en España*. Madrid, Centro de Estudios Históricos.

GEORGE, A. (1999): *The Epic of Gilgamesh. A New Translation*. London, Penguin Classics.

GILL, M. A. V. (1961): *The Minoan genius: an iconographical study of the Minoan genius with reference to other mythical beings of the Minoan and Mycenaean religions represented in glyptic art*. Tesis doctoral. Birmingham, University of Birmingham.

GLASSMAN, R. M. (2017): *The Origins of Democracy in Tribes, City-States and Nation-States*. New York, Springer.

GÓMEZ PEÑA, A. (2010): «Así en Oriente como en Occidente: el origen oriental de los altares taurodérmicos de la Península Ibérica», *Spal* 19: 129-148.

GÓMEZ PEÑA, A. (2012-2013): «Historiografía y metodología taurodérmica: nuevas consideraciones sobre su simbolismo en la protohistoria peninsular ibérica», *Anales de Arqueología Cordobesa* 23-24: 11-34.

GÓMEZ PEÑA, A. (2017): *La piel de toro como símbolo religioso y marcador identitario de la colonización fenicia de la Península Ibérica: una lectura darwinista* (Tesis doctoral). Sevilla, Universidad de Sevilla.

GÓMEZ PEÑA, A. (2018): «Nueva interpretación sobre la simbología de la bandeja protohistórica de El Gandul (Alcalá de Guadaíra, Sevilla)», *Sagvntvm* 50: 89-105.

GÓMEZ PEÑA, A. (2020): «Propuesta sobre la simbología de la piel de toro en la legendaria fundación de Cartago», en M. Albaladejo, P. Schneider, S. Lebreton y D. Hernández (eds.), *Non sufficit orbis. Geografía histórica y mítica en la Antigüedad*: 115-133. Madrid, Dykinson.

GÓMEZ PEÑA, A. (2022a): «El héroe salvado del inframundo: Taweret como diosa psicopompa en el monumento púnico de Pozo Moro (Chinchilla de Montearagón, Albacete)», *Zephyrus* LXXXIX, 1: 151-172.

GÓMEZ PEÑA, A. (2022b): «El mitema de la flor revigorizante en la protohistoria de la península ibérica», en A. Pereira Delgado y P. Díez Herrera (coords.), Sacra Artificilia. *Liturgia y parafernalia en las religiones antiguas*: 119-152. Sevilla, Universidad de Sevilla.

GÓMEZ PEÑA, A. y BERMÚDEZ CORDERO, M. (2022): «La "devoradora": del Mediterráneo oriental a la escultura protohistórica del sur de la península ibérica», *Cuadernos de Prehistoria y Arqueología de la Universidad Autónoma de Madrid* 48, 1: 105-140.

GÓMEZ PEÑA, A. y CARRANZA PECO, L. M. (2020): «"Tu boca está en buen estado": Las cucharas con forma de pata de toro y el ritual de la apertura de la boca en la tradición feniciopúnica», *Complutum* 31, 1: 111-137.

GSELL, S. (1920): *Histoire ancienne de l'Afrique du Nord*, vol. II. Paris, Librairie Hachette.

HEALEY, J. F. (1999): «Mot», en K. van der Toorn, B. Becking y P. W. van der Horst (eds.), *Dictionary of Deities and Demons in the Bible*: 598-603. Leiden, Brill.

HITCHCOCK, L. A. (2009): «Knossos is burning: Gender bending the Minoan genius», en K. Kopaka (eds.), *FYLO: Engendering Prehistoric 'Stratigraphies' in the Aegean and the Mediterranean. Proceedings of an International Conference University of Crete (Rethymno 2-5 June 2005)*: 97-102. Liège, Université de Liège.

IZQUIERDO PERAILE, I. y LE MEAUX, H. (2013): *Seres híbridos. Apropiación de motivos míticos mediterráneos*. Madrid, Ministerio de Educación, Cultura y Deporte-Casa de Velázquez.

JIMÉNEZ ÁVILA, J. (2002): *La toréutica orientalizante en la Península Ibérica*. Madrid, Real Academia de la Historia.

KEEL, O. (1993): «Hyksos Horses or Hippopotamus Deities?», *Levant* 25: 208-212.

KENNEDY, C. A. (1981): «The Mythological Reliefs from Pozo Moro, Spain», *Society of Biblical Literature* 117, 20: 209-216.

KRAMER, S. N. (1938): *Gilgamesh and the Ḫuluppu Tree: A Reconstructed Sumerian Text*. Chicago, University Chicago Press.

KRAMER, S. N. (1999 [1969]): *El matrimonio sagrado en la Antigua Sumer*. Sabadell, Ausa.

KUCH, N. (2017): «Entangled Itineraries. A Transformation of Taweret into the "Minoan Genius"?», en A. Dietz, A. Hidding y J. Preisigke (eds.), *Migration and Change. Causes and Consequences of Mobility in the Ancient World*: 44-66. Heidelberg, Universitätsbibliothek Heidelberg and the Bayerische Staatsbibliothek München.

LANCEL, S. (1994): *Cartago*. Barcelona, Crítica.

LÓPEZ PARDO, F. (2004): «Humanos en la mesa de los dioses: la escatológica fenicia y los frisos de Pozo Moro», en A. González Prats (ed.), *El mundo funerario. Actas del III Seminario Internacional sobre Temas Fenicios*: 495-537. Alicante, Diputación Provincial de Alicante-Instituto Alicantino de Cultura Juan Gil-Albert.

LÓPEZ PARDO, F. (2006): *La torre de las almas: un recorrido por los mitos y creencias del mundo fenicio y orientalizante a través del monumento de Pozo Moro*. Madrid, Universidad Complutense de Madrid.

LÓPEZ PARDO, F. (2009): «Nergal y la deidad doble del friso del "banquete infernal" de Pozo Moro», *Archivo Español de Arqueología* 82: 31-68.

MALKIN, I. (1987): *Religion and colonization in Ancient Greece*. Leiden, Brill.

MANCALL, P. C. (2017): *Nature and Culture in the Early Modern Atlantic*. Pennsylvania, University of Pennsylvania Press.

MERLO, P. y XELLA, P. (1999): «The Ugaritic Cultic Texts: The Rituals», en W.G.E. Watson y N. Wyatt (eds.), *Handbook of Ugaritic Studies*: 287-304. Leiden, Brill.

MERLO, P. y XELLA, P. (2001): «Da Erwin Rohde ai Rapiuma ugaritici: antecedenti vicino-orientali degli eroi greci?», en S. Ribichini, M. Rocchi y P. Xella (eds.), *La questione delle influenze vicino-orientali sulla religione greca*: 281-297. Roma, Consiglio Nazionale delle Ricerche.

MORCILLO, G. (trad.) (2008): *Cayo Julio Higino. Fábulas. Astronomía*. Madrid, Akal.

MUÑOZ AMILIBIA, A. M. (1984): «La plástica ibérica en Albacete», *Congreso de Historia de Albacete. I. Arqueología y Prehistoria*: 145-156. Albacete, Instituto de Estudios Albacetenses.

OLMOS ROMERA, R. (1989): «Míticos pobladores del mar. Tritones, hipocampos y delfines durante la época prerromana y republicana en España», *Ephialte* 1: 23-62.

OLMOS ROMERA, R. (1991): «Apuntes ibéricos. Relaciones de la elite ibérica y el Mediterráneo en los siglos V y IV a.C.», *Trabajos de Prehistoria* 48: 299-308.

OLMOS ROMERA, R. (1996): «Pozo Moro: ensayos de lectura de un programa escultórico en el temprano mundo ibérico», en R. Olmos Romera (ed.), *Al otro lado del espejo: aproximación a la imagen ibérica*: 99-114. Madrid, Pórtico.

OLMOS ROMERA, R. (1997): «Las incertidumbres de los lenguajes iconográficos: las páteras de plata ibéricas», en R. Olmos Romera y J. A. Santos Velasco (eds.), *Iconografía ibérica, iconografía itálica: propuesta de interpretación y lectura*: 91-102. Madrid, Universidad Autónoma de Madrid.

OLMOS ROMERA, R. y PEREA CAVEDA, A. (2004): «La "vajilla" de plata de Abengibre», en R. Olmos Romera y P. Rouillard (eds.), *La vajilla ibérica en época helenística (siglos IV-III al cambio de era)*: 63-76. Madrid, Casa de Velázquez.

OLSSON, A.-M. B.; CALLIGARO, T.; COLINART, S.; DRAN, J. C.; LÖVESTAM, N. E. G.; MOIGNARD, B. y SALOMON, J. (2001): «Micro-PIXE analysis of an ancient Egyptian papyris: Identification of pigments used for the "Book of the Dead"», *Nuclear Instruments and Methods in Physics Research B* 181: 707-714.

PACHÓN, J. A.; CARRASCO, J. y ANÍBAL, C. (1989-1990): «Decoración figurada y cerámicas orientalizantes. Estado de la cuestión a la luz de los nuevos hallazgos», *Cuadernos de Prehistoria y Arqueología de Granada* 14-15: 209-272.

PACHÓN, J. A.; CARRASCO, J. y ANÍBAL, C. (2007): «Realidad imitada, modelo imaginado, o revisión de las tradiciones orientalizantes en tiempos ibéricos, a través de la crátera de columnas de Atalayuelas (Fuerte del Rey / Torredelcampo, Jaén)», *Antiquitas* 18-19: 17-42.

PRADOS MARTÍNEZ, F. (2009): «Entre ciudad y territorio. Los monumentos funerarios púnicos: simbolismo y ordenación urbana», en P. Mateos Cruz y S. Celestino Pérez (eds.), *Santuarios, oppida y ciudades. Arquitectura religiosa en el origen y desarrollo urbano del Mediterráneo Occidental*: 101-114. Madrid, CSIC.

REHAK, P. (1995): «The "Genius" in Late Bronze Age Glyptic: The Later Evolution of an Aegean Cult Figure», en F. Matz (dir.), *Corpus der Minoischen und Mykenischen Siegel*: 216-231. Mainz am Rhein, Philipp von Zabern.

REVERTE, J. M. (1985): «La necrópolis de Pozo Moro (Albacete). Estudio anatómico, antropológico y paleopatológico», *Trabajos de Prehistoria* 42: 195-282.

RIBICHINI, S. (1991): «Concepciones de la ultratumba en el mundo fenicio y púnico», en P. Xella (ed.), *Arqueología del Infierno. El más allá en el mundo antiguo próximo-oriental y clásico*: 125-137. Sabadell, Ausa.

RIBICHINI, S. y XELLA, P. (1979): «Milk'aštart, mlk(m) e la tradizione siropalestinese sui Refaim», *Rivista di Studi Fenici* 7: 145-158.

RICHEY, M. (2018): «Ugaritic monsters I: The ʿatūku "Bound One" and its Sumerian parallels», *Ugarit-Forschungen* 49: 333-365.

RODRÍGUEZ-ARIZA, M. O. (2010): «Tútugi: del sueño a la realidad», en A. Rodero Riaza y M. Barril Vicente (coords.), *Viejos yacimientos. Nuevas aportaciones*: 13-52. Madrid, Museo Arqueológico Nacional.

RODRÍGUEZ-ARIZA, M. O. (2014): *La necrópolis ibérica de Tútugi (2000-2012)*. Jaén, Universidad de Jaén.

RUNDIN, J. S. (2004): «Pozo Moro, child sacrifice, and the Greek legendary tradition», *Journal of Biblical Literature* 123, 3: 425-447.

SAMBIN, C. (1989): «Génie minoen et génie égyptien, un emprunt raisonné», *Bulletin de Correspondance Hellénique* 113, 1: 77-96.

SANDELIN, K.-G. (1988): «Mithras = Auriga», *Arctos: Acta Philologica Fennica* 22: 133-135.

SERRA RÁFOLS, J. (1941): «El poblado ibérico del Castellet de Banyoles», *Ampurias* 3: 15-34.

SHEFTON, B. B. (1991): «Comentarios a los "apuntes ibéricos"», *Trabajos de Prehistoria* 48: 309-312.

SOLTYSIAK, A. (2001): «The Bull of Heaven in Mesopotamian Sources», *Culture and Cosmos* 5, 2: 3-21.

SPEIDEL, M. (1980): *Mithras-Orion: Greek Hero and Roman Army God*. Leiden, Brill.

TROMP, N. J. (1969): *Primitive Conceptions of Death and the Nether World in the Old Testament*. Roma, Pontificio Istituto Biblico.

TURCAN, R. (1986): «Feu et sang: à propos d'un relief mithriaque», *Comptes Rendues des Séances de l'Académie des Inscriptions et Belles-Lettres* 130, 1: 217-231.

ULANSEY, D. (1989a): «The Mithraic Mysteries», *Scientific American* 261, 6: 130-135.

ULANSEY, D. (1989b): *The Origins of the Mithraic Mysteries: Cosmology and Salvation in the Ancient World*. Oxford, Oxford University Press.

UROZ, H. (2006): *El programa iconográfico religioso de la «tumba del orfebre» de Cabezo Lucero*. Murcia, Consejería de Cultura de la Comunidad Autónoma de la Región de Murcia.

WEINGARTEN, J. (1991): *The Transformation of Egyptian Taweret into the Minoan Genius: a Study in Cultural Transmission in the Middle Bronze Age*. Partille, Paul Åströms Förlag.

WEINGARTEN, J. (2013): «The Arrival of Egyptian Taweret and Bes[et] on Minoan Crete: Contact and Choice», en L. Bombardieri, A. D'Agostino, G. Guarducci, V. Orsi y S. Valentini (eds.), *Identity and Connectivity. Proceedings of the 16th Symposium on Mediterranean Archaeology, Florence, Italy, 1-3 March 2012*, I: 371-378. Oxford, Archaeopress.

XELLA, P. (1991): «*Imago mortis* en la Siria antigua», en P. Xella (ed.), *Arqueología del Infierno. El más allá en el mundo antiguo próximo-oriental y clásico*: 99-124. Sabadell, Ausa.

EL HÉROE QUE VENCIÓ AL LOBO.
EL MITO HEROICO COMO DISCURSO
IDEOLÓGICO EN EL MUNDO IBÉRICO*

Jorge García Cardiel

Universidad Autónoma de Madrid-Grupo Occidens

1. INTRODUCCIÓN

Como Franklin D. Roosevelt señalara en su último discurso, utilizando palabras tantas veces reformuladas antes y después de su muerte en tantos y tantos contextos, «a great power involves great responsibility»[1]. Todo individuo descollante que posea unas capacidades destacadas se debe al bienestar de su comunidad. Todo héroe debe considerarse responsable de la protección de sus (de)semejantes, pues de lo contrario no sería más que un monstruo. Y es que todo héroe compendia de alguna manera el sistema de valores de su comunidad, con sus gestas se convierte en un epítome de las virtudes que sus contemporáneos consideran paradigmáticas. Ello se debe a que todo héroe, si lo pensamos bien, no es sino la proyección personificada de una cosmovisión negociada. Una negociación en la que toman parte todos los agentes que conforman la comunidad, por supuesto, pero en la que la elite dirigente, una elite dirigente que muy a menudo se considera la recipiendaria de la supuesta herencia heroica, suele llevar la voz cantante.

En definitiva, la creación/recreación de un héroe constituye, desde mi punto de vista, la construcción de un discurso ideológico estructurado en forma de un personaje que se considera paradigmático. Se base o no su leyenda en una figura real, histórica, su memoria se carga muy pronto de toda una serie de connotaciones acordes a las necesidades del grupo social que instrumentaliza dicho recuerdo, de tal manera que, a través de sus gestas violentas, la comunidad expresará sus ambiciones y sus anhelos, su identidad colectiva y su visión del mundo. A través de su épica, recordada y respetada por todos, las

---

* El presente trabajo se ha llevado a cabo en el marco del proyecto de investigación PGC2018-096415-B-C21. Agradezco a su IP, E. Sánchez Moreno, la lectura del borrador y sus siempre amables y provechosas sugerencias. Asimismo, me gustaría expresar mi agradecimiento a E. Ferrer Albelda y a V. Sánchez Domínguez por la invitación a participar en el presente volumen.

1. *Daily Illinois State Journal*, 14 de abril de 1945, p. 2.

aristocracias de cada momento, de cada sociedad, se propondrán como ejemplos de virtud heroica y de gobierno benéfico para el grupo.

La violencia, o mejor dicho la remembranza y exaltación del hecho violento, se nos presenta así como un discurso ideológico e identitario sumamente eficaz. En un trabajo que muchos consideramos icónico, M. Mann (1986: 14) señalaba que la potencia militar constituye una de las cuatro principales fuentes de poder, junto con la economía, la política y la ideología. En el mismo sentido, no pocos historiadores y arqueólogos han defendido que la guerra se cuenta entre las principales fuerzas motrices de la complejidad social (*vid.*, por ejemplo, Carneiro 1981; Carandini 1992: 516-517), o incluso que, siguiendo en este punto a Maquiavelo o a von Clausewitz, poder y violencia son las dos caras de una misma moneda, pues el poder es condición de la violencia y se realiza en ella, y la violencia es ejecución del poder y se justifica en él (Lull *et alii* 2006: 95). Desde este punto de vista, creo que no aciertan del todo quienes asumen la tan manida aseveración de que un sistema político no puede sostenerse a largo plazo únicamente mediante la coacción, sino que es necesario revestir la violencia de un discurso ideológico que naturalice las desigualdades sociales inherentes al sistema (*vid.*, por ejemplo, Earle 1997: 7-8; Godelier 1999: 27). Hacía falta vencer, pero también convencer, como dijera Unamuno. Tal afirmación es básicamente correcta. Mas es necesario puntualizar que «coacción» e «ideología» no son esferas estrictamente contrapuestas (García Cardiel 2016: 201-250), pues en el solapamiento entre ambas florece la llamada «violencia simbólica». Esta última engloba todo discurso ideológico implícita o explícitamente intimidatorio tendente a hacer prevalecer los objetivos de un sujeto o una institución sobre los de los demás agentes mediante el recurso al miedo. Hablo, pues, de amenazas directas, pero también de agresiones simbólicas con importantes consecuencias sobre el subconsciente colectivo (Díez 2002: 368 y 374), pese a que en muchas ocasiones pueden no terminar de ser percibidas como tales por una parte de la sociedad.

La coacción puede ser explícita, como en un campo de batalla o en una celda, pero también implícita y perfectamente naturalizada, como en una frontera o como en un desfile militar. O también como en los mitos que rememoran las hazañas del héroe local. Pues, al presentarse como el defensor y representante de la comunidad y de su elite dirigente, al erigirse en adalid de ambas frente a los enemigos declarados o potenciales del orden vigente, el héroe enfatiza, con su mera existencia, el acceso privilegiado que determinados individuos de la sociedad detentan sobre los mecanismos coercitivos, y también las amenazas que ponen en jaque la perpetuación de las estructuras sociales. No puede haber héroe sin un villano, sin una amenaza que haga necesaria la existencia y la preeminencia social que los héroes, y sus supuestos herederos mortales, suelen arrogarse. Pues, si lo pensamos bien, cuando la comunidad se congrega en torno al héroe capaz de protegerla, o en torno a su recuerdo, está aceptando de forma implícita, está naturalizando, las relaciones desiguales de poder y, en sentido lato, la compleja cosmovisión y el sistema de valores que dicho héroe defiende, y que la memoria de dicho héroe da por sentada.

En las presentes páginas, trataré de profundizar en el análisis de la miríada de recreaciones diversas que los iberos se forjaron de sus propios héroes. Es este un tema sobre el que se ha vertido ya abundante bibliografía (*vid.*, sin ánimo de exhaustividad, Almagro 1996; Olmos 2003; Chapa y Olmos 2004; Ruiz Rodríguez 2004; Perea, Williams y Olmos 2007; Almagro y Lorrio 2011; Chapa 2011; Ruiz Rodríguez y Molinos 2013;

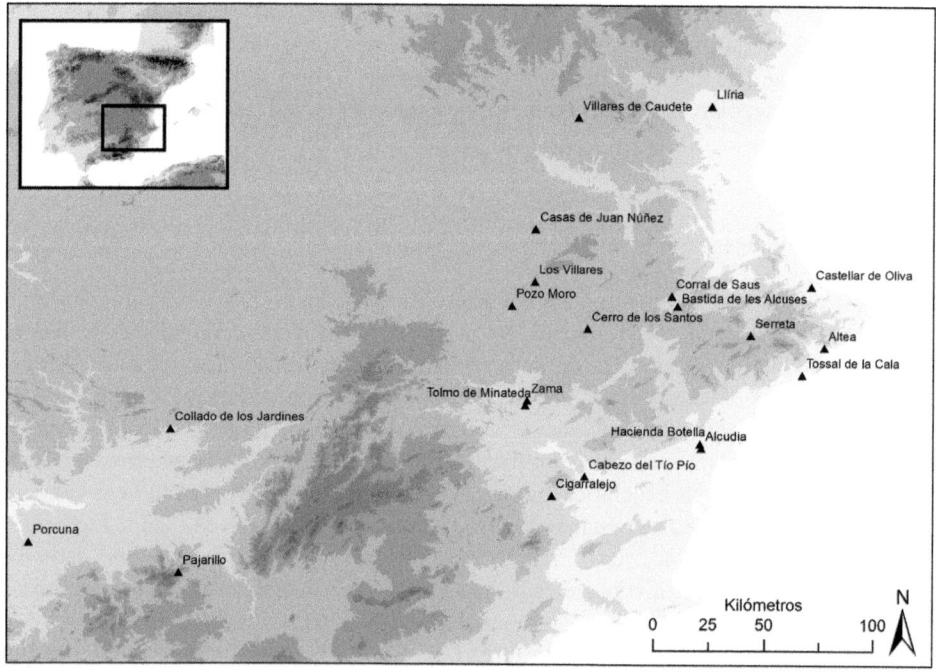

Figura 3.1. Principales yacimientos mencionados en el texto. Elaboración propia

Uroz 2013; Grau y Rueda 2014), basada sobre todo, dada la ausencia de una literatura propiamente ibérica que nos revele sus mitos y creencias, en el estudio de la iconografía. En excesivas ocasiones, sin embargo, las imágenes ibéricas han sido estudiadas asumiendo que podían ser descifradas a partir de nuestros conocimientos acumulados sobre otras civilizaciones clásicas mejor estudiadas, o bien desde la más pura subjetividad del exégeta. En las últimas décadas, no obstante, R. Olmos y su escuela vienen abogando por una lectura de la iconografía ibérica *desde dentro*, concibiéndola como un lenguaje en sí mismo, con su propia semántica y sintaxis, lectura esta de la que buena parte de los estudios antedichos son claros deudores. No tendría sentido negar la fecundidad de los paralelos entre la iconografía ibérica y la de los otros pueblos mediterráneos, pero estos no bastan para interpretar las imágenes ibéricas, cuya comprensión debe partir del análisis semiótico de sus propios esquemas iconográficos y mentales (Olmos 1991: 211-227), un análisis que integre de manera sistemática todas las informaciones contextuales posibles para cada imagen, considerándolas tanto en su diacronía como en su sincronía (Olmos, ed., 1996).

Por mi parte, incidiré en la consideración de la imagen ibérica como *materialización* de una ideología; esto es, como un lenguaje que no solamente «ilustraba», sino que también «creaba», «recreaba» y «ordenaba» una cosmovisión particular. Cuando los iberos representaban a sus héroes y rememoraban sus leyendas, estaban reafirmando su manera de ver el mundo y su sistema de valores particular, pero al mismo tiempo los estaban promoviendo y negociando entre todos los miembros de la comunidad que escuchaban, aprendían y repetían a su vez el mito. De ahí que estime particularmente interesante desgranar un recorrido diacrónico por la plétora de héroes de los que tenemos noticia gracias a la iconografía ibérica. Ellos nos proporcionarán, al fin y al cabo, sugerentes pistas sobre cómo concebían su mundo los iberos de cada comunidad y de cada momento, cuáles eran sus angustias vitales y, sobre todo, en quién confiaban para tratar de solventarlas.

2. EL HÉROE DE POZO MORO

Los paneles del conjunto monumental de Pozo Moro (Chinchilla de Montearagón, Albacete) nos proporcionan, seguramente, las primeras referencias iconográficas de héroes propiamente ibéricos. Hablamos de unos relieves que fueron labrados, según su excavador, hacia finales del siglo VI a.C., y que fueron dispuestos adornando las paredes de un monumento turriforme diseñado para señalizar la sepultura de un jerarca local (Almagro 1983). En conjunto, parecen pensados para ensalzar el recuerdo de los ancestros heroicos y divinos de la familia aristocrática que erigió el monumento, y que a la altura de comienzos del siglo VI a.C. estaría pugnando por construir su *distinción* en plenos momentos formativos de la cultura ibérica (Olmos 1996). Apenas sorprende, por ende, que entre los fragmentos conservados distingamos al menos tres representaciones de héroes, o quizás tres imágenes de un mismo héroe, protagonizando otras tantas hazañas asombrosas. Me refiero al conocido relieve del «dendróforo» (*vid.* Fig. 3.2), al del «guerrero» y al mal llamado relieve del «centauro» (Almagro 1978: 260-261; 1983: 207). En el primero, el protagonista aparece transportando sobre su espalda un árbol florido y repleto de pájaros, a buen seguro un árbol de la vida, mientras resiste el embate de varios monstruos que escupen fuego; en el segundo, el varón ha sido representado de perfil, enarbolando lanza y escudo frente a un adversario que no conocemos, pero que quizás cabría identificar con la fiera de varias cabezas tipo «hidra» de la que conservamos un pequeño fragmento descontextualizado (López Pardo 2006: 72-75); en el tercero, finalmente, tan solo conservamos el brazo derecho de nuestro héroe, figurado en el momento mismo de apuñalar a su monstruoso contrincante sobre el lomo (García Cardiel 2014a: 619-628).

En los tres casos hablamos de un varón que ha de combatir en solitario (o asistido por pequeños ayudantes, en el caso del dendróforo, aunque estos no participan directamente en la refriega) contra sus monstruosos enemigos: unas fieras con cabeza de felino que lanzan fuego por la boca, una posible hidra, y un misterioso ser híbrido con cuerpo de cuadrúpedo y de cuya cola brota una cabeza de serpiente que podríamos identificar como una Quimera o un perro Cerbero, o mejor dicho, con las reinterpretaciones ibéricas de dichas bestias (García Cardiel y Olmos 2021). Es más, entre los demás fragmentos relivarios de Pozo Moro distinguimos también un centauro y un tritón (Almagro 1978: 262), fieras híbridas ambas que, al menos en la mitología griega, se contaron entre los adversarios menos conocidos de Heracles pero que, en nuestro caso, aunque en efecto parezca lo más probable, desconocemos si originalmente habrían sido representados afrontados a un héroe.

Los héroes de Pozo Moro cuentan con varias bazas para triunfar sobre sus adversarios. Esgrimen, para empezar, armas singulares. El dendróforo, por ejemplo, se protege con un sencillo capacete y, lo que resulta más sorprendente, con unas grebas, cuyos

Figura 3.2. Relieve de Pozo Moro. Tomado de López Pardo 2006: 203

primeros prototipos «reales» no aparecerán en el registro arqueológico ibérico hasta algunas décadas después (Farnié y Quesada 2005: 199). Pero más exótica todavía resulta su espada curva, una auténtica ἅρπη de reminiscencias orientales para la que no poseemos otros paralelos peninsulares y que, si bien en esta escena parece particularmente adecuada por su doble carácter de arma y podadera, en el Próximo Oriente estaría cargada también de connotaciones rituales y sagradas (James 1966: 131-133 y 152). El guerrero, en cambio, enarbola lo que parece una sencilla lanza y se protege con una *caetra*, pero llama la atención su casco, dotado de un pequeño par de cuernos y de toda una serie de elementos que la bibliografía ha interpretado alternativamente como plumas o llamas, pero que, en todo caso, en su momento servirían para identificar de manera inequívoca al héroe que portaba este atractivo casco (Almagro 1978: 263; López Pardo 2006: 70-72). Y otro tanto puede decirse sobre la espada con la que el tercero de nuestros héroes se encuentra apuñalando al Cerbero/Quimera: su pomo de tamaño desmesurado, con una cabeza de felino con las fauces abiertas, no encuentra paralelos en todo el Mediterráneo occidental antiguo, sino que parece derivar de prototipos anatolios (Farnié y Quesada 2005: 127-128). Es más, en un trabajo anterior apuntaba que una de las tumbas de Pozo Moro de mediados del siglo IV a.C. (la 4D3) contenía una falcata en cuya empuñadura se había representado una cabeza parecida (Alcalá-Zamora 2003: 52), y que quizás podría haber sido fabricada expresamente para evocar a este viejo héroe que en los relieves del monumento daba muerte al Cerbero/Quimera (García Cardiel 2014a); mas la pieza no ha podido ser localizada entre los fondos del Museo Arqueológico Nacional y la consulta de los inventarios de la institución no certifica de manera inequívoca que una pieza semejante procediera realmente de este contexto arqueológico. Una vez más, por consiguiente, la espada del relieve albacetense vuelve a quedarse sin paralelos conocidos en Occidente.

Los rasgos físicos de todos estos héroes son, asimismo, significativos. No me refiero al ojo amigdaloide ni a la nariz puntiaguda que caracterizan el rostro del dendróforo, pues tales rasgos responden a los cánones estilísticos generales del monumento, y de ellos participan también todos los demás personajes. Fijémonos más bien en el torso sumario del guerrero y en los brazos delgados del adversario del Cerbero/Quimera, por contraposición a las formas orondas de los monstruos antropomorfos que protagonizan, por ejemplo, el llamado relieve del «banquete infernal» (Almagro 1978: 260). Y también, sobre todo, en las gruesas piernas de potentes gemelos que caracterizan tanto al dendróforo como al guerrero: los héroes de Pozo Moro eran, sin lugar a dudas, varones de «muslos bien formados», μηροὶ εὐφυέες, como dijera Homero[2], análogos a los guerreros que en esta misma época estaban siendo representados en las cerámicas áticas de figuras negras (García Cardiel y Olmos 2021).

Piernas y muslos hiperdesarrollados estos que, quizás, nos permitan identificar a un último héroe (o una última representación del mismo héroe) en Pozo Moro que hasta el momento habíamos pasado por alto: el varón desnudo que mantiene un encuentro sexual con una mujer mucho más alta que él, sin duda una diosa, en el llamado relieve de la «hierogamia» (Almagro 1978: 261-262; García Cardiel 2013).

Así pues, el linaje que mandó esculpir los relieves de Pozo Moro para arrogarse un glorioso pasado legendario recreó a un héroe (o a unos héroes) de gran vigor físico, pero que además contaba con toda una panoplia de armas singulares, exóticas, con un fuerte componente identificativo (eran las armas privativas de ese héroe en concreto) y claros paralelos foráneos, orientales. Otro tanto cabe decir de sus monstruosos antagonistas, seres híbridos todos ellos sin apenas tradición en la iconografía peninsular, pero que recuerdan, o podrían recordar, a los enemigos del Heracles-Melqart panmediterráneo. Rasgos ambos que parecen especialmente adecuados para unas elites sociales que, en estos momentos formativos del mundo ibérico, pugnan por consolidar su posición al frente de sus respectivas comunidades, por *distinguirse*, y que, para ello, tienden a hacer valer sus especiales vínculos con los agentes coloniales mediterráneos que les proveen constantemente de bienes de prestigio, armas y tecnología (García Cardiel 2016: 96-100). No es casual, por tanto, que, en su afán por dotarse de un ancestro heroico que, en un pasado lejano, había procurado la prosperidad a su comunidad, la había librado de los monstruos que la atenazaban y había obtenido a cambio de sus desvelos el acceso al lecho de la diosa, estos aristócratas pensaran en un héroe de rasgos orientales, que enarbolaba armas de aire oriental y que hubo de medirse a monstruos bien conocidos en todo el Mediterráneo.

No disponemos de ningún otro conjunto iconográfico complejo para la época en la que fechamos la erección de Pozo Moro, por lo que ignoramos si los patrones que sus relieves sugieren podrían extrapolarse a otras comunidades ibéricas. Repárese, no obstante, que entre las escasísimas representaciones antropomorfas masculinas ibéricas que conservamos de la época, se cuenta asimismo la estela de Altea la Vella (Alicante), erigida en un área necropolitana datable entre finales del siglo VI y comienzos del V a.C. La estela, un paralelepípedo de arenisca de 108x29x20 cm, representa de forma esquemática a un varón revestido de una túnica larga de escote triangular ceñida mediante un grueso cinturón y que porta, suspendidos, un cuchillo afalcatado y una espada de antenas (Morote 1981). Los prototipos más cercanos de esta extraordinaria espada, que el artesano quiso enfatizar dotándola de un gran tamaño, aparecen en el noreste peninsular y

---

2. Hom., *Il.* 4.147.

al norte de los Pirineos en contextos contemporáneos a la necrópolis (Farnié y Quesada 2005: 125). Se trata, por consiguiente, de un arma que resultaría exótica en el sureste peninsular, lo que redundaría, de nuevo, en las especiales conexiones mediterráneas y en el conocimiento armamentístico especializado de su, acaso, heroico portador.

3. LOS HÉROES DE LA ÉPOCA IBÉRICA PLENA: DEL ADALID ACORAZADO AL HÉROE CÍVICO

A partir de mediados del siglo V a.C., y entre las múltiples transformaciones perceptibles en las estructuras culturales ibéricas, asistimos a una cierta proliferación de las representaciones antropomorfas en la plástica ibérica, entre las que se advierte, además, una tendencia homogeneizadora materializada en muchas otras esferas de la iconografía, y que los especialistas en la materia han explicado atendiendo al deslizamiento entre un entorno vital aldeano y uno progresivamente urbano (Chapa 2003: 115).

La forma en la que las comunidades locales ibéricas conceptualizaron a sus héroes, evidentemente, no se mantuvo al margen de todas estas transformaciones sociales e iconográficas. Atrás quedaron, desde muy pronto, esos viejos héroes que con la ayuda de sus armas singulares importadas del Mediterráneo se enfrentaban a toda una amplia pléyade de monstruos híbridos. Las nuevas comunidades cívicas, y sobre todo sus aristocracias, requerían de nuevos referentes ideológicos en los que verse reflejadas.

El conjunto escultórico de Cerrillo Blanco de Porcuna, labrado durante la segunda mitad del siglo V a.C., y destruido y amortizado apenas unos años después (González Navarrete 1987: 22), ilustra bien esta transición. Desconocemos cuál fue la función última de todas estas estatuas, pero su erección en un espacio hasta entonces desocupado y el establecimiento de una necrópolis en aquel lugar coincidiendo con su amortización parecen hablarnos del esfuerzo simbólico de una comunidad por justificar su apropiación del espacio (Chapa 2003: 108-109; Ruiz Rodríguez 2011: 405-406).

Pues bien, entre todas estas esculturas cabe distinguir varios héroes. Uno de ellos, de hecho, se adecúa parcialmente a los patrones descritos para Pozo Moro: hablamos del guerrero que, vistiendo una sencilla túnica corta ceñida por un cinturón grueso, se enfrenta con las manos desnudas a un grifo en un duelo de resultado incierto: nuestro héroe sujeta al grifo por la oreja y la mandíbula, pero este último clava sus garras en el muslo de su adversario humano (González Navarrete 1987: 139-146). Todavía hay mucho de oriental en esta grifomaquia, para la que se pueden argüir paralelos cercanos en algunas placas de marfil del mediodía peninsular o en el cinturón de la Aliseda (Olmos 2002: 109), pero reparemos en que se detectan ya algunos cambios respecto de los héroes de Pozo Moro: la victoria del héroe no se atribuye ya al exotismo de sus armas singulares (de hecho, carece de ellas), sino al valor y a la destreza del campeón, que pese a la arremetida del grifo tiene la sangre fría de sujetarle por las fauces y las orejas. Su victoria, además, si es que se produce, no es tan inapelable como la de los héroes semidivinos de Pozo Moro: es una victoria agónica que, de alguna manera, humaniza a su protagonista en vez de divinizarlo. Volveremos más adelante sobre este mismo esquema.

Y es que, entre la estatuaria de Porcuna, resulta más frecuente otro tipo muy distinto de héroe. Me refiero en este caso al guerrero que, convenientemente protegido con un disco coraza, hombreras y grebas, con la espada de frontón aún envainada y su caballo aguardando tras él, ha sido representado alanceando a un rival vencido (González Navarrete 1987: 43-46) (fig. 3.3); o al guerrero que, además del consabido disco-coraza, exhibe un ostentoso casco (González Navarrete 1987: 43-46); o también al que complementa su armadura con una caetra que pende de su correa y una falcata al costado (González Navarrete 1987: 61-66); por no hablar de un nutrido número de piezas fragmentarias alusivas, una y otra vez, a guerreros pesadamente armados con este tipo de panoplia. Guerreros cuyas anatomías evidencian una vez más los mismos rasgos «homéricos» que ya observábamos en Pozo Moro (torsos sucintos y brazos delgados, sin bíceps marcados, pero enormes caderas y piernas de poderosos muslos hiperdesarrollados), pero en los que el énfasis se pone ante todo en su dominio de las sobreabundantes armas puestas a su disposición. Una panoplia pesada y costosa, cuyo manejo efectivo requeriría un adiestramiento específico, y que parece especialmente apta para el combate singular cuerpo a cuerpo entre campeones (Quesada 1998: 125-126). Una panoplia, en suma, propia de aristócratas, que «aristocratiza» a sus portadores por tratarse de un bien de prestigio privativo de la elite social.

Encontramos otras representaciones análogas entre la estatuaria de la Alcudia de Elche (Alicante), cuyos contextos de aparición nos resultan muy mal conocidos pero que posiblemente serían, _grosso modo_ al menos, contemporáneas a las esculturas de Porcuna. También aquí encontramos un guerrero protegido con un disco-coraza (Lorrio 2004: 157-158), varios otros que se defenderían con sus respectivas _caetrae_ (Lorrio 2004: 159-161), un fragmento de pierna con una greba (Lorrio 2004: 158-159) e incluso una cabeza con un casco (Lorrio 2004: 161). Armamento todo este que encontramos repetido, diríase incluso que enfatizado, en otras imágenes de guerreros del siglo V a.C., como el torso de Casas de Juan Núñez (Giménez 1988) o, atendiendo ya a las pequeñas representaciones en bronce, el célebre guerrero de Mogente (Lorrio y Almagro 2004-2005: 39; Almagro y Lorrio 2007). La interpretación de este último, por cierto, como remate de un báculo o _signum equitum_ concebido para construir la _distinción_ heroica de su portador, no puede dejar de resultar significativa.

Seguramente, muchos de estos campeones armados eran considerados «ancestros» de las comunidades y los grupos sociales que los representaron, pero ello no va en detrimento del carácter heroico de, siquiera, algunos de ellos. Repárese en los duelos singulares en los que están participando, y en los que, pese a la aparente simetría de fuerzas entre los contendientes (todos ellos están armados igual, pues todos pertenecen a la misma clase social y se reconocen como pares), terminarán imponiéndose gracias a su virtud sobresaliente, a su ἀρετή, demostrando así que ellos son los ἄριστοι, los «mejores». Dicho en otras palabras, eran los individuos más aptos, ellos y sus supuestos descendientes, para gobernar y defender a su comunidad en detrimento de las familias aristocráticas rivales.

A este respecto, M. Almagro (1996: 84-86) propuso que entre el siglo VI y el V asistimos a una transición en la concepción ibérica del poder, en virtud de la cual las «dinastías sacras orientalizantes» dejaron paso a las «monarquías heroicas». Aunque, por nuestra parte, no nos atreveríamos a sostener más allá de toda duda muchas de las connotaciones que ambos términos llevan aparejadas, sí que parece claro, como este autor quiso subrayar, que los referentes legitimatorios que las elites locales esgrimían para naturalizar su poder habían cambiado: frente a la evocación de unos héroes «distintos», de apariencia

Figura 3.3. Escultura de Cerrillo Blanco de Porcuna. Tomada de Aranegui 1998: 24

oriental y que libraban combates contra monstruos híbridos valiéndose de armas exóticas y singulares, nos encontramos ahora con unos héroes aristocráticos que, pese a la magnitud sobresaliente de sus hazañas, son mucho más «humanos»: esgrimen armas «reales», privativas de la elite pero difundidas por buena parte del mundo ibérico, y combaten contra sus homólogos, a los que terminan venciendo, pero no sin grandes esfuerzos y penalidades. En resumidas cuentas, todo apunta a que las elites sociales que recreaban estos héroes para verse reflejadas en ellos no buscaban ya tanto destacar la *distinción* frente al resto de la comunidad (acaso ya suficientemente naturalizada), como competir por el poder entre sus iguales aristocráticos.

Este tipo de representaciones de campeones acorazados, no obstante, fueron efímeras en el tiempo, pues a partir de finales del siglo V a.C. el énfasis en la sobreabundancia de armas desaparece de la iconografía. Ello se debe, previsiblemente, a las transformaciones que no dejaban de operarse en las estructuras socioeconómicas ibéricas. Unas transformaciones que, en este caso, se plasman en el registro funerario. Y es que, frente a la etapa precedente, durante la cual no fue nada habitual incluir armas entre los ajuares funerarios que acompañaban a los difuntos en sus sepulturas, a lo largo del siglo IV y la primera mitad del III a.C. entre un 25 y un 50% de las tumbas ibéricas documentadas contenían algún arma. Es más, estas aparecen de manera relativamente habitual incluso en los enterramientos infantiles, y ocasionalmente también en los femeninos, pues no delatan necesariamente la «profesión guerrera» del difunto enterrado, sino más bien su estatus social (Quesada 1997: 647-649). Como buena parte de los objetos que componían los ajuares funerarios, las armas servían para proporcionar al individuo una existencia en el Más Allá acorde con la que había vivido (o hubiera vivido de haber tenido la oportunidad) en el Más Acá, por lo que, en conjunción con el resto del ajuar, materializaban la negociación de la identidad social del individuo y, por consiguiente, el puesto que sus deudos ocuparían en lo sucesivo en la comunidad. La familia que introducía armas en las sepulturas de sus difuntos estaba reivindicando su pertenencia a un grupo social concreto que se arrogaba la posesión e identificación con estas, y que se creía, seguramente, corresponsable de la defensa de su comunidad. Y reparemos que se trataba de un grupo social amplio, que rebasaría holgadamente los límites de las elites aristocráticas. La amplia distribución de armas entre las viviendas del asentamiento de Bastida de les Alcuses (Mogente, Valencia), abandonado a mediados del siglo IV a.C., así lo confirma (Quesada 2011). En vista de esta relativa «democratización» de las armas y de la responsabilidad de la protección de la comunidad, ya no tendría sentido que las aristocracias continuaran enfatizando en sus autorrepresentaciones su carácter «armado». En la iconografía de los siglos IV y primera mitad del III a.C. continuarán apareciendo armas, bien es cierto, pero estas pasarán, significativamente, a un segundo plano (García Cardiel 2016: 221-227).

Seguramente, el héroe que mejor ejemplifica estos nuevos discursos ideológicos es el esforzado personaje que recibió culto en el santuario extraurbano de El Pajarillo (Huelma, Jaén). Hablamos de un recinto sacro instituido durante la primera mitad del siglo IV a.C. en el confín del *pagus* de Úbeda la Vieja; es decir, el territorio político que, siguiendo la cuenca del río Jandulilla hasta su nacimiento (inmediato al santuario), fue creado y puesto en explotación por el citado *oppidum* precisamente en la fecha en la que se erigió el santuario. De hecho, este estaría destinado, con toda probabilidad, a señalizar dicho confín y justificar la susodicha colonización (Molinos *et alii* 1998: 243-260). Una justificación ideológica que, al parecer, vino dada de la mano del héroe cuya hazaña se conmemoraba en el santuario, ligando así la memoria colectiva del personaje y el espacio en el que su gesta, en teoría, habría tenido lugar.

Pero detengámonos en el héroe y en su hazaña. Lo conocemos gracias al grupo escultórico erigido en la parte central del santuario, sobre un podio ciclópeo y rodeado de toda una compleja escenografía que no hacía sino realzar la épica de la acción. En él observamos a un varón representado en el momento tenso que antecede a su enfrentamiento con un gigantesco lobo que retiene entre sus garras a un niño. Se trata acaso de la bestia extraordinaria (su tamaño lo delata) que amenaza la supervivencia de la comunidad, encarnada esta última en el niño cautivo que yace a sus pies. El representante de la comunidad, el héroe, ha viajado hasta los confines del territorio para dar con la guarida de la fiera, rescatar al prisionero y acabar de una vez por todas con la amenaza. Mas fijémonos en que nuestro héroe apenas está armado: viste tan solo una túnica corta y un manto, que por cierto se ha enrollado en torno al brazo izquierdo para prevenir las mordeduras del lobo, como hubiera hecho cualquier pastor para enfrentarse a las alimañas. Aprovecha, además, los pliegues del manto para ocultar su única arma, una falcata, la espada ibérica

Figura 3.4. Escultura de El Pajarillo. Tomada
de Molinos *et alii* 1998: 268

más habitual en la época, que aferra en su mano derecha sin terminar todavía de desen-
vainarla, hurtándola de la vista del lobo hasta el momento definitivo en el que la descar-
gue sobre él (fig. 3.4). Las armas, pues, están presentes en la escena, pero ni son singulares ni especialmente aristocráticas, y desde luego no se hace especial énfasis en ellas. Lo
que convierte en héroe al personaje de El Pajarillo es su extraordinario valor para enfrentarse a la bestia y su desusada inteligencia para escoger la mejor manera de hacerlo, algo
que le garantizará el éxito allí donde todos los demás habían fracasado. Aunque su físico
también le acompaña: observemos una vez más los músculos hiperdesarrollados de los
muslos, que la corta falda deja a la vista, así como los genitales, que asoman apenas bajo
la misma, insinuando, que no mostrando, lo que griegos y romanos habrían considerado
un desnudo heroico.

4. HÉROES DE LA IBERIA PROVINCIAL: DEL JEFE MILITAR AL HÉROE CIVILIZADOR

La conquista y ocupación cartaginesa de una parte del mundo ibérico a partir del 237 a.C.,
primero, y la posterior invasión de las legiones romanas y el consiguiente proceso de provincialización, provocaron enormes transformaciones a todos los niveles en las comunidades locales ibéricas. Estas hubieron de renegociar su identidad cívica y su relación con
sus vecinos y con los aparatos imperiales cartaginés y romano, y en el seno de cada una
de ellas las elites sociales hubieron de dotarse de nuevos referentes legitimatorios para

conservar el poder, en un contexto en el que no pocos rivales tratarían de aprovechar los cambios de coyuntura para suplantarlos. Proliferaron, pues, los procesos de etnogénesis, se «rememoraron» nuevas leyendas de fundación que pretendían naturalizar el nuevo presente contemplándolo como la conclusión lógica de un devenir histórico sin fisuras (Olmos 2004: 131-133), y toda una nueva hornada de héroes invadió la iconografía para congregar en torno a su recuerdo (y a su sistema de valores, y a las familias aristocráticas que se arrogaban su herencia) a toda la comunidad local, transida por las tensiones propias de una coyuntura sumamente convulsa.

En la concepción de los nuevos héroes que florecieron durante las últimas décadas del siglo III y las primeras del II a.C. coadyuvaron dos fenómenos íntimamente relacionados: la «militarización» de un mundo ibérico que hubo de adaptarse rápidamente a la presencia y agresión de ejércitos foráneos con una complejidad sin precedentes en tierras peninsulares, y la apropiación por parte de las aristocracias locales ibéricas de la concepción helenística del poder de la que los generales cartagineses y romanos participaban. Como resultado de ambos factores, se impuso en todo el mundo ibérico la idea de que los gobernantes, para serlo, habían de ser eficaces caudillos militares que velaran por la supervivencia física de sus comunidades. En la iconografía, las armas volvieron a ocupar un primer plano, de tal modo que se hicieron frecuentes las representaciones de desfiles militares y de batallas campales. Pero ya no hablamos de campeones acorazados como los representados en la estatuaria del siglo V a.C., revestidos de imponentes panoplias que destacaban el carácter aristocrático de sus portadores: en las decoraciones cerámicas de Sant Miquel de Llíria (Valencia), Castellar de Oliva (Valencia) o El Cigarralejo (Mula, Murcia), por poner solo algunos ejemplos, el gobernante no se distingue de sus subalternos ni en apariencia ni en armamento, pues todos a una componen la formación cívica corresponsable de la defensa de la comunidad (García Cardiel 2014b: 162-166).

Ahora bien, más allá de esta ὁμόνοια a la ibérica expresada en el campo de batalla (recuérdense al respecto las crónicas de la Segunda Guerra Púnica en las que se menciona continuamente a «los ilergetes», «los celtíberos», «los turdetanos» o, simplemente, los «bárbaros», guerreando sin hacer distinción entre generales y soldados de a pie: Mayorgas 2014), los aristócratas ibéricos no renunciaron a dotarse de una identidad distintiva que naturalizara su preeminencia social, sino que lo hicieron, entre otras cosas, arrogándose ancestros heroicos prestigiosos. Buen ejemplo de ello es, *verbi gratia*, el linaje de la Serreta de Alcoi que almacenaba sus reliquias en la habitación F1, dependencia en la que apareció el célebre «Vaso de los Guerreros», depositario de la leyenda heroica familiar. En sus paredes, toda una sucesión de escenas evoca la «educación» de un héroe, desde que en su primera juventud dio muerte a un gigantesco lobo, pasando por el momento en el que junto a sus compañeros cazó un ciervo sagrado, hasta que, ya adulto, se enfrentó en combate singular a otro aristócrata, demostrando así que sus cualidades personales descollaban ya por encima de las de todos sus rivales (Olmos y Grau 2005).

Esta última escena, de hecho, nos permite evocar los diversos episodios en los que, en el transcurso de las guerras celtibéricas, uno de los aristócratas locales abandonaba su formación para retar en duelo singular al general romano, pretendiendo hacer valer en su comunidad sus aptitudes excepcionales para el gobierno (García Cardiel 2012; Suárez 2021). Idénticos comportamientos estuvieron, seguramente, detrás de los juegos fúnebres que Escipión el Africano celebró en Carthago Nova en 208 a.C., ocasión en la que inesperadamente varios aristócratas ibéricos saltaron a la arena para medirse en toda una larga sucesión de duelos singulares en los que habrían de dirimirse el gobierno de sus respectivas comunidades, con el general romano como testigo[3] (Hernández Prieto y Martín 2013). Ahora bien, todas estas μονομαχίες históricas no harían sino reactualizar un esquema ideológico de fuertes resonancias legendarias, como ponen de manifiesto las múltiples representaciones iconográficas de combates singulares que, en esa misma época, florecen por buena parte del levante ibérico (Sant Miquel de Llíria, La Serreta de Alcoi, Hacienda Botella [Elche, Alicante], Cabezo del Tío Pío [Archena, Murcia], etc.), acompañados, en la mayoría de las ocasiones, de toda una escenografía vegetal y musical que delata su carácter paradigmático, ahistórico (García Cardiel 2017): hablamos de héroes que, como el del «Vaso de los Guerreros» de la Serreta de Alcoi, contaban con cualidades excepcionales que ponían ahora al servicio de sus comunidades.

Al cabo de apenas dos o tres generaciones, no obstante, la consideración de los héroes volvió a cambiar. Una vez más las armas pasaron a un segundo plano en la iconografía, desaparecieron las representaciones de ejércitos en combate, y también los duelos singulares y los desfiles militares. Las estructuras provinciales se consolidaban en el mundo ibérico (aunque nunca de manera unívoca ni homogénea, por supuesto), y con ellas lo que con el tiempo la propaganda imperial terminaría conociendo como *pax romana*: la pérdida de autonomía de las comunidades locales en lo que a política exterior se refería y la imposición del gobernador provincial como árbitro para la resolución de conflictos intercomunitarios. Ya no tenía sentido que los aristócratas ibéricos se hicieran representar como caudillos militares dirigiendo a sus ejércitos, pues tales figuraciones resultarían inverosímiles y por consiguiente ideológicamente ineficaces, de modo que, aunque tardarían en olvidarse por completo, como el conflicto sertoriano demostraría (como veremos más adelante), los antiguos referentes ideológicos en torno al mundo de la guerra cayeron, en buena medida, en desuso. Los aristócratas ibéricos hubieron de dotarse, una vez más, de nuevos referentes que legitimaran su continuidad al frente de sus comunidades, ahora ya por delegación de Roma. Y los encontraron rescatando un antiguo esquema legendario del que ya hemos hablado en estas páginas, un esquema que tiempo atrás había quedado obsoleto pero que ahora permitiría entroncar el nuevo presente provincial con la tradición ibérica más arcaica, naturalizando así la nueva situación colonial: me refiero al viejo esquema del combate singular del héroe frente al monstruo.

Los monstruos, al fin y al cabo, como comenzábamos diciendo al comienzo de estas páginas, exigían la aparición de héroes y explicaban el gobierno de sus descendientes. Estos seres híbridos constituían una amenaza difusa e intangible, que escapaba a la experiencia cotidiana pero que, no por ello, resultaba menos aterradora. A falta de enemigos reales de los que poder defender a sus respectivas comunidades en el campo de batalla, el recurso a estos monstruos sobrenaturales, a esta vieja amenaza a la supervivencia de la comunidad, permitió a los aristócratas ibéricos que gobernaban por delegación de Roma explicar su propia preeminencia local a través de las gestas de sus ancestros, sin que dichas gestas pusieran de relieve la recientemente perdida autonomía en lo que al empleo de las armas se refería.

---

3. Liv. 28.21.

Quizás el caso mejor conocido al respecto sea el del llamado «Vaso del Joven y el Lobo» de la Alcudia de Elche (Tortosa 1996: 153), una tinaja en la que un varón se enfrenta, en efecto, a una bestia monstruosa parecida a un lobo pero que le supera en altura. El joven ya no ostenta el físico característico de los héroes arcaicos (los tiempos, y los cánones estéticos, habían cambiado) y, aunque empuña una lanza, no la usa, sino que se contenta con inmovilizar al lobo agarrándole la lengua. Este último gesto, de hecho, recuerda al viejo héroe de Cerrillo Blanco que intentaba defenderse del ataque del grifo aferrándole por la mandíbula y las orejas, pero más aún otra escena fragmentaria, contemporánea a la ilicitana pero hallada en este caso en El Castelillo (Alloza, Teruel), en la que un guerrero no desenvaina su falcata sino que inmoviliza al lobo al que se enfrenta sujetándole por la lengua (Maestro 1989: 71). Las representaciones de combates entre un héroe y un lobo de tamaño desmesurado, en todo caso, proliferan en la cerámica ilicitana, abanderando, al parecer, el programa propagandístico de la próspera comunidad política junto con la efigie de la diosa local; evocando, quizás, un nuevo-viejo mito local en el que un héroe ilicitano dio muerte a una de estas fieras monstruosas en salvaguarda de su comunidad. Recuérdese a este respecto, por cierto, la escultura ilicitana de finales del siglo V a.C. en la que se representaba a un héroe con un disco-coraza en el que aparece la efigie de un lobo (Almagro 1999): figuraría esta escultura a un héroe conocido por haberse impuesto sobre el lobo? Y, en ese caso, ¿se recordaría en la Alcudia de los siglos II y I a.C. este antiguo mito del siglo V a.C.? De ser así, nos encontraríamos ante un caso muy sugerente de reactivación de un antiguo mito local largamente obviado, recuperado ahora con unos fines políticos totalmente distintos de los que en su momento había abanderado.

Un caso muy sugerente, en efecto, pero de ninguna manera el único. Ya hace unos años M. S. Mozas (2006) reparó en que la ceca de *Iltiraka*, situada con toda probabilidad en el viejo *oppidum* ibérico de Úbeda la Vieja, acuñó a mediados del siglo II a.C. moneda de bronce en cuyo reverso se representaba a un lobo emergiendo de la floresta con una presa no identificada aferrada entre las fauces. Tipo iconográfico este que resulta fácil identificar con el lobo cuya historia se celebraba dos siglos antes, a mediados del siglo IV a.C., en el santuario de El Pajarillo, sito en los márgenes del territorio de este mismo *oppidum*. El lobo que, recordemos, había secuestrado a un niño, y al que el héroe local (¿acaso el varón representado en el anverso de las monedas tardías? ¿O quizás el supuesto ancestro del gobernante representado?) hubo de hacer frente con templanza e ingenio.

Los combates singulares entre un héroe y un monstruo, no obstante, no se circunscribieron a la iconografía ilicitana, sino que aparecen por doquier en la Iberia de los siglos II y I a.C. Recuérdese, por ejemplo, la llamada fíbula de Braganza, en la que un guerrero aristocrático se enfrenta a una mixtura entre lobo y león (Chapa 2011); el vaso de Cola de Zama Norte (Hellín, Albacete), en el que un héroe con falcata apenas vislumbrado en la rotura del fragmento combate contra un lobo (García Cardiel 2014: 168); un vaso de Los Villares de Caudete (Valencia), en el que un valiente joven se lanza al agua para acabar con un extraño monstruo submarino (Olmos 2000: 67-68); o el vaso de Corral de Saus, en el que un héroe con una especie de *leontea* hace frente a una esfinge, a la que termina dando muerte pese a no poder evitar que esta, como el grifo de la ya varias veces citada escultura de Cerrillo Blanco, le hiera con sus garras en el muslo (Izquierdo 1995) (fig. 3.5).

Figura 3.5. Vaso de Corral de Saus. Tomado de Izquierdo 1995: 97

Vaso de Corral de Saus este último que, por cierto, nos pone sobre la pista de un héroe concreto, cuya sombra llevaba planeando, inasible para nosotros historiadores, desde la misma génesis del mundo ibérico, pero que solo ahora, en época tardía y por influjo de la ya mencionada ideología helenística del poder, termina de materializarse con fuerza por todo el mundo ibérico: Heracles. No es casualidad, en este sentido, que, entre los miles de peregrinos que depositaron exvotos con sus propias efigies en los santuarios jienenses, al menos uno de ellos ofrendara un retrato del dios, con el que quizás, dado el contexto votivo imperante en estos santuarios, pretendía identificarse (Rueda y Olmos 2010). Mas repárese también en que los generales Barca eligieron vincularse con el héroe-dios para atraerse a las poblaciones locales hispanas durante su guerra contra Roma, y que otro tanto haría la administración romana para tender puentes con las comunidades conquistadas durante el proceso de provincialización (García Cardiel 2019). Y es que, aunque seguramente los iberos lo conocían desde antiguo, esta época tardía, en la que proliferaban los héroes que combatían contra monstruos para defender a sus respectivas comunidades, parecía particularmente propicia para la generalización del culto al héroe-dios, amparado y visto con buenos ojos por la propia administración romana. Fenómeno este, por cierto, que culminará en época altoimperial, cuando las referencias a Hércules se generalicen por buena parte de Hispania de la mano del proceso de municipalización (Oria 2002).

Repárese, en todo caso, en que no hablamos más que de tendencias, y que los discursos ideológicos de cada comunidad irían variando a medida que lo hicieran las agendas de sus integrantes a lo largo del tiempo. La época del conflicto sertoriano es especialmente reveladora en este sentido, pues, como en toda guerra civil, la necesidad de posicionarse en uno u otro bando auspició el resurgir de toda una serie de rivalidades inter e intracomunitarias que habían permanecido larvadas desde tiempo atrás, al tiempo que la inestabilidad permitía a los diversos agentes políticos recobrar una autonomía de la que no habían gozado desde la consolidación de las estructuras provinciales. No es casualidad que sea precisamente en estos años cuando en ciertas comunidades como Libisosa (Lezuza, Albacete), Tolmo de Minateda (Hellín, Albacete) o Tossal de la Cala (Benidorm, Alicante) las elites locales recuperaron viejos estilos figurativos y volvieron a representarse como caudillos militares participando en desfiles armados, dirigiendo a sus tropas al combate o protagonizando combates singulares (Uroz 2012; Abad y Sanz 1995; Bayo 2010). Ni tampoco que en el Cabezo de Alcalá (Azaila, Teruel), un asentamiento destruido precisamente en esta época, nos topemos con la que posiblemente sea una de las más impresionantes exaltaciones de un héroe helenístico en tierras hispanas, sin precedentes en el mundo ibérico pero tampoco en el romano: la erección, sobre el podio de un templo *in antis*, de un grupo escultórico en bronce que representaba a un varón togado que sostenía las bridas de su caballo mientras una Niké alada le presentaba una corona (Nony 1969; *contra*, Beltrán 1996: 159-161, quien sostiene que no se trataría de una toga sino de un *palludamentum* militar, aunque sin proponer argumentos definitivos sobre la matización). La guerra de Sertorio fue una época en la que proliferarían los episodios heroicos, a buen seguro, pero en la que una vez más las elites hubieron de buscar nuevos referentes sobre los que fundamentar los nuevos equilibrios de poderes vigentes. Y lo hicieron, como siempre, recreando unos héroes acordes con la imagen que de ellos mismos pretendían proyectar. Una imagen ya profundamente hibridada, y todo lo original que la fertilidad cultural de un contexto político convulso como este podía propiciar.

5. CONCLUSIONES

A lo largo de las presentes páginas, hemos tratado de evaluar, primeramente, hasta qué punto el análisis de la iconografía ibérica, necesariamente desprovisto de una contrastación literaria que facilitase el acceso al ἔπος, puede permitir una aproximación a los mitos heroicos ibéricos, a la figura de los héroes y a la comprensión del significado último de sus gestas. Tal y como se ha pretendido demostrar, aunque difícilmente lleguemos nunca a identificar dichos héroes, y mucho menos a sistematizar sus epopeyas y sagas, sí podemos explorar las estructuras culturales, sociopolíticas y económicas que propiciaron el surgimiento, difusión y redefinición de sus mitos. El objetivo último de estas páginas, por consiguiente, ha sido el de analizar las necesidades que las distintas comunidades ibéricas, y más en concreto sus elites dirigentes, pretendieron solventar mediante el recurso a la memoria heroica.

Desde estos postulados, se ha observado que, en época ibérica arcaica, las epopeyas se articulaban en torno a la figura de unos héroes físicamente poderosos, que luchaban en solitario contra unas monstruosas bestias híbridas a las que solamente lograban domeñar gracias a sus armas singulares. Tanto dichas armas como las propias fieras destilaban unas resonancias mediterráneas que posiblemente habían sido voluntariamente enfatizadas por los artesanos que las representaron, dada la escasez, si es que no ausencia, de paralelos reales e iconográficos en suelo ibero. A través de estos héroes, los aristócratas que los representaron buscaron subrayar su propia *distinción*, construida –entre otras cosas– en torno a la memoria de unos linajes semidivinos y a sus privativos contactos con el mundo colonial mediterráneo.

A partir de mediados del siglo V a.C., la figura del héroe ibérico pasará a ser la del adalid que, convenientemente revestido de su compleja panoplia aristocrática, lucha en combate singular contra alguno de sus homólogos. Han desaparecido aquí todos, o casi todos, los atributos que antaño permitían individualizar al héroe, pues lo que se subraya ahora es su pertenencia a una clase social, la aristocrática, la verdadera protagonista en este tipo de escenas. Solo los aristócratas, los únicos capaces de poseer y utilizar tales armas de prestigio, están capacitados para defender a sus respectivas comunidades. Y lo habrán de hacer, por cierto, frente a las aristocracias vecinas.

Este tipo de iconografía, no obstante, es efímera, pues una progresiva generalización en la identificación individual a través de las armas (cada vez más sectores sociales se consideran a sí mismos «guerreros», y por ende corresponsables de la defensa de su comunidad) empujó a las elites locales a buscar nuevos referentes legitimatorios. Los nuevos héroes del siglo IV a.C. portarán armas, pero no las ostentarán, pues lo que les *distingue* es su particular ἀρετή, sus valores morales excepcionales, que justifican en sí mismos el gobierno de estos individuos y el de sus descendientes.

Las convulsiones derivadas de la conquista cartaginesa del territorio ibérico, la Segunda Guerra Púnica y la consiguiente invasión romana de la región entrañaron una exaltación, episódica pero espectacular en el registro, del ἔθος guerrero ibérico. Durante una o dos generaciones, las elites locales volvieron a representarse en el campo de batalla, aunque ahora ya no necesariamente como campeones individuales, sino, al menos en ocasiones, dirigiendo hombro con hombro a sus soldados. La épica heroica, no obstante, nunca dejó de estar presente entre sus discursos legitimadores, materializada en toda una serie de historias familiares que hablaban de duelos singulares y de horribles enfrentamientos contra bestias híbridas. Estas últimas, de hecho, pronto ganarán protagonismo en la iconografía ibérica, a medida que la *pax romana* impida a las elites ibéricas locales continuar presentándose como adalides militares, y por consiguiente les impulse a buscar nuevos referentes legitimatorios. Una búsqueda que los llevará, al menos en ocasiones, a recuperar y reactualizar viejos mitos en torno al enfrentamiento del héroe local contra el lobo. Viejos mitos que en su momento se habían vinculado a agendas políticas muy distintas de las que ahora estaban en marcha, pero que, gracias a la fértil mitomotricidad que suele caracterizar a todas estas estructuras discursivas (*vid.*, para este concepto, Assmann 2011: 75-76), se movilizaron ahora para entroncar el tradicional pasado ibérico con el nuevo contexto colonial hispanorromano, naturalizándolo.

BIBLIOGRAFÍA

ABAD, L. y SANZ, R. (1995): «La cerámica ibérica con decoración figurada de la provincia de Albacete. Iconografía y territorialidad», *Sagvntvm* 29: 73-84.

ALCALÁ-ZAMORA, L. (2003): *La necrópolis ibérica de Pozo Moro*. Madrid, Real Academia de la Historia.

ALMAGRO GORBEA, M. (1978): «Los relieves mitológicos orientalizantes de Pozo Moro», *Trabajos de Prehistoria* 35: 251-278.

ALMAGRO GORBEA, M. (1983): «Pozo Moro, el monumento orientalizante, su contexto sociocultural y sus paralelos en la arquitectura funeraria ibérica», *Madrider Mitteilungen* 24: 177-293.

ALMAGRO GORBEA, M. (1996): *Ideología y poder en Tartessos y el mundo ibérico*. Madrid, Real Academia de la Historia.

ALMAGRO GORBEA, M. (1999): *El Rey Lobo de la Alcudia de Elche*. Colección «La pieza del mes». Alicante, Universidad de Alicante.

ALMAGRO GORBEA, M. y LORRIO ALVARADO, A. J. (2007): «El *signum equitum* del Museo de Cuenca y los bronces tipo "Jinete de la Bastida"», en J.M. Millán y C. Rodríguez Ruza (coords.), *I Jornadas de Arqueología de Castilla-La Mancha*: 17-51. Cuenca, Universidad de Castilla-La Mancha.

ALMAGRO GORBEA, M. y LORRIO ALVARADO, A. J. (2011): *Teutates, el héroe fundador*. Madrid, Real Academia de la Historia.

ARANEGUI GASCÓ, C. (1998): «Los iberos vistos desde la Península Ibérica», en C. Aranegui Gascó (ed.), *Los iberos, príncipes de Occidente*: 23-30. Barcelona, Fundación La Caixa.

ASSMANN, J. (2011): *Historia y mito en el mundo antiguo. Los orígenes de la cultura en Egipto, Israel y Grecia*. Madrid, Gredos.

BAYO FUENTES, S. (2010): *El yacimiento ibérico de «El Tossal de la Cala». Nuevo estudio de los materiales depositados en el MARQ correspondientes a las excavaciones de José Belda y Miquel Tarradell*. Alicante, MARQ.

BELTRÁN LLORIS, F. (1996): *Los íberos en Aragón*. Zaragoza, Caja de Ahorros de la Inmaculada de Aragón.

CARANDINI, A. (1992): «Dell'utilità del concetto di "chiefdom" nella ricerca sul territorio», en M. Bernardini (ed.), *Archeologia del paesaggio*: 511-521. Florencia, All'Insegna del Giglio.

CARNEIRO, R. (1981): «The chiefdom as precursor of the State», en G. D. Jones y R. R. Kautz (eds.), *The transition to statehood in the new world*: 39-79. Cambridge, Cambridge University Press.

CHAPA BRUNET, T. (2003): «El tiempo y el espacio en la escultura ibérica: un análisis iconográfico», en T. Tortosa y J. A. Santos (eds.), *Arqueología e iconografía. Indagar en las imágenes*: 99-119. Roma, L'Erma di Bretschneider.

CHAPA BRUNET, T. (2011): «El increíble monstruo creciente: el tema del combate entre el héroe y el lobo en la iconografía ibérica», en A. Perea (ed.), *La fíbula de Braganza*: 189-203. Madrid, CSIC.

CHAPA BRUNET, T. y OLMOS ROMERA, R. (2004): «El imaginario del joven en la cultura ibérica», *Mélanges de la Casa de Velázquez* 34, 1: 43-83.

DÍEZ DE VELASCO, F. (2002): «El miedo y la religión: reflexiones teóricas y metodológicas», en F. Díez de Velasco (ed.), *Miedo y religión*: 367-380. Madrid, Ediciones del Orto.

EARLE, T. K. (1997): *How chiefs come to power. The political economy in Prehistory*. Stanford, Stanford University Press.

FARNIÉ LOBENSTEINER, C. y QUESADA SANZ, F. (2005): *Espadas de hierro, grebas de bronce. Símbolos de poder e instrumentos de guerra a comienzos de la Edad del Hierro en la Península Ibérica*. Murcia, Museo de Arte Ibérico de El Cigarralejo.

GARCÍA CARDIEL, J. (2012): «La *monomachia* celtibérica. Vida y muerte al final de la Historia», en C. del Cerro *et alii* (eds.), *Ideología, identidades e interacción en el mundo antiguo*: 579-602. Madrid, Universidad Autónoma de Madrid.

GARCÍA CARDIEL, J. (2013): «De la hierogamia a la ofrenda. El contacto con la divinidad en el mundo ibérico», *Mediterraneo Antico* 16, 1: 79-91.

GARCÍA CARDIEL, J. (2014a): «La lucha contra la quimera. La memoria del combate contra el mal en el Sureste ibérico», *Studi e Materiali di Storia delle Religioni* 80, 2: 615-642.

GARCÍA CARDIEL, J. (2014b): «El combate contra el mal: imaginarios locales de poder a través de la conquista romana en el levante ibérico», *Complutum* 25, 1: 159-175.

GARCÍA CARDIEL, J. (2016): *Los discursos del poder en el mundo ibérico del Sureste (siglos VII-I a.C.)*. Madrid, CSIC.

GARCÍA CARDIEL, J. (2017): «Las flautistas de Iberia. Mujer y transmisión de la memoria social en el mundo ibérico (siglos III-I a.C.)», *Complutum* 28, 1: 143-162.

GARCÍA CARDIEL, J. (2019): «*Animos barbarorum*. Religiones y comunidades locales en el frente hispano de la Segunda Guerra Púnica», en E. Sánchez Moreno y E. García Riaza (eds.), *Unidos en armas: coaliciones militares en el Occidente Antiguo*: 105-132. Palma / Madrid, Universitat de les Illes Balears / Universidad Autónoma de Madrid.

GARCÍA CARDIEL, J. y OLMOS ROMERA, R. (2021): «Los relieves de Pozo Moro: un héroe mediterráneo entre Oriente y Occidente», en P. Bádenas y Á. García (eds.), *La Antigüedad en cuestión. Martín Bernal y la (de)construcción del clasicismo*.

GIMÉNEZ ORTUÑO, L. (1988): «Noticia sobre una nueva escultura ibérica: el thoracato ibérico de "La Losa" (Casas de Juan Núñez, Albacete)», en *Homenaje a Samuel de los Santos*: 131-135. Murcia, Instituto de Estudios Albacetenses.

GODELIER, M. (1999): «Chefferies et États, une aproche anthropologique», en P. Ruby (dir.), *Les princes de la Protohistoire et l'émergence de l'état*: 19-30. Nápoles-Roma, Centre Jean Bérard.

GONZÁLEZ NAVARRETE, J. A. (1987): *Escultura ibérica de Cerrillo Blanco (Porcuna, Jaén)*. Jaén, Diputación Provincial.

GRAU MIRA, I. y RUEDA GALÁN, C. (2014): «Memoria y tradición en la (re)creación de la identidad ibérica: reviviscencia de mitos y ritos en época tardía (ss. II-I a.C.)», en T. Tortosa (ed.), *Diálogo de identidades. Bajo el prisma de las manifestaciones religiosas en el ámbito mediterráneo (s. III a.C.- s. I d.C.)*: 101-121. Anejos de *AEspA* 72. Madrid, CSIC.

HERNÁNDEZ PRIETO, E. y MARTÍN MORENO, R. (2013): «Juegos funerarios: los *munera gladiatoria* de Escipión en *Carthago Nova*, una fórmula de interacción con los pueblos hispanos», en G. Bravo y R. González Salinero (eds.), *Formas de morir y formas de matar en la Antigüedad romana*: 439-458. Madrid, Signifer.

IZQUIERDO PERAILE, I. (1995): «Un vaso inédito con excepcional decoración pintada procedente de la necrópolis ibérica de Corral de Saus (Moixent, València)», *Sagvntvm* 29: 93-104.

JAMES, E.O. (1966): *El templo. El espacio sagrado de la caverna a la catedral*. Madrid, Guadarrama.

LÓPEZ PARDO, F. (2006): *La torre de las almas. Un recorrido por los mitos y creencias del mundo fenicio y orientalizante a través del monumento de Pozo Moro*. Anejo X de *Gerión*. Madrid, Universidad Complutense de Madrid.

LORRIO ALVARADO, A. J. (2004): «El armamento», en *Iberia, Hispania, Spania. Una mirada desde Ilici*. Madrid, Ministerio de Cultura / Caja de Ahorros del Mediterráneo: 155-166.

LORRIO ALVARADO, A. J. y ALMAGRO GORBEA, M. (2004-2005): «*Signa equitum* en el mundo ibérico. Los bronces tipo "Jinete de la Bastida" y el inicio de la aristocracia ecuestre ibérica», *Lucentum* 23-24: 37-60.

LULL LULL, V.; MICÓ PÉREZ, R.; RIHUETE HERRADA, C. y RISCH, R. (2006): «La investigación de la violencia: una aproximación desde la arqueología», *Cypsela* 16: 87-106.

MAESTRO, M. E. (1989): *Cerámica ibérica decorada con figura humana*. Zaragoza, Monografías arqueológicas.

MANN, M. (1991): *Las fuentes del poder social, I. Una historia del poder desde los comienzos hasta 1760 d. C.* Madrid, Alianza Editorial.

MAYORGAS RODRÍGUEZ, A. (2014): «Los bárbaros hispanos de Livio en la Segunda Guerra Púnica», en G. Bravo y R. González Salinero (eds.), *Conquistadores y conquistados: relaciones de dominio en el mundo romano*: 255-268. Madrid, Signifer.

MOLINOS MOLINOS, M.; CHAPA BRUNET, T.; RUIZ RODRÍGUEZ, A.; PEREIRA SIESO, J.; RÍSQUEZ CUENCA, C.; MADRIGAL BELINCHÓN, A.; ESTEBAN MARFIL, Á.; MAYORAL HERRERA, V. y LLORENTE LÓPEZ, M. (1998): *El santuario heroico de «El Pajarillo» (Huelma, Jaén)*. Jaén, Universidad de Jaén.

MOROTE BARBERÁ, G. (1981): «Una estela de guerrero con espada de antenas en la necrópolis ibérica de Altea la Vella (Altea, Alicante)», *Archivo de Prehistoria Levantina* 16: 417-447.

MOZAS MORENO, M. S. (2006): «Consideraciones sobre las emisiones de *Iltiraka*: procedencia y tipología», en *XII Congreso Nacional de Numismática*: 269-286. Madrid, Real Casa de la Moneda.

NONY, CL.-J. (1969): «Une nouvelle interprétation des bronzes d'Azaila», *Mélanges de la Casa de Velázquez* 5: 5-29.

OLMOS ROMERA, R. (1991): «Nuevos enfoques y propuestas de lectura en el estudio de la iconografía ibérica», en A. Vila (coord.), *Arqueología, nuevas tendencias*: 209-230. Madrid, CSIC.

OLMOS ROMERA, R. (1996): «Pozo Moro: ensayo de lectura de un programa escultórico en el temprano mundo ibérico», en R. Olmos (ed.), *Al otro lado del espejo: aproximación a la imagen ibérica*: 99-114. Madrid, Linx.

OLMOS ROMERA, R. (ed.) (1996): *Al otro lado del espejo: aproximación a la imagen ibérica*. Madrid, Linx.

OLMOS ROMERA, R. (2000): «El vaso del "Ciclo de la Vida" de Valencia: una reflexión sobre la imagen metamórfica en época iberohelenística», *Archivo Español de Arqueología* 73: 59-85.

OLMOS ROMERA, R. (2002): «Los grupos escultóricos del Cerrillo Blanco de Porcuna (Jaén). Un ensayo de lectura iconográfica convergente», *Archivo Español de Arqueología* 75: 107-122.

OLMOS ROMERA, R. (2003): «Combates singulares: lenguajes de afirmación de Iberia frente a Roma», en T. Tortosa y J. A. Santos (eds.), *Arqueología e iconografía. Indagar en las imágenes*: 79-97. Roma, L'Erma di Bretschneider.

OLMOS ROMERA, R. (2004): «Imaginarios y prácticas religiosas entre los iberos. Perspectivas en un proceso histórico», *Archiv für Religionsgechichte* 6: 111-134.

OLMOS ROMERA, R. y GRAU MIRA, I. (2005): «El vas dels guerrers de La Serreta», *Recerques del Museu d'Alcoi* 14: 79-98.

ORIA SEGURA, M. (2002): «Religión, culto y arqueología: Hércules en la Península Ibérica», en E. Ferrer Albelda (ed.), *Ex Oriente Lux: las religiones orientales antiguas en la Península Ibérica*: 219-243. Sevilla, Universidad de Sevilla.

PEREA CAVEDA, A.; WILLIAMS, D. y OLMOS ROMERA, R. (2007): *El héroe y el monstruo*. Madrid, Ministerio de Cultura.

QUESADA SANZ, F. (1997): *El armamento ibérico. Estudio tipológico, geográfico, funcional, social y simbólico de las armas en la cultura ibérica (siglos VII-I a. C.)*. Montagnac, Monique Mergoil.

QUESADA SANZ, F. (1998): «Armas para los muertos», en C. Aranegui (ed.), *Los iberos, príncipes de Occidente*: 125-131. Barcelona, Fundación La Caixa.

QUESADA SANZ, F. (2011): «El armamento en un poblado ibérico del siglo IV a.C. Una oportunidad excepcional», en H. Bonet y J. Vives-Ferrándiz (eds.), *La Bastida de les Alcusses 1928-2010*: 196-219. Valencia, Museu de Prehistòria de València.

RUEDA GALÁN, C. y OLMOS ROMERA, R. (2010): «Un exvoto ibérico con los atributos de Heracles: la memoria heroica en los santuarios», en T. Tortosa y S. Celestino (eds), *Debate en torno a la religiosidad protohistórica*. Anejos de *AEspA* 55: 37-48. Madrid, CSIC.

RUIZ RODRÍGUEZ, A. (2003): *El tiempo de los héroes y el territorio de los aristócratas. Andalucía, ss. VII-III a.C.* Jaén, Universidad de Jaén.

RUIZ RODRÍGUEZ, A. (2011): «Conceptos y contextos para la exposición de los conjuntos de "El Pajarillo" y "Cerrillo Blanco"», en J. J. Blánquez (ed.), ¿Hombres o dioses? Una nueva mirada a la escultura del mundo ibérico: 393-408. Madrid, Museo Arqueológico Regional.

RUIZ RODRÍGUEZ, A. y MOLINOS MOLINOS, M. (2013): «Oppida, lineages, and heroes in the society of princes. The Iberians of the Upper Guadalquivir», en M. C. Berrocal, L. García Sanjuán y A: Gilman (eds.), *The prehistory of Iberia: debating early social stratification and the State*: 357-377. Londres-Nueva York, Routledge.

SUÁREZ, D. (2021): *El combate singular como expresión aristocrática en Iberia. Discursos identitarios en el horizonte de la expansión romana*. Madrid, Trabajos Fin de Máster de la Universidad Autónoma de Madrid (publicación en CD).

TORTOSA ROCAMORA, T. (1996): «Imagen y símbolo en la cerámica ibérica del Sureste», en R. Olmos Romera (ed.), *Al otro lado del espejo. Aproximación a la imagen ibérica*: 145-162. Madrid, Linx.

UROZ RODRÍGUEZ, H. (2012): *Prácticas rituales, iconografía vascular y cultura material en Libisosa (Lezuza, Albacete). Nuevas aportaciones al Ibérico Final del Sudeste*. Alicante, Universidad de Alicante.

UROZ RODRÍGUEZ, H. (2013): «Héroes, guerreros, caballeros, oligarcas. Tres nuevos vasos *singulares ibéricos* procedentes de Libisosa», *Archivo Español de Arqueología* 86: 51-73.

ICONOGRAFÍA, ANCESTRALIDAD Y HEROIZACIÓN EN EUROPA CENTRAL Y OCCIDENTAL DURANTE LA EDAD DEL HIERRO

Javier Rodríguez-Corral

Universidad de Sevilla

1. ANCESTROS Y HÉROES

En las sociedades tradicionales, donde la vida de los individuos se organiza en torno a la idea de familia extendida, clan y comunidad, se concede gran importancia a los referentes genealógicos y vínculos con el pasado, ya sean reales o mitificados. En general, se documentan dos tipos de antepasados (Sheils 1975): aquellos honrados en el ámbito familiar y aquellos a los que se rinde culto en la esfera pública. Estos últimos suelen llevar aparejada una agenda política e ideológica que persigue un orden social e identitario. El mantenimiento o destrucción de estos cultos es clave en el equilibrio de cualquier grupo. Por ejemplo, entre los Ashanti de Ghana, donde cada unidad de parentesco está unida a sus propios antepasados, se considera que los ancestros del grupo dominante tienen la capacidad de proteger a toda la comunidad (Kuper 1947: 192-95). La nobleza hawaiana, por su parte, busca vincularse con los antepasados más poderosos, mientras que la gente común simplemente mantiene lazos lejanos y subordinados con el linaje aristocrático (Valeri 1990: 165).

Tanto los estudios etnográficos como arqueológicos han tendido a subrayar el carácter transcultural de las estrategias de poder basadas en la construcción de genealogías y veneración de antepasados y héroes. A partir de la década de los 70 del siglo pasado, la Nueva Arqueología situó la idea de ancestralidad en el centro del debate como mecanismo clave en las sociedades de descendencia agnaticia, cuyo fin último era controlar los recursos en contextos de creciente competición intracomunitaria (Morris 1991: 148). Goldstein (1976) –relacionando los rituales funerarios con los patrones de asentamiento y subsistencia, los sistemas hereditarios y los recursos naturales esenciales de 30 sociedades etnográficas– concluyó que el control de los recursos quedaba legitimado a través de la descendencia lineal, ya fuese en términos de linaje, ya en forma de una tradición que trasmite los recursos esenciales de padres a hijos. Para esta arqueología, cuanto más formalizadas y organizadas estuviesen las áreas de enterramiento, más concluyente sería esta interpretación. Sin embargo, las relaciones que los grupos establecen con sus territorios y ancestros suelen ser más complejas que las estrategias planteadas por esta aproximación funcionalista y sistémica (véase Rodríguez-Corral y Ferrer 2018). Las relaciones entre las personas, la tierra y los ancestros están directamente supeditadas a la forma en que los grupos se construyen a sí mismos (Gerritsen 2003: 11-14; Götz 2016: 165). Por ejemplo, en su estudio sobre los 'Are'are de las Islas Salomón, De Coppet (1985: 81-82) muestra como «la tierra no es simplemente suelo, sino una entidad fusionada con los antepasados, bajo cuya autoridad conjunta se colocan los vivos».

Los ejemplos etnográficos, más que ser útiles como fórmulas interpretativas aplicables a los contextos protohistóricos, nos ayudan a tomar distancia del contexto actual, el *sensus communis* moderno. Permiten, asimismo, poner el foco en los problemas que surgen al abordar la ancestralidad y heroización desde una perspectiva arqueológica. Es obvio que esta carece de las fuentes orales o escritas propias de la Antropología o Historia Antigua que permiten una aproximación a aspectos diversos de este fenómeno. Sin embargo, no es menos cierto que la dependencia que estas disciplinas tienen de las fuentes orales y escritas les hace obviar aspectos socio-materiales y topográficos claves para entender las prácticas rituales y el culto de los ancestros heroizados (Bell 1992). La Arqueología permite, por el contrario, una aproximación a la práctica religiosa en sus diferentes contextos materiales y espaciales. El registro material visibiliza la profundidad temporal y aborda el ritual y lo sagrado a través de sus transformaciones materiales a lo largo del tiempo (Gillings y Pollard 1999; Moser y Feldman 2013: 2-3).

En la Edad del Hierro de Europa, al igual que en Grecia, algunos ancestros parecen haber alcanzado un estatus superior mediante la heroización, convirtiéndose en el centro de cultos colectivos. En la mitología, estos héroes son retratados como humanos con una relación especial con lo sobrenatural, sirviendo como intermediarios con los dioses (Wait 1985: 222). La heroización puede tener lugar por motivos diversos. En el mundo griego ocurría generalmente por orden oracular y si los difuntos se ajustaban a uno de los patrones heroicos, como puede ser la fundación de una ciudad. Con frecuencia, estos aparecen como fundadores o guardianes de los asentamientos y ciudades, con funciones de patrocinio, protección y legitimación de los miembros de comunidades (Antonaccio 1995). Su culto suele servir de elemento agregador de varios grupos ayudando a mantener vínculos entre tribus o clanes. Más allá del héroe fundador, existen otros motivos que podrían estar relacionadas con la propia biografía de la persona o hechos excepcionales que podrían justifican en último término su estatus (Whitley 2002).

Los lugares de culto al héroe pueden ser de diversa naturaleza. Suelen asociarse con una tumba que con el tiempo termina convirtiéndose en un *heroon*, espacio de reunión, veneración y práctica ritual. Sin embargo, la instauración del culto no siempre ocurre inmediatamente, pudiendo trascurrir muchas generaciones antes de que se materialice. En su creación, no solo intervienen factores como la posición social, los logros o la biografía personal del individuo (Robb 2007; Golwland 2004; Williams 2006: 97), sino también las circunstancias históricas de la comunidad. En los momentos de crisis, incertidumbre y transformación, se pueden hacer necesarios referentes del pasado, recurriendo a ancestros reales o mitológicos para cohesionar, proteger o compensar los niveles de ansiedad social dentro de la comunidad. En cualquiera de estas situaciones, las imágenes materiales suelen desempeñar un papel clave, convirtiéndose en el auténtico elemento de culto. Un ejemplo que ilustra el poder de estas lo encontramos en la estatua maorí Pūkaki (Tapsell 2000). Pūkaki es un guerrero maorí de la tribu de Te Aeawa que alcanzó la fama por expandir las tierras de su tribu a fines del siglo XVIII. Trascurrido el tiempo, a principios del siguiente siglo, la estatua de este ancestro heroizado fue tallada para ser colocada en la entrada del asentamiento. Esto ocurre en un momento de importantes cambios. En un contexto de injerencia colonial y violencia exacerbada, gran parte de la población se trasladó al interior del asentamiento, aumentando este su tamaño. Mientras que a ojos occidentales Pūkaki es simplemente una estatua de gran tamaño de un antepasado que vivió hace algún tiempo, para la gente de Te Arawa era un antepasado real que los protegía y al que veneraban (Gosden 2005: 33-34).

Las imágenes materiales, lejos de ser meras representaciones, permiten construir o presentar al héroe perfecto, aquel que integra los aspectos y valores acordes al ser religioso e ideológico que define el orden de la comunidad. Las estatuas, como ocurre con Pukaki, terminan convirtiéndose en el elemento mismo de culto, incluso aunque remitan a un antepasado real. Son mecanismos de hiperrealidad: el antepasado es mediado por la propia imagen, siendo esta el verdadero elemento de culto. A medida que el espacio acotado de culto se extiende en el tiempo y las imágenes materiales son veneradas por sucesivas generaciones, estas funcionan como puntos que conectan el presente y el pasado. Se trata, en definitiva, de imágenes de poder con capacidad para actuar en el mundo de los vivos. Pero, en este proceso, su significado no es univoco, sino que puede adquirir nuevos sentidos o valores en los diferentes contextos históricos en los que actúan. En este capítulo, se aborda la ancestralidad y, más concretamente, el culto al héroe, como un elemento consustancial de la religión y las prácticas ideológicas de las sociedades protohistóricas. Para ello, se analizan un número de ejemplos de Centroeuropa, sur de Francia y noroeste de Iberia, en los que la estatuaria parece haber jugado un papel clave.

2. ANCESTROS, TÚMULOS Y RECINTOS DE CULTO EN CENTROEUROPA

En este apartado abordamos tres casos que permiten reflexionar sobre el papel de los ancestros heroizados desde una perspectiva material. El primero de ellos lo encontramos en la ladera suroeste del *oppidum* de Glauberg (Hesse, Alemania), de finales de Hallstatt y principios de La Tène (fig. 4.1). En esta área se localiza un conjunto de estructuras que han sido interpretadas como parte de un gran espacio funerario. Su elemento central, el túmulo 1, está delimitado por un sistema perimetral de fosos y taludes que conectan hacia el sureste con la denominada avenida procesional de 350 metros de longitud (Baitinger 2010). En su interior, alberga dos tumbas y un receptáculo rectangular. Este último, poco profundo y sin evidencia de objetos en su interior, ha sido interpretado como un cenotafio o área de libaciones (Herrmann 2002: 98-101; Posluschny y Beusing 2019: 372). Las tumbas corresponden a enterramientos de guerreros, aunque con distintos rituales funerarios. La tumba 1 es una inhumación, ajustándose al ritual normativo de La Tène, y la tumba 2 una cremación, más característico del periodo de Hallstatt (Frey y Herrmann 1997).

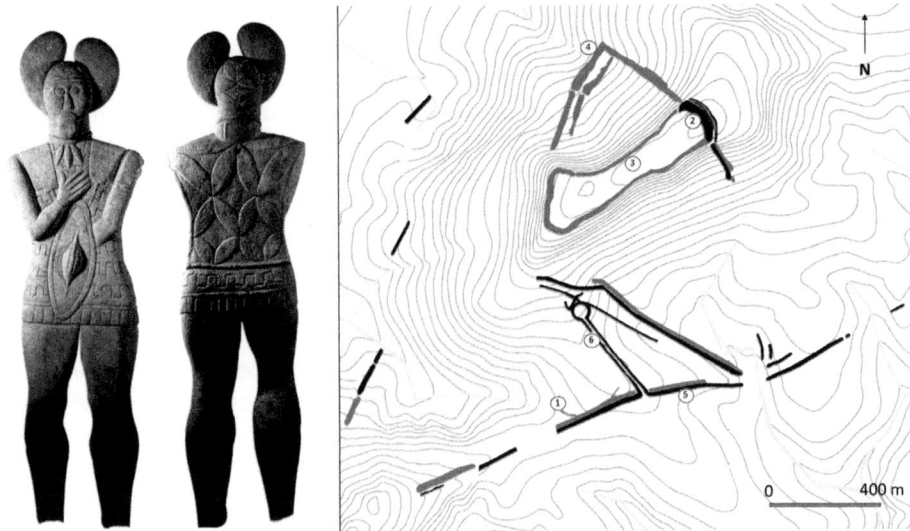

Figura 4.1. Glauberg, Hesse: 1. Foso del neolítico medio; 2. Murallas del Bronce Final; 3. Asentamiento fortificado (fase final de Hallstatt y La Tène inicial); 4. Muralla de La Tène inicial; 5. Sistema de fosos y taludes; 6. Avenida procesional y túmulo 1 (a partir de Posluschny y Beusing 2019)

En el recinto, se han documentado cuatro estatuas. La mejor conservada, hallada en el sector noroeste del foso, apareció enterrada dentro del foso perimetral. La imagen está esculpida en piedra arenisca a tamaño natural. Presenta una panoplia completa –armadura, escudo ovalado y espada corta característica de la fase inicial de La Tène–, torques con colgantes y un gorro o corona de prominentes hojas. Estos elementos permiten establecer conexiones a diferentes escalas. Llamativamente, se correlacionan con el propio equipamiento de la tumba 1, compuesto no solo por un escudo y la espada de La Tène, sino también por el mismo torques y gorro de hojas. Este isomorfismo permite establecer una correlación directa entre el individuo enterrado y la estatuaria. Las otras tres estatuas aparecieron muy fragmentadas y son prácticamente iguales al ejemplar del sector noroeste. Aunque no es fácil determinar el significado de esta relación, se pueden plantear diversas hipótesis. Por un lado, las estatuas podrían estar representando a la persona enterrada en la tumba, si asumimos que el isomorfismo documentado revela que se tratan de retratos del difunto. Esto daría pie a reflexionar sobre el sentido de la multiplicación de imágenes de un ancestro. Por otro lado, las cuatro estatuas podrían estar representando el ideal del antepasado heroizado o deidad, y el difunto habría sido enterrado siguiendo la parafernalia y vestimenta normativa que dicta su heroización. El gorro o corona de hojas no parecer ser un elemento exclusivo de Glauberg, sino parte de un fondo religioso más amplio, presente en otras iconografías del mismo horizonte cronológico como la estatua de Holzgerlingen o el pilar de Pfalzfeld (Aldhouse-Green 2004; Megaw y Megaw 2001: 74, 257). Incluso, se podría plantear que el individuo inhumado habita, tal como ocurre en el ámbito etrusco del periodo orientalizante con clara influencia en el mundo centroeuropeo, un espacio sagrado junto a otros ancestros heroizados –las estatuas–, los cinco vistiendo el gorro o corona de orejas. Este elemento pudo ser un atributo real, de glorificación o con funciones psicopompas (Stöllner 2014: 131).

El hallazgo de la estatua mejor conservada en posición secundaria, en el interior del foso, es especialmente relevante. Según el excavador (Herrmann 2002), esta ubicación podría responder a una acción deliberada que, en último término, buscaría su ocultación. En este sentido, se podrían plantear dos posibles causas: como consecuencia bien de una confrontación interna o sustitución de un linaje por otro, bien de una acción externa contra la propia comunidad de Glauberg. En contextos prehistóricos e históricos, el enterramiento de estatuas o menhires han sido habitualmente interpretados como una acción destinada a anular el poder de esas entidades materiales, incluso después de muchos siglos. Un ejemplo lo encontramos en el círculo lítico de Avebury (Wiltshire, Inglaterra). Rodeado de un gran foso y talud, funcionó como un espacio de ancestralidad hasta al menos la Edad del Bronce. No hay evidencia de actividad en época romana, a pesar de que existió un asentamiento a tan solo un kilómetro. Sus habitantes, probablemente por respecto o temor se mantuvieron alejados. A partir del V d.C., surge una aldea en el sector occidental del recinto y, en el siglo XIV, tiene lugar un programa de enterramiento de algunas de estas piedras, que es explicado por una reacción contra cultos paganos (Gillings y Pollard 1999). Casos como este revelan la importancia concedida a los significados emanados de las formas materiales y la necesidad que siempre ha existido por combatirlos en contextos de cambio.

Klausmann (2018) sostiene, sin embargo, que la estatua simplemente se desplomó desde una posición elevada, siendo su ubicación original la cima del talud o del propio túmulo. El hecho de que las otras tres estatuas hayan aparecido muy fragmentadas hace pensar que ese desplazamiento responde a un episodio de destrucción intencionada (Baitinger y Pinsker 2002). Al tratarse de un lugar altamente significativo –espacio de legitimación ancestral–, destruir o echar abajo las estatuas también son acciones que remiten a contextos de desequilibrio (Megaw 2003), provocados tanto por movimientos externos como internos. El hallazgo de la tumba de una mujer justo debajo del foso parece reafirmar esta idea. La cronología de los objetos hallados en su interior revela que solo trascurrió una generación entre este enterramiento y el túmulo 1 (Posluschny y Beusing 2019). De este modo, en un breve periodo de tiempo, parece que una nueva generación monumentalizó el espacio y reconfiguró las relaciones ancestrales de la comunidad, dejando de lado o incluso ocultando espacios como la tumba femenina.

Las formas monumentales documentadas revelan la trascendencia del lugar. El gran foso fue realizado probablemente para segregar el espacio de los ancestros del espacio extramuros, el mundo de los vivos (Posluschny y Beusing 2019). Si cualquier cementerio, por definición, es un espacio de memoria y cohesión social, el gran espacio de Glauberg permite pensar que nos encontramos ante un auténtico *heroon*, donde se rinde culto a uno o varios ancestros heroizados. En este sentido, su funcionamiento ha sido comparado incluso con el de los santuarios mediterráneos (Herrmann 2005). Sea como fuera, parece claro que el recinto debió funcionar como un lugar no solo de veneración y culto al ancestro heroizado, sino también como un espacio político e ideológico donde se negoció el poder y los referentes genealógicos. Con todo, esta área no debe pensarse solo como un lugar acabado. Más allá de la práctica ritual y monumentalización del paisaje como una estrategia de propaganda o apropiación, la propia ejecución de la obra pudo tener implicaciones importantes. Como han planteado Posluschny y Beusing (2019: 377), la movilización de recursos y población en su construcción pudo funcionar como efectivo mecanismo de cohesión, ayudando a fortalecer el orden social y las relaciones entre los habitantes tanto del propio *oppidum* como del área su influencia y control.

El segundo caso se localiza en Hirschlanden (Baden-Württemberg, Alemania) (fig. 4.2): un túmulo que alberga los restos de dieciséis individuos, hombre y mujeres, cuyo uso funerario se extiende desde Hallstatt D1 hasta La Tène (600-450 a.C.). El área de enterramiento está delimitada perimetralmente por un muro de piedra, cuya función parece ser la de segregarla del entorno. En el sector norte, junto a la parte exterior del muro, se halló una estatua enterrada boca abajo. Aunque está fracturada en la base, se conserva relativamente bien. Tres ideas sobre su sentido han prevalecido historiográficamente. En primer lugar, la imagen trasmite valores esencialmente masculinos y marciales (Aldhouse-Green 2004: 68). En segundo lugar, su ubicación original habría sido la parte alta del túmulo. Y, en tercer lugar, se trataría del retrato del individuo enterrado en la parte central del túmulo (Zürn 1964). Estas premisas permiten identificar la estatua con el individuo más importante dentro de un linaje. La posición de sus restos dentro del túmulo y de la estatua en lo alto del túmulo podrían indicar algún tipo de significado vinculado con la idea del héroe fundador (Frey 1998: 4).

La estatua presenta cuerpo desnudo, falo erecto, piernas musculadas y la mano izquierda apoyada sobre el pecho. Este último gesto, aunque ha sido considerado poco relevante a la hora de interpretar la imagen (Chaume 2001: 266), podría tener algún tipo de significado religioso. Asimismo, lleva espada ceñida al cinto, torques y gorro. La ausencia de indumentaria nos introduce de lleno en el *topos* de la desnudez del guerrero celta que tanto llamó la atención de griegos y romanos. Una desnudez ritual interpretada también como la falta de temor a la muerte, a la que se considera una fase a medio camino de una larga vida (Lucano, Pharsalia, I, 456). En este sentido, la desnudez ritual puede entenderse como una garantía o protección sobrenatural en ese viaje (Marco 1994). Los objetos que porta permiten establecer asociaciones simbólicas. La espada remite evidentemente a su personalidad guerrera. El torques, elemento recurrente en este tipo de iconográfica, tiene una clara asociación con el elemento divino y la heroización. Y el gorro remite a los ejemplares elaborados con corteza de abedul que se documentan en diversas tumbas, entre ellas, la tumba principesca de Horchdorf (Eberdingen, Alemania) (Biel 1981; Megaw y Megaw 2001: 39-46). Krausee (1999) y Miranda y Stephen Aldhouse-Green (2005: 123) han señalado que los objetos y sustancias psicotrópicas documentadas en el interior de esta tumba podrían estar revelando la posición combinada de un jefe y un sacerdote, lo que permitiría, en último término, asociar los gorros de corteza de abedul con personajes que aglutinan diferentes facetas o roles. El hecho de que un objeto de material orgánico se asocie, en diferentes tumbas, a objetos de prestigio –toques o brazaletes– hace pensar que se trata de un elemento de valor en el sustrato ideológico y religioso de estas comunidades.

En cualquier caso, ya represente la memoria real de un individuo específico –enterrado o no en el propio túmulo–, ya remita a una personaje mítico y protector, la imagen parece materializar un linaje o genealogía, en torno al cual se entierran sus miembros. Su posición en el túmulo podría tener funciones apotropaicas y ser una potente metáfora material sobre la que construir el orden social del grupo. Asimismo, sus características

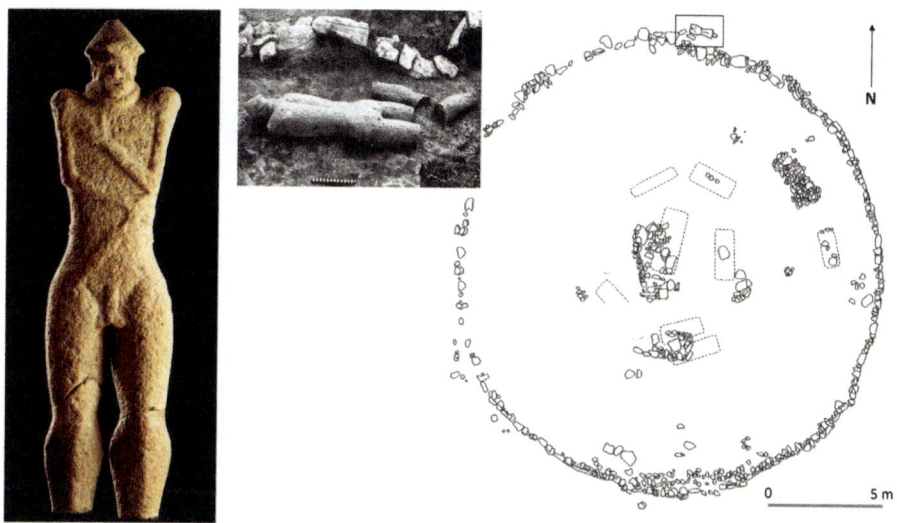

Figura 4.2. Estatua y túmulo de Hirschlanden, Baden-Württemberg (a partir de Zürn 1964)

y simbolismo, especialmente su desnudez asociada a objetos como el torques o el gorro, parecen remitir, tal como han planteado Armit y Grant (2008), a una contexto de apoteosis de los ancestros.

Sin embargo, estos dos autores van más lejos en su interpretación, rechazando la definición itifálica y masculina de la estatua. El análisis del corpus gestual y objetual podría estar sugiriendo conceptualizaciones más complejas y fluidas. En las tumbas mejor conservadas de Hirschlanden, se constata que los enterramientos se realizaron en posición supina con los brazos extendidos a los lados. Sin embargo, en otros cementerios, algunos esqueletos adoptan el gesto de la mano en el pecho. Por ejemplo, los restos óseos en la necrópolis de Hallstatt permiten considerar este gesto como claro atributo femenino. Asimismo, el cinturón de doble anillo refuerza esa fluidez de género en la estatua. Sus paralelos en el registro lo asocian únicamente a algunas tumbas y en todos los casos son de mujeres –tal y como ocurre en el propio túmulo de Hirschlanden. En suma, Armit y Grant defienden que hay indicios claros de que las lecturas previstas en la estatua pudieron haber sido ambiguas. A diferencia de lo que ocurre con la estatuaria de Glauberg –cuya naturaleza masculina y marcial resulta incuestionable–, en el caso de la de Hirschlanden, el gesto parece denotar una relación específica con la muerte, los antepasados y el Otromundo que podría tener asociaciones masculinas y femeninas al mismo tiempo. La estatua materializa un complejo nexo de relaciones entre la vida y la muerte, hombres y mujeres, entre otras posibles relaciones y contraposiciones, en la construcción de la ancestralidad.

El tercer caso lo encontramos en el recinto de Les Herbues, situado en la necrópolis hallstatica de Vix (Bourgogne, Francia) (Chaume y Reinhardt 2011). Se trata de una estructura cuadrangular, con dimisiones de 25x25m y delimitada por un foso de dos metros de ancho. En el centro se documentó un pozo vacío de algo más de un metro de

diámetro del que desconocemos su función. La entrada al recinto, situada en la fachada
norte, estaba orientada hacia el Mont Lassois, donde se localiza el denominado palacio de la dama de Vix (Chaume *et al.* 2011). El elemento central del recinto lo componían dos estatuas sedentes cuya posición original debió estar en el interior de la construcción o flanqueando la entrada al mismo. Sea como fuera, y a pesar de la erosión y el
desgaste que sufren ambas, su lectura resulta interesante para nuestro propósito. Una de
ellas es la representación de una mujer sentada con los brazos apoyados sobre sus rodillas
(fig. 4.3,1). Viste una túnica larga que cubre su cuerpo y un torques con terminaciones
globulares. Este último tiene un claro paralelo con el documentado en el túmulo 1 (tumba
principesca) de la necrópolis, lo que ha permitido relacionar la imagen con la princesa
de Vix (Chaume *et al.* 1995) (fig. 4.4). En el torques áureo se representan caballos alados que pueden interpretarse, como ya señaló Picard (1955), como símbolos funerarios
del viaje al Otromundo. En este sentido, si el torques remite a un contexto de estatus y
heroización, los caballos alados podrían aludir a una escatología que imagina el itinerario aéreo al Más Allá, que requiere –como veremos en otros apartados–, de animales psicopompos y metáforas de ascensionalidad específicas.

La segunda imagen representa a un guerrero con su panoplia (fig. 4.3,2). El fragmento de uno de los pies, hallado junto a la entrada, revela que vestía el mismo tipo de
polainas que se documentan en tumbas de Hallstatt o en la propia tumba de Hochdorf.
Porta un puñal o espada corta característico de finales de Hallstatt, documentado también
en las excavaciones de Vix. Así mismo, la coraza y el escudo tienen su paralelo más claro
en la estatua de Glauberg. En suma, a pesar de la pobreza de los datos, el conjunto permite plantear que debió funcionar como una auténtico *heroon*. Chaume y Reinhard (2011;
Reinhard y Chaume 2003), lo han definido como un lugar sagrado dedicado al culto de
antepasados fundadores que fueron heroizados y representados iconográficamente. La

Figura 4.3. Estatuas sedentes del Santuario de Vix (a partir de Chaume y Reinhard 2013)

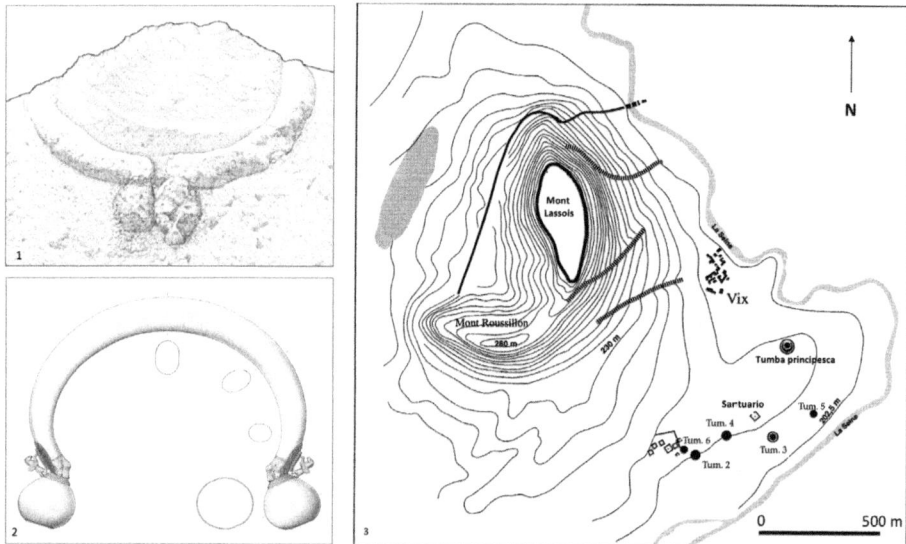

Figura 4.4. 1. Torques de la estatua femenina de Vix (santuario); 2. Torques de la principesca de Vix (túmulo 1); 3. Mapa de la necrópolis de Vix y del asentamiento de Mont Lassois (a partir de Chaume 1998)

estatuaria dentro de este espacio ejercería un poder político y religioso, sancionando las prácticas rituales llevadas a cabo. Estos autores las comparan con la pareja femenina y masculina de Capestrano, asignándole significado vinculado a la realeza.

3. ESPACIOS SAGRADOS Y CULTO AL HÉROE EN EL SUR DE FRANCIA

En el sur de Francia, el registro arqueológico aporta un número importante de espacios con claro sentido cultual. Es el caso, entre otros, de Roquepertuse (Savoie), Glanum (Saint Rémy-de-Provence) o Entremont (Bouches-du-Rhône). A diferencia de los casos tratados en el apartado anterior, estos se localizan dentro de las murallas de los *oppida* y no se asocian a enterramientos. En algunos casos, las murallas y la trama urbana surgen en torno a un santuario previo que debió funcionar como aglutinador. Entre los elementos que definen estos lugares destacan las estatuas sedentes de guerreros, expuestas en espacios arquitecturizados con una clara estructura simbólica y performativa. Se asocian con cráneos, representaciones de cabezas y una significativa simbología animal. Más allá del elemento cultual, se evidencia una compleja organización social con recursos suficientes para llevar a cabo obras de este tipo (Haeussler 2012: 203).

Roquepertuse es un ejemplo paradigmático de un espacio sagrado con gran profundidad temporal, donde se materializa una tradición de culto acumulada durante siglos. Se ubica en un paisaje formado por una pequeña meseta a la que solo se puede acceder a través del sector donde se levanta el santuario. El espacio visible en la actualidad es consecuencia de una remodelación durante la primera mitad del siglo III a.C., momento en el que se lleva a cabo un programa de monumentalización (fig. 4.5). El recinto estaba formado por una amplia terraza pavimentada de algo más de mil metros cuadrados. Su parte frontal, que daba al valle, se cerró con un sistema de muralla y torres que protegía tanto el santuario como a la zona alta. En la terraza se construyó un pórtico monumental que presidía visualmente el acceso al recinto.

No conocemos las características exactas del pórtico debido a su completa destrucción a mediados de ese siglo. La información de las excavaciones antiguas tampoco nos ayuda mucho. En cualquier caso, pilares y dinteles en piedra debieron alternar con otros fabricados en madera, a tenor de los restos carbonizados documentado en la terraza. La hipótesis de reconstrucción más aceptada es la de un edificio a dos niveles, pintado en colores brillantes, de unos 17 metros de largo por 3 metros de ancho (Boissinot 2004: 55; véase para otras propuestas Coignard *et al.* 1991). En la parte frontal, se exhibían cabezas talladas y cráneos recubiertos de arcilla con el propósito de individualizar los rasgos faciales. Junto a ellas, se representa un grupo restringido de animales: el caballo, la serpiente y el ave carroñera.

Las posibles asociaciones simbólicas de estos tres animales nos introducen de lleno en el sentido del recinto. El caballo aparece representado tanto en las caras laterales de los pilares, como en la cara frontal de algunos dinteles. Su importancia queda confirmada por el depósito de esqueletos de este animal en las terrazas del santuario y su presencia en las iconografías de otros santuarios de la región como Glanum. Su simbolismo remite a la idea de muerte y estatus guerrero. Para Haeussler (2010: 206-207), estaría funcionando como una poderosa metáfora relacionada con el paso de un estado de existencia a otro, tal como ocurre en la mitología etrusca o indoeuropea –concretamente, lo asocia con el mito de la muerte y el renacimiento–. Armit (2012: 146) también incide en esta relación entre équido y muerte, asociando la actitud de movimiento en la que aparecen cuidadosamente representados con la plasmación de la idea de viaje. Esto es, el papel del caballo como un psicopompo o guía espiritual, encargado de trasladar a los fallecidos de forma segura al Más Allá.

La serpiente tampoco es exclusiva de la iconografía de Roquepertuse, documentándose en otros lugares como, por ejemplo, Entremont y Les Castels de Nages (Gard). En cualquier caso, el contexto no permite un análisis extenso, más allá de señalar su asociación recurrente con la idea de curación y la regeneración (Armit 2012: 147). Por el contrario, la iconografía del ave carroñera tiene implicaciones más contrastadas. Su representación se ha relacionado con relatos míticos que expresan la conexión de los pájaros con la muerte, las divinidades infernales y el allende sideral (Marco 2008: 62-64). Sociedades de la Edad del Hierro situaron «el allende –o al menos como uno de los posibles– en las regiones celestes, a las que se accedía a través de vehículos y rutas ascensionales» (Alfayé 2009a: 116). La arqueología ha documentado a diferentes niveles este tipo de ritual funerario (Alfayé 2009b: 273-274, figs. 171-172). Dependiendo del contexto cultural, tras la exposición en plataformas construidas o estructuras, los restos eran enterrados bien en cementerios o asentamientos, bien distribuidos o abandonados en el territorio (Brunaux 2004: 118-124; Carr y Knüssel 1997; Brunaux 2004; Lally 2008; Madgwick 2008). Las fuentes clásicas recogen noticias sobre estas prácticas. En el siglo I d.C., Silio Itálico, refiriéndose a los celtíberos, afirma que era «[…] un honor caer en el combate

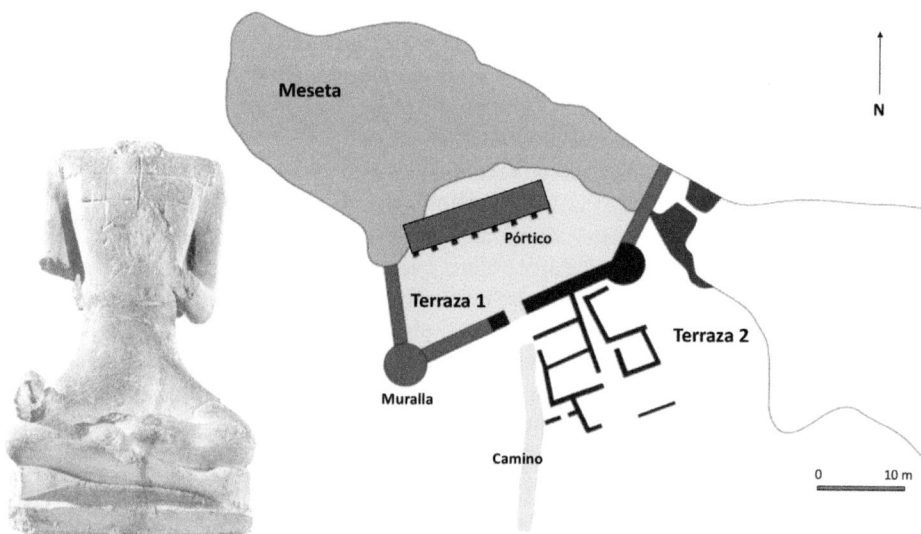

Figura 4.5. Estatua de guerrero sedente y plano del santuario monumental de Roquepertuse (a partir de Boissinot 2004)

y sacrilegio incinerar un cuerpo muerto de este modo. Pues creen que son retornados al cielo, junto a los dioses de lo alto, si el buitre hambriento devora sus miembros yacentes» (Pun 3, 340–343). Claudio Eliano, vuelve a incidir sobre esa idea, esta vez, en relación con los vacceos: «los que han perdido la vida en la guerra los consideran nobles, valientes y dotados de valor y, en consecuencia, los entregan a los buitres porque creen que éstos son animales sagrados» (De Nat. An. 10, 22). A partir de estos dos comentarios, se ha tendido a considerar las prácticas de exposición como un tipo de ritual limitado exclusivamente a los guerreros que sufrían una muerte heroica (Sopeña y Ramón 2002; Brunaux 2004; Alfayé 2009a; Haeussler 2012: 250-252).

Las representaciones de aves en asociación con cadáveres sobre cerámicas de Numancia han sido utilizadas como prueba para corroborar las noticias trasmitidas por los autores clásicos. Asimismo, otro ejemplo al que se recurre es a la escena representada en un *stamnos* del siglo IV a.C. en la que se muestra un combate entre galos e itálicos. En ella se muestra a uno de los combatientes, que yace desnudo en el suelo, devorado por un ave carroñera (Beazley 1947: 96-100, pl. 24, figs. 1-2). Brunaux (2004: 37) y Marco (2008: 68) identifican esta imagen como una representación del ritual heroico de exposición a los buitres. Sin embargo, no se pueden descartar otras interpretaciones. Como señala Alfayé, la escena podría estar narrando en realidad la aniquilación total del enemigo: el guerrero vencido se encuentra a los pies del vencedor y devorado por un buitre. Este *topos* aparece recurrentemente plasmado sobre cerámicas griegas (relatos homéricos) y estelas de la Edad del Hierro de Iberia –por ejemplo, en las estelas de El Palao (Teruel) y La Vispesa (Huesca) (véase Alfayé 2003). Se trata de un *mitema* «que expresaría tanto la vejación del vencido como la victoria absoluta del ganador» (Alfayé 2009b: 120). Frías, en la misma línea que Alfayé, afirma que lo que se está representando es una escena habitual después del combate cuyo sentido no remitiría al ritual heroico, sino a «una práctica de descuartizamiento y vilipendio del enemigo» (2010: 621).

La ambivalencia simbólica presente en la iconografía tiene una gran importancia en el caso que nos ocupa. Las posibles lecturas que parecen converger en la escena del *stamnos*, también puede trasladarse al programa iconográfico del pórtico de Roquepertuse. Si asumimos los sentidos contrapuestos relacionados con las aves –valor honorífico (vehículo ascensional para el héroe) *vs* valor vejatorio (aniquilación y negación de una muerte digna del enemigo)–, esa misma duplicidad se aplica a las cabezas expuestas. ¿Representan a enemigos o ancestros? Parece claro que las cabezas humanas, ya sean reales o representaciones, juegan un papel clave en estos espacios, pero sus asociaciones simbólicas pueden ser diversas. Se puede pensar en objetos revestidos de propiedades mágicas o apotropaicas (Haeussler 2010: 205) o en meros trofeos que se exhiben como símbolo de las hazañas que justifican la heroización de los responsables (Aldhouse-Green 2004). La práctica de cortar cabezas ha sido ampliamente tratada generando un debate historiográfico en el que no vamos a entrar. Contamos con ejemplos interesantes de este tipo de prácticas. Por ejemplo, La Hoya (Llanos 2007) ilustra un contexto de este tipo en el siglo III a.C. Tras el asedio al asentamiento, a sus habitantes, se les amputó la cabeza y la mano derecha en claro signo de castigo y vejación. Sin embargo, otra posibilidad es que las cabezas funcionaran como una sinécdoque de dioses, ancestros y héroes. La cabeza, como elemento recurrente de la iconografía indoeuropea, se interpreta como «sede de la vida». Para Marco, un rasgo común es la reducción de la cabeza a emblema o síntesis de deidades y difuntos, según «la tendencia hacia la expresión de esta *pars pro toto* típica de la Celtica antigua» (1994: 343). En un contexto como el sur de Francia, marcado por la ausencia de necrópolis, esta simbología parece plausible. Sea como fuera –cabezas de enemigos o ancestros–, como señala Armit, «el hecho de que ciertas cabezas hayan sido guardadas y tratadas durante períodos largos de tiempo sugiere que tenían más valor como objetos individuales que como simples trofeos» (2012: 149). Su asociación con la representación de animales sugiere que el tema central de este espacio remite a la idea de muerte y descomposición del cuerpo, como parte de un viaje hacia el Más Allá –probablemente asociado a individuos concretos (heroizados).

El pórtico fue construido para albergar las estatuas sedentes. Los fragmentos recuperados corresponden a 10 ejemplares, de los que solo se conservan dos en buen estado (Arcelin y Rapin 2003: 185). Se trata de imágenes en piedra caliza que representan individuos masculinos sentados con las piernas cruzadas –postura paralelizable a las figuras representadas en el caldero de Gundestrup. Han sido interpretadas como representaciones de dioses, guerreros, antepasados, héroes (Benoît 1955; Barbet 1992; Green 1997; Arcelin y Rapin 2003; García 2004; Haeusler 2007; 2012) o dignidades honradas con una estatua al estilo de las estatuas honoríficas griegas (Brunaux 2004: 124). En cualquier caso, las características de estas imágenes permiten subrayar dos facetas de su personalidad. Por un lado, la vestimenta remite a una personalidad marcial: túnica, coraza y espada (Barbet 1992; Boissinot 2004: 57-58). Por otro lado, adoptan la postura búdica y, en algunos casos, se representan con la mano izquierda sobre el pecho, recordando a la estatua de Hirschlanden. Estos gestos han servido para que se hayan interpretado como divinidades o sacerdotes (Benoît 1955: 42). Ambas dimensiones podrían estar subrayando la importancia religiosa y política de estos personajes. El hecho de que porten torques estaría subrayando nuevamente su carácter divino, semi-divino o heroico. La cronología de las estatuas parece reforzar la misma idea. La vestimenta sugiere que fueron creadas en el siglo V a.C. o antes, lo que implicaría que fueron preservadas durante generaciones antes de ser ubicadas bajo el pórtico monumental (Arcelin y Rapin 2003; Rapin 2004). Se trata de imágenes que han sido veneradas durante un largo periodo de tiempo, sirviendo como hilo conductor de la historia de la comunidad. Detrás de ellas, parece funcionar una clara noción de ancestralidad y heroización (Arcelin 2004; Arcelin y Congès 2004; Haeusler 2012).

La acumulación de elementos arcaicos en Roquepertuse revela una actividad previa al pórtico desde muy antiguo. En la construcción de los muros del pórtico y algunas dependencias anexas se reutilizaron numerosas estelas del Bronce Final (Lescure 2004). Sin embargo, la información sobre los momentos previos es precaria. La documentación se limita a diversas edificaciones de planta ovalada y una cabeza bifronte de Jano, representada con el mismo gorro o corona de hojas de la iconografía trasalpina (Boissinot 2003; García 2004). Antes de la creación del santuario monumental, debió existir un santuario natural, escasamente arquitecturizado, al que se asociaban las estatuas de guerreros. Esto también parece haber ocurrido en Glanum (Roth-Congès 2004). Como Armit señala, los guerreros sedentes fueron exhibidos y venerados «en lugares especiales del paisaje: un manantial curativo en el caso de Glanum y una característica geológica prominente en el caso de Roquepertuse» (2012: 180).

La historia del santuario Entremont corre paralela a las de Roquepertuse o Glanum (Arcelin 2004). Sin embargo, su monumentalización y gran desarrollo es posterior al de Roquepertuse, coincidiendo con la fundación del oppidum a principios del siglo II a.C. El sistema defensivo del asentamiento y la calidad de la estatuaria recuperada en la meseta de Entremont revelan la importancia política y religiosa que alcanzó el lugar por entonces. El santuario albergaba al menos nueve estatuas sedentes que, según Arcelin y Rapin (2003: 209), podrían retrotraerse a la primera mitad del siglo III a.C. Dos elementos las distinguen de sus homónimas en Roquepertuse y Glanum (fig. 4.6). Por un lado, junto a ellas, se exhibieron al menos tres figuras sedentes femeninas. Su interpretación plantea problemas, habiéndose propuesto significados asociados a la veneración de los guerreros (Salviat 1976) o al poder ritual femenino (Armit 2012: 185). Por otro lado, las estatuas de Entremont muestran una asociación más clara con cabezas cortadas. Los brazos se extienden hacia el frente sujetando una cabeza con su mano izquierda, mientras con las diestras sujetan un objeto de hierro. En este lapso de tiempo, por tanto, se produce un importante cambio en la iconografía de la estatuaria, que puede explicarse por los acontecimientos históricos propios de la época en la que fueron talladas: un contexto de competencia y violencia intergrupal previa a la conquista romana.

La distribución homogénea de estatuas y otros elementos iconográficos en la región revela un conjunto compartido de convenciones aplicadas a la veneración de lugares particulares o de los espíritus y ancestros presentes en ellos. La ausencia de tumbas como elemento central de estos *heroa* se puede explicar teniendo en cuenta dos circunstancias. La primera es la ausencia de cementerios, lo que implica formas de ritual funerario difícil de detectar en el registro arqueológico. La ausencia de espacios formales y monumentales de enterramiento permite pensar que las relaciones genealogías de estas comunidades fueron construidas en estos santuarios. La segunda es la antigüedad de la estatuaria y los cráneos, revelando un culto a ancestros heroizados que han muerto hace mucho tiempo,

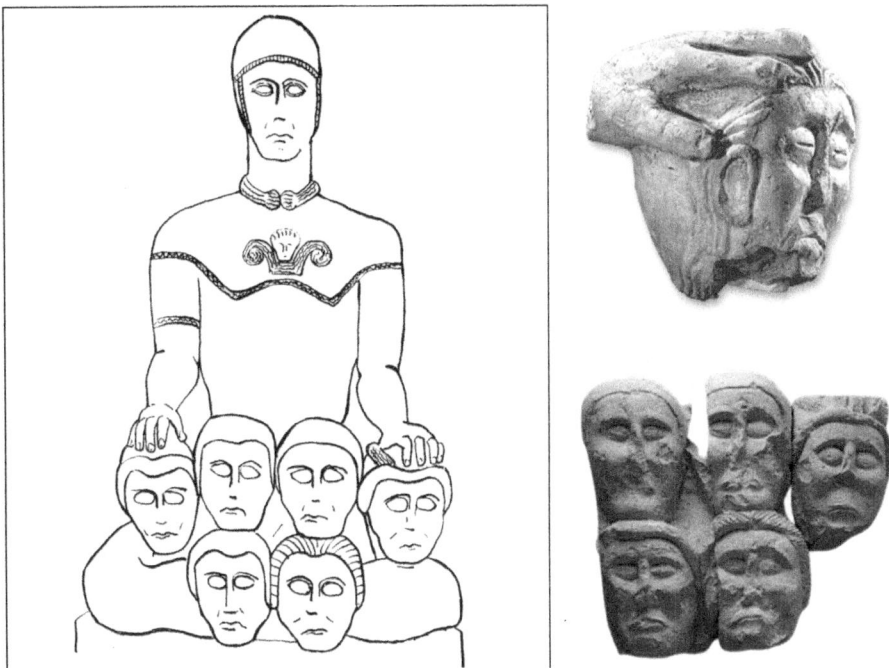

Figura 4.6. Reconstrucción de una estatua de Entremont (a partir de Salviat 1976)

de los que se guardan recuerdos reales o míticos. Estos santuarios adoptaron su forma monumental con la consolidación de un estilo complejo y urbano en el curso del siglo siglo III a.C. La evidencia revela que funcionaron como espacios performativos con una carga simbólica asociada a la muerte, transformación de los cuerpos y viaje al Mas Allá, y en donde se rindió culto a antiguos antepasados de piedra –en su dimensión divina y marcial– que se retrotraen cinco o seis generaciones. Su valor religioso no parece que pueda desligarse de su significación política: espacios de cohesión social y creación de identidad colectiva entono a estos ancestros. En este sentido, Haeussler (2010: 207-208) ha subrayado la importancia de su ubicación intramuros, en lugares centrales del *oppidum* o junto a la entrada. Para este autor, ambas posiciones son comparables al lugar de culto al héroe fundador, bien en el ágora, bien junto a la puerta, donde actúan como protectores de la ciudad.

4. ICONOGRAFÍAS DE TRANSICIÓN Y HEROIZACIÓN: LAS DIADEMAS DE MOÑES

La muerte suele interpretarse como un proceso transicional. Lejos de ser un fin, se imagina como un paso intermedio que implica trasformación y movimiento desde el mundo de los vivos al mundo de los muertos. Este proceso adquiere todo su sentido y efectividad con la práctica ritual y producción simbólica. Si la idea de muerte como viaje es cuasi universal, el modo en que tiene lugar adopta diferentes características dependiendo del contexto cultural, concepciones escatológicas y topografías de la muerte imaginadas. En el apartado anterior, señalamos una de las vías que ubicaba el allende en las regiones celestes –asumiendo, por tanto, un itinerario aéreo que requiere de animales psicopompos y metáforas de ascensionalidad específicas (Alfayé 2009b). La otra vía es la de un allende insular, situado en Occidente, al que se accede por vía acuática, y que también requiere de animales y otros elementos psicompompos. Este itinerario se documenta preferentemente en el ámbito atlántico.

La denominada diadema de Moñes (Piloña, Asturias) es un ejemplo iconográfico de la región noroccidental de Iberia. Se trata de un conjunto de fragmentos áureos en los que se representa escenas figuradas. La ausencia de contexto de hallazgo dificulta su datación, quedando supeditada al análisis iconográfico y estilístico. Los autores han propuesto cronologías que van desde el Bronce Final hasta el cambio de era, aunque, a tenor de los elementos representados como los bocados de caballo o el armamento, parece lógico situarlas en la segunda Edad del Hierro. Su lectura iconográfica no ha sido menos problemática. López Monteagudo (1977) y García y Bellido (1943) la interpretaron inicialmente como una escena de sacrificio. Esta propuesta, historiográficamente poco exitosa, perdió peso en favor de la planteada por López Cuevillas (1951: 56), que vio tras las escenas algún tipo de culto o ritual acuático cuya acción central consistiría en el depósito de armas en las aguas. Esta interpretación se apoyaba en los abundantes hallazgos de armas y otros objetos en los ríos del Noroeste, interpretados como depósitos votivos o funerarios (Rodríguez-Corral 2009). Retomando esta última línea interpretativa, Marco (1994) ha planteado una lectura consistente, que contextualiza las escenas en el ámbito religioso e iconográfico de la Céltica europea. El conjunto de asociaciones simbólicas que establece le permite llegar a la conclusión de que lo que es está representando es la «apoteosis guerrera a través del tránsito acuático hacia el Más Allá» (Marco 1994: 329; 2008: 55).

La narrativa se construye a partir de un número específico de figuras humanas, animales, objetos y elementos abstractos que buscas construir el fondo en el que tiene lugar la escena (fig. 4.7). Las rayas y puntos marcan el contexto acuático en el que se sitúa la acción, representando la corriente de un río, vía de entrada al Otromundo. Este contexto se ve iconográficamente reforzado por la representación de peces y aves acuáticas. Sobre este fondo aparecen en procesión, guerreros a pie, jinetes y figuras humanas que portan sítulas. Son varias las asociaciones que se pueden extraer de la escena. En primer lugar, en relación con las propias sítulas. Marco las vincula con la idea del «caldero de la resurrección» representado en el famoso ejemplar de Gundestrup amortizado en una turbera de Himmerland (Dinamarca). Las deidades sumergen a los guerreros caídos en batalla para devolverlos a la vida. En segundo lugar, con relación a la ausencia de indumentaria de las figuras humanas. Esta desnudez remitiría según el autor a un *topos* característico del mundo ideológico de la Céltica europea. No solo se documenta en la iconografía indígena –por ejemplo, en la estatua de Hirschlanden–, sino también en la propia representación clásica del estereotipo celta. Se trataría, por tanto, de una desnudez ritual vinculada con la protección sobrenatural.

Figura 4.7.
Fragmento de la
diadema de Moñes
(Piloña, Asturias)

En tercer lugar, los jinetes llevan cascos de triple cornamenta y sostienen en la mano un torques. Ambos elementos remiten nuevamente a la escena central del caldero de Gundestrup, en donde la figura cornuda parece agitar con la mano un torques. Las cornamentas no solo se vinculan a la fertilidad, sino también a la virilidad, la agresividad y el poder (Marco 1994: 331). El torques, como ya señalamos, parece ser indicativo del carácter divino o de heroizacion del individuo que lo porta. Merece la pena señalar que, en el Noroeste, algunos de ellos son huecos y, en su interior, incorporan pequeños fragmentos sueltos que permiten producir sonido cuando son agitados (García 2007; Rodríguez-Corral 2009: 114-120). Por tanto, el gesto de sujetar el torques con la mano en alto, tal como se representa en Moñes y Gundestrup, podría tener algún tipo de significado dentro de la estructura ritual que se representa, aunque de difícil exégesis.

En cuarto lugar, se representa un conjunto de animales con interesantes asociaciones. Para Marco, las aves acuáticas y los peces de la escena son símbolos o vehículos ascensionales con una clara función psicopompa. El autor presta especial atención a los peces de mayor tamaño que interpreta como salmones, subrayando su simbolismo en la cosmología celta. El salmón, depositario «de la ciencia sagrada y de la sabiduría en el Más Allá», constituye una de las formas preferentes de metamorfosis de dioses e individuos primordiales, y expresa el espíritu de ríos y otros contextos acuáticos de carácter sagrado (Marco 1994: 341). Además de aves y peces, los psicopompos suelen adoptar la forma de caballos o perros. Ambos animales, presentes en las diademas de Moñes, ocupan un lugar especial en muchas cosmologías debido a sus estrechos vínculos con la naturaleza y su relación distintiva con las sociedades humanas. El caballo, como una extensión del propio guerrero, remite al prestigio y estatus elevado. Pero, como hemos notado en el apartado anterior, también es considerado un guía espiritual encargado de llevar a los fallecidos de forma segura al Más Allá (Arcelin *et al*. 1992: 218). El perro, también representado en el caldero de Gundestrup, redunda, según Marco (1994: 335), en esta misma idea. Además de estar asociado a la caza y al jinete, para algunos autores (Megaw 1970: 66) tiene claras vinculaciones con la idea de curación y el mundo ctónico y funerario.

La iconografía de Moñes trasmite, por tanto, una potente imagen cargada de asociaciones simbólicas. Los guerreros desnudos llevan consigo al Más Allá los elementos mínimos que vertebran su identidad material: espada, escudo, casco y torques. La importancia de estos elementos no se agota en su mera tipología –esto es, en su valor como signos genéricos de prestigio dentro de una antropología agonística–, sino que se extiende a sus biografías y asociaciones personales, a las historias que cuentan de sus dueños (Hoskins 1998). La genealogía de estos objetos ayuda a construir la genealogía del propio guerrero, hablando elocuentemente de su estatus (Rodríguez-Corral y Ferrer 2018: 106-107). En el ritual funerario convergen y se cierran dos tipos de narrativas: la historia personal del muerto y la biografía cultural de los objetos que porta. Por ejemplo, en *La Ilíada*, es esta convergencia de la historia personal y material la que sirve para crear el ideal cultural del guerrero como héroe (Whitley 2002: 221-222). En cualquier caso, si tomamos en conjunto las diferentes asociaciones simbólicas –fondo acuático, desnudez ritual, torques, cornamenta, animales psicopompos, caldero de resurrección, etc.– parece razonable concluir, con este autor, que nos encontramos quizás ante la representación del «último viaje» realizado por guerreros a través de las aguas y ante la idea esencial de la apoteosis del héroe característica del horizonte religioso e ideológico las sociedades indoeuropeas.

5. CASTROS, GUERREROS Y ROCAS: ICONOGRAFÍA Y ANCESTRALIDAD EN EL NOROESTE DE IBERIA

La estatuaria castreña es una de las plásticas más monumentales de la protohistoria europea. Entre sus diferentes manifestaciones destacan las estatuas de guerreros. Se trata de un grupo de treinta y cuatro ejemplares de gran tamaño, que se distribuyen en la región situada entre el río Miño y río Duero. Los guerreros visten ropas profusamente decoradas con patrones geométricos, cinturones decorados con trísqueles, así como torques, brazaletes, escudo y espada corta. Existe una clara correlación tipología entre los objetos representados en estos guerreros y en los de la diadema de Moñes.

La investigación, desde el principio, los ha interpretado como héroes epónimos divinizados (Maluquer 1954; Tranoy 1988; Almagro y Lorrio 1989: 418), aunque con diferentes matices. Tranoy (1988: 223) estableció una distinción entre un grupo principal de imágenes, que representarían héroes anónimos o divinidades tutelares de época prerromana, y los cinco ejemplares con inscripción votiva, que representarían a jefes locales. En la misma línea, Alarção (2003: 116) y Calo (1994: 685-6) los describen como retratos reales de guerreros o príncipes históricos de la élite que lucharon en las tropas auxiliares romanas y fueron premiados por colaborar con Roma. Silva (2003: 47) les asigna una función heroizada de tutela conectada con «el culto a los jefes y la glorificación de los antepasados típica de las sociedades basadas en los lazos de sangre como la cultura castreña». Todas estas interpretaciones comparten un mismo tipo de aproximación: tratan de definir la naturaleza del personaje representado iconográficamente. Sin embargo, sus asociaciones materiales y simbólicas permiten ir más allá, permitiendo analizarlas como entidades capaces de producir, más que representar, sentido y significado.

Los guerreros de piedra se localizan en los propios asentamientos fortificados a finales de los siglos II y I a.C., en clara asociación con entradas y murallas (Rodríguez-Corral 2012: 84-86) (fig. 4.8). Es decir, su ámbito de actuación es claramente doméstico, a diferencia de los que ocurre con las estatuas de Halsttatt y La Tène, vinculada a espacios funerarios. La ubicación en las murallas resulta elocuente. Nos habla de una audiencia muy distinta a los casos anteriores, que no se encuentra condicionada por la performatividad de un recinto sagrado, funerario o cultual; ni tampoco por un área pública intramuros que pudiera haber funcionado a modo de ágora o similar. Su campo de acción es una audiencia exterior que, en su aproximación a la entrada del asentamiento, establece contacto con el guerrero de piedra. En este contexto, la posibilidad de que las estatuas pueden funcionar con un sentido apotropaico y protector de la comunidad parece muy plausible (Rodríguez-Corral 2013). Junto a esta función, existe otro sentido, consecuencia de su relación con un tercer elemento. En las inmediaciones de las entradas, los guerreros parece que se ubican preferentemente sobre rocas. Estas, lejos de ser espacios neutros de exposición, parecen haber formado un conjunto indisoluble con la estatua, emanando un fuerte sentido performativo. El conjunto formado por ambos elementos pudo operar a dos niveles metafóricos: la piedra como material simbólico y la roca como lugar de memoria.

En el primer caso, la piedra como material simbólico pudo jugar un papel relevante. La tierra y el barro, en muchas culturas, son símbolos de fertilidad, pertenencia y propiedad. Suelen estar relacionados con la mujer –las cosas crecen en ambos elementos–, creando nuevas formas (Biovin 2004). Así, funcionan como metáforas materiales y tecnologías del recuerdo en contextos funerarios (Jones 2003). De igual modo, también encontramos un valor metafórico en la piedra. A través de analogías antropológicas, Parker Pearson y Ramilisonina (1998) señalan como la durabilidad de la piedra representa la muerte en contraste con la fragilidad de la madera, que simboliza la vida. Por su dureza y resistencia al tiempo, la piedra se asocia a los cuerpos de los hombres, y se convierte en un símbolo habitual de los linajes y los ancestros. Como ocurre en otros contextos (Hamilton et al. 2011), es posible que en el caso de las estatuas castreñas hubiera existido una apreciación de la piedra como una sustancia inmutable en el paisaje resistente al cambio.

Esta metáfora material se puede extender a la propia roca. El material del guerrero procede de ella, lo que convierte ambos elementos en una estructura simbólica 'motivada' (Rodríguez-Corral 2018). Solemos pensar el simbolismo bajo una doble influencia que nos hace olvidar cómo se construye realmente el significado a través de lo material. Bajo el modelo lingüístico estructuralista y las teorías cognitivas de tipo internalista, los símbolos se entienden bajo la dicotomía significado-significante. Al considerar las estatuas como significante (lingüístico), se tiende a desmaterializar su significado. Reducimos la estatua a un signo comunicativo que trasmite un significado que existe previamente y que le hemos asignado –guerrero, deidad, dignatario, etc. Asumimos que

Figura 4.8. Reproducción de uno de los guerreros de piedra del castro de Lezenho (fotografía: CEDIEC)

tenemos un concepto mental y un símbolo que representa ese concepto. A esto le denominamos proceso de simbolización –la estatua representa la idea mental de guerrero, deidad, dignatario, etc–. Sin embargo, el proceso simbólico material ocurre fuera de los juegos del lenguaje y tiene, por tanto, sus propias reglas. Como señala Renfrew (2001), en la esfera material, es el símbolo el que precede al concepto y no al revés. O, en todo caso, ambos acontecen al mismo tiempo (Malafouris 2013). Es decir, en el caso que nos ocupa, a través de las prácticas materiales de inscripción en el paisaje se construye significativamente la ancestralidad. La roca (lugar), la piedra (material), no se usa para simbolizar una idea, sino que son la fuente misma de la que emana la idea a través de la cual pensar esta realidad.

La roca de la que procede el guerrero no agota su capacidad de significación a través de sus características sustanciales (dureza, invariabilidad y permanencia en el paisaje), sino también a través de su historia como espacio sagrado, lugar de memoria y ancestralidad. En este sentido, es importante notar la relevancia que las rocas tuvieron en el paisaje de las comunidades locales durante la prehistoria: desde la Edad del Bronce y durante la Edad del Hierro, en la región noroccidental de Iberia, los afloramientos rocosos fueron lugares con una intensa actividad ritual. Estas prácticas han quedado reflejadas en los

abundantes grabados y depósitos votivos. Esto ha permitido plantear tanto su carácter iniciático –espacio de agregación de guerreros– (Vázquez 2000) como numinoso –espacio
de encuentro con deidades– (Bradley 1998).

Teniendo en cuentas estos dos niveles performativos, los guerreros en relación con
las rocas pudieron ayudar a establecer vínculos emocionales y liminales con el pasado,
subrayando la profundidad temporal del paisaje y la dependencia ancestral y religiosa de
la comunidad. Este hecho adquiere especial significación si tenemos en cuenta la ausencia de cementerios en la región noroccidental. La diadema de Moñes no parece filtrar
simplemente una apoteosis de guerreros heroizados en su último viaje al Allende, también es una plasmación de un tipo de ritual funerario difícil de trazar arqueológicamente.
La ausencia de espacios formalizados y monumentales para enterrar a los muertos es tre-
mendamente relevante: implica que las comunidades castreñas carecían del espacio clave
para otras sociedades para construir las identidades y mantener vínculos gentilicios.

A diferencia de lo que acontece en el caso centroeuropeo o regiones vecinas del
ámbito celtibérico y vacceo las referencias genealógicas castreñas no se construyen en
cementerios o espacios cultuales asociados a tumbas, sino que parecen estar distribuidos
en el paisaje. El asentamiento parece jugar un papel importante, pero también elementos naturales como las rocas o el agua, como veremos a continuación. En cualquier caso,
parece razonable pensar que las estatuas de guerreros no son meras representaciones de
antepasados heroizados, sino poderosas imágenes integradas en un sistema de símbolos
motivados que produjeron ancestralidad y sentido de permanencia. La sensación que produce el guerrero, emanando de la propia roca, un elemento inmutable y permanente del
paisaje, con hondo significado histórico, pudo servir como mecanismo performativo y
emocional para crear una idea rectora: una asociación indisolublemente entre la comunidad, los ancestros y el territorio (Rodríguez-Corral 2018).

6. ESTATUAS SEDENTES: CULTO AL HÉROE E ICONOGRAFÍAS DE ENTRONIZACIÓN EN EL NOROESTE DE IBERIA

El segundo grupo de imágenes de la estatuaria castreña, las estatuas sedentes, está compuesto únicamente de cinco ejemplares. Sus características formales e iconográficas
permiten afirmar con seguridad que formaron parte, junto a los guerreros de piedra, de
un programa iconográfico y una estructura simbólica coordinada que alcanzó diferentes ámbitos de las comunidades castreñas. Aunque la pobreza o ausencia de contextos
arqueológicos de estas imágenes dificulta su interpretación, se pueden plantear una serie
de consideraciones en relación con su significado.

Las dos estatuas halladas en Xinzo (Ourense) (Ferro 1972) visten sagos con cuello
triangular por ambas caras, cubriendo sus cuerpos hasta las rodillas. Se representan con elementos de prestigio como torques y *viria*. Sostienen algún tipo de recipiente o pátera sobre
sus rodillas, tal vez en posición oferente. La estatua de Pedrafita (Ourense) (Luis 1995),
la mejor conservada, viste el mismo sago corto con cuello triangular que los ejemplares de Xinzo. Del mismo modo, los brazos reposan sobre las piernas, sujetando un recipiente a la altura de las rodillas. No conserva el arranque del cuello, por lo que no sabemos si portaba un torques. En ausencia de brazalete (*viriae*), se representa con pulseras en

ambas muñecas. Descansa sobre un asiento decorado con motivos geométricos triangulares y, en el respaldo, se representa un trisquel. El ejemplar de Braga (Bettercourt y Carvalho 1993-1994) tiene un gran surco (canalización) que recorre la espalda hasta el arranque del cuello. Una cabeza encontrada en el mismo lugar, que no es la original, también tiene alterada la parte baja hasta la boca, lo que permiten pensar que quizá fueron reutilizadas conjuntamente fuera de su contexto primario. Se confirma el mismo tipo de túnica corta cubriendo el cuerpo hasta la rodilla, pero en este caso la gestualidad cambia: mientras la mano izquierda apoya contra el cuerpo un recipiente exvasado, la mano derecha se representa sobre el pecho. Las piernas separadas dejan ver los genitales masculinos. El ejemplar de Lanhoso (Braga) (Teixeira 1940), de dimensiones más reducidas que los anteriores, muestra una gran erosión, lo que hace difícil su descripción. En cualquier caso, de este ejemplar destaca una apertura lateral que ha sido interpretada como receptáculo para albergar cenizas funerarias.

El sentido o funcionalidad de esta iconografía ha generado cierto debate, no solo por la ya mencionada ausencia de información contextual, sino también por la dificultad que plantea determinar su sexo. Mientras para algunos las estatuas con recipientes son masculinas y las restantes femeninas (diosas madre oferentes o divinidades) –con paralelos en el mundo ibérico (Colmenero 1977)–, para otros sí serían todas femeninas, cuya significación giraría en torno al culto a la diosa madre y el culto a los muertos (Silva 1986: 298). El descubrimiento de la estatua de Braga debilitó obviamente esta línea interpretativa. Calo (1994: 697-699), subrayando su inspiración en las estatuas sedentes mediterráneas, las considera indiscutiblemente masculinas y les asigna una función funeraria ligada al ritual de incineración, usando como argumento la cavidad en la base del ejemplar de Lanhoso. En cualquier caso –sin descartar completamente que algunas puedan ser femeninas (por ejemplo, uno de los ejemplares de Xinzo o la de Pedrafita)–, tanto la estatua de Braga, como la vestimenta asimilable a la de los guerreros de piedra, hacen pensar que estamos ante representaciones masculinas. En este sentido, González-Ruibal (2004) señala nuevamente su inspiración mediterránea, asignándoles una funciona similar a otros ejemplares del sur de Iberia, pero reinterpretada a nivel local, dentro del «ethos androcéntrico» del sector noroccidental, lo que explicaría que se represente a hombre en lugar de mujeres.

Las dos estatuas de Xinzo aparecieron enterradas a dos metros de profundidad en el paraje denominado O Regueiro, muy cerca del cauce del río Lima. Una intervención posterior permitió constatar que ambas piezas se situaban junto a uno de los muros interiores de un recinto de 0.95m de ancho por al menos 4 de largo, con paredes de mampostería de al menos tres metros de altura, y asentado sobre vigas de madera en un terreno enfangado (Calo 1994: 649). La aparición de las dos estatuas dentro de un espacio acotado permite interpretar el conjunto como un lugar de especial relevancia. Este contexto revela dos conexiones materiales que pueden ayudar a su interpretación: la gran similitud que muestran con el recinto documentado en Vix-Les Herbues (Chaume 2011) y su relación topográfica con el río Limia.

La comparación con el santuario de Vix-Les Herbues (Chaume 2011) resulta sugerente por sus claros paralelismos: en ambos casos, se documentan una pareja de estatuas sedentes asociadas a un recinto en contextos de especial relevancia. En el caso hallstático, como ya vimos, una es femenina y la otra masculina. La figura femenina viste túnica, torques y apoya las manos sobre las rodillas. La figura masculina se representa con panoplia militar, contrastando con la ausencia de estos elementos en los ejemplares castreños. La invisibilidad del elemento marcial en este caso podría explicarse, al menos, de dos formas: bien representan a deidades o bien materializan un contexto religioso en el que las armas carecen de importancia frente a los elementos simbólicos propios de los guerreros de piedra. Mientras el recinto asociado a las imágenes de Vix-Les Herbues se ubica en un cementerio hallstático, las sedentes de Xinzo fueron localizas dentro un recinto sobre una estructura de tablas de maderas, en un terreno fangoso junto al cauce del río Limia. Esta ubicación cobra especial relevancia si tenemos en cuenta no solo la importancia de los cursos de agua como vías de acceso al Más Allá –en ausencia de espacios formalizados para enterrar a los muertos–, sino también la significación que tuvo concretamente este río entre las comunidades castreñas.

La alusión de Estrabón al río *Lethes* (actual Limia) ha sido interpretada por García Quintela (1999) como una evidencia de la existencia entre estas comunidades de una topografía ultramundana en la que el mundo de los vivos estaba separado del mundo de los muertos por un rio asimilable al *Lethes* griego. Para este autor, la interpretación del relato estraboniano en el contexto general de la Céltica europea –más concretamente, de los relatos de guerreros en un Más Allá cuyas puertas tienen el nombre de *Letavia* (asimilable al *Lethes*)–, permite plantear que «Estrabón historiza en su Geografía la versión indígena de un relato semejante» (García Quintela 1999: 155). De esta forma, el río Limia parece que fue considerado un lugar privilegiado de contacto con el Más Allá. Un territorio al que acuden guerreros con todo su equipo para no regresar. Su profunda significación y su pervivencia en el tiempo vuelve a quedar patente en la historia trasmitida por autores como Livio (Per. 55), en la que se narra cómo en la expedición de Décimo Julio Bruto (137 a.C.) los soldados romanos se negaban a cruzar el río Limia por temor a perder la memoria. En este sentido, la asociación de las dos estatuas sedentes con este río, podría revelar una iconografía con significación religiosa vinculada a las aguas y su papel con el mundo funerario y los procesos de heroización reflejados en la diadema de Moñes.

La estatua de Predrafita y, más concretamente, el trisquel representado en su cara posterior– permite establecer otra conexión material con implicaciones interpretativas relevantes (fig. 4.9). Sintomáticamente, este símbolo también se representa detrás de algunos de los guerreros de piedra. Esta relación plantea importantes cuestiones, aunque todas de difícil resolución. ¿Por qué, en ambos casos, se elige esa posición tan poco privilegiada visualmente? Quizás porque este símbolo funciona al margen de su exposición a una audiencia, procurando protección o algún otro tipo de poder o valor que no necesita ser expuesto directamente. En realidad, se representa en la cara posterior del respaldo, no en el cuerpo del individuo sedente. Es decir, el poder o valor del símbolo es consustancial al asiento (¿trono?) y al hecho de sentarse en él (¿entronizarse?). Si se asume que los dos tipos de estatuarias, sedentes y estantes, remiten a un mismo tipo de individuo, y que en el primer caso el símbolo aparece en el asiento y en la segunda sobre el cuerpo del guerrero, entonces se puede plantear que ambas estatuarias representan fases de un mismo proceso (entronización o heroización). Mientras el sentido iconográfico de los guerreros de piedra se centra en mostrar, además de sus símbolos, su panoplia, su ausencia en las sedentes (anulación de la dimensión marcial) nos indica que el elemento primordial, además de la simbología compartida con los guerreros estantes, es el acto mismo de estar sentado (entronizado).

Figura 4.9. La estatua sedente de Pedrafita, Ourense (fotografías: musarqourense)

La extensión del análisis a otras formas materiales donde aparece esta simbología nos ayuda a obtener una imagen más clara del significado de esta estatuaria. Nos referimos a las saunas rituales y, más concretamente, a sus *pedras formosas* (fig. 4.10). Estos edificios se sitúan extramuros, en las laderas o fondos de laderas. Se trata de una arquitectura semi-hipogea que necesita una fuente cercana de agua a la que estar conectada. En su interior, un gran ortostato decorado (*pedras formosas*), con una pequeña abertura, crea una división física, sinestésica y simbólica. El paso a través de esta apertura implica cruzar un umbral, realizando un movimiento muy concreto. Las implicaciones liminales que se derivan de esta acción no son solo evidentes en el plano físico, sino que además están intensificadas por un conjunto de sensaciones corporales: se pasa de la luz a la oscuridad, del frío a al calor, de lo seco a lo húmedo o viceversa. Incluso otros cambios, por ejemplo, a nivel olfativo (el sudor y las grasas) o a nivel auditivo (resonancias internas) pudieron jugar un papel clave (Rodríguez-Corral 2012: 94-95). En cualquier caso, justo en este umbral de somatización (privación o alteración sinestésica) están presentes nuevamente la misma simbología documentada en los guerreros de piedra y la sedente de Pedrafita. En la *pedra formosa*, el símbolo también se asocia a los patrones geométricos que decoran la vestimenta de los guerreros y algunos torques. Se puede plantear, por tanto, que dentro de esta estructura semi-hipogea, en la que está presente el agua del río o arroyo, se llevara a cabo un proceso de transformación (ritual de paso) de los individuos. El momento clave del ritual acontecería al atravesar la *pedra formosa* y acceder a la cámara caliente. Aunque no podemos conocer las implicaciones exactas detrás de este proceso, sí podemos plantear que en el momento en que la persona cruza el umbral su cuerpo se transforma y se 'viste' con los símbolos de los guerreros, adquiriendo protección, poder o algún otro tipo de valor inherentes a esa simbología.

Figura 4.10. Sauna castreña con piedra formosa del castro de Briteiros, Guimarães

En los tres contextos que hemos abordado, el símbolo no ocupa una posición que privilegie abiertamente su exhibición, documentándose en las caras posteriores de las estatuarías y en el interior de las saunas rituales. Sin embargo, como contrapunto, esta simbología, junto a los patrones decorativos presentes en *pedras formosas* y vestimenta de los guerreros, sí se exhibe abiertamente en los muros de algunas construcciones, en el interior asentamientos castreños. El sentido que se le puede conceder a su presencia en este contexto se ha relacionado con el prestigio o la protección de esos espacios. Pero, en cualquier caso, su presencia estaría marcando una clara diferencia entre estas construcciones que comparten una simbología asociada a tronos, *pedras formosas* y guerreros de piedra y el resto de edificaciones con muros 'simbólicamente' silenciados.

Retomando el sentido de las estatuas sedentes, solo conocemos el contexto general de tres ejemplares. Por un lado, las dos de Xinzo, asociadas a un recinto sobre un terreno fangoso junto al río *Lethes*, con claras implicaciones como lugar privilegiado de acceso al Otromundo. Por otro lado, el ejemplar de Lanhoso, hallado en la ladera de un castro en el curso de una intervención. Esta localización guarda estrecha relación con la ubicación extramuros que ocupan las saunas rituales con *pedra formosa*. Por tanto, es posible que su ubicación no sea mera coincidencia: el trono de la estatua de Pedrafita comparte simbología con estas edificaciones. A los baños asociados a estas saunas rituales parece referirse Estrabón (3.3.6) cuando afirma que «algunos que habitan junto al río Duero viven como espartanos, ungiéndose dos veces con grasas y bañándose de sudor obtenido con piedras candentes, bañándose en agua fría». Su función podría sumar diversos sentidos, pero parece más lógico relacionarlos, como señala Almagro y Álvarez-Sanchís, con la idea de rito de paso o de nacimiento dado el carácter ctónico de estos monumentos y el significado de punto de paso al Más Allá que representaba el agua (1993: 36).

En suma, tanto las asociaciones de las sedentes con ríos como el *Lethes*, así como con estatuas de guerrero sobre rocas, *pedras formosas* y, por extensión, rituales vinculados con las aguas, permiten plantear que esta estatuaria sedente formó parte de una compleja estructura simbólica, ritual e ideológica deslocalizada y distribuida en el paisaje –a diferencia de lo que ocurre en los otros casos–, con espacios sagrados formalizados y delimitados. Dentro de esta estructura, estas estatuas parecen asociarse a contextos liminales y acuáticos, sin elementos marciales, pero sancionados por simbologías persistentes y propias de los guerreros. Esto permite pensar que materializan una dimensión del guerrero entronizado, antepasado heroizado o una fase de la divinización o heroización vinculada a escatologías que imaginan el contexto acuático como puerta al Allende, tal y como se plasma en las escenas de Moñes.

7. ICONOCLASIA

En este texto, hemos abordado diferentes iconografías de la protohistoria europea asociadas a posibles contextos de ancestralidad y heroización. Su importancia no solo religiosa, sino también ideológica y política, se confirma en todos los casos a través de dos hechos. En primer lugar, el origen y consolidación de estos cultos tienen lugar en contextos de complejización social y ansiedad social: urbanización, sinecismo, conquista, colonización, presencia de agentes foráneos, etc. En estos contextos de restructuración o cambio, los ancestros y héroes –reales, imaginarios o mitificados– intensifican su rol en la lucha por mantener cohesionada la comunidad (Haeussler 2012; Rodríguez-Corral 2018). En segundo lugar, el fin de estos espacios parece asociarse a eventos de destrucción intencionada, que en la mayoría de los casos se puede definir como sistemática y violenta. Su función ideológica y política convirtió estos lugares en el blanco de prácticas de destrucción, cuando las estructuras políticas imperantes colapsaron, fueron subvertidas o simplemente aniquiladas por agentes externos.

En Glauberg, las estatuas fueron ocultadas o destruidas. La aparición de tres de ellas completamente fragmentadas así parecen indicarlo. El cuarto ejemplar se encontró desplazado en un lugar que, según Herrmann (2002), permite pensar en un enterramiento intencional. La estatua de Hirschlanden fue hallada boca abajo en el sector norte, fuera del muro perimetral que rodea el túmulo. Si su lugar original fuese, tal como se plantea, la parte alta del túmulo, tendríamos nuevamente un ejemplo de desplazamiento fuera del área funeraria. Sin embargo, el modo en que fue hallada –boca abajo y junto al muro–, no impide que se trate de su posición original, desempeñado una función protectora del perímetro. Más claro parece el caso de Vix-Les Herbues. Su destrucción, a finales de la primera mitad del siglo V a.C., fue violenta. Las dos estatuas aparecieron desplazadas y muy fracturadas. Su destrucción coincide con la pérdida de la posición dominante de Mont Lassois.

Los santuarios del sur de Francia parecen cumplir el mismo patrón. En Roquepertuse, hasta finales de la primera mitad del siglo III a.C., se constata una acumulación de formas materiales del pasado. No se abandonan o se sustituyen iconografías viejas por nuevas, sino que se atesoran en el santuario monumental. Sin embargo, el pórtico y demás elementos no debieron durar más de dos generaciones al ser destruidos completamente en torno a mediados de ese siglo (Chaume y Reinhard 2003: 260). La fragmentación de la estatuaria no deja lugar a dudas. Los cuerpos troceados fueron reutilizados como mero material de construcción de nuevos suelos y edificios. No se han podido documentar ninguna de las cabezas, lo que revela prácticas específicas de selección y eliminación de estas partes del cuerpo. La estructura del pórtico también fue derribada y las reliquias cráneos y cabezas quedaron atrapadas bajo el peso de los pilares caídos. Un siglo después, las estatuas de guerreros de Entremont corren la misma suerte: son decapitadas, destruidas y reutilizadas como material de construcción. Estas prácticas parecen revelar actos deliberados que buscan borrar cualquier vínculo del pasado en el contexto de conquista, como posible castigo a lideres antirromanos de los Saluvii (Armit 2012: 190-91).

Una situación similar se repite con las estructuras e iconografías del noroeste de Iberia, aunque en este caso a través de un proceso más prolongado donde se detectan diferentes reacciones (Rodríguez-Corral 2013). En el siglo I d.C., en castros como Santa Tecla o Cividade de Ancora, parte de los símbolos materiales quedan ocultos por nuevas construcciones, lo que indica que han perdido su valor. Algunos guerreros se recuperan en la ladera de los asentamientos, lo que se puede interpretar como consecuencia de su caída desde los muros y rocas. Otros se desmantelan, como ocurrió en el *oppidum* de Sanfins. La estatua se arrancó de la roca donde se ubicaba y fue trasladada, junto a dos aras anepígrafas, al interior de una estructura en lo alto del castro. Esta acción revela que, por entonces, ya no cumplía su función en asociación con murallas y rocas. Muchos de los guerreros de piedra pierden la cabeza. Esta circunstancia se pueda explicar simplemente por el desplome desde posiciones elevadas. Sin embargo, el caso de las estatuas sedentes, por sus características –compactas y pegadas al suelo–, permite plantear la posibilidad de una destrucción intencionada. Otros ejemplares, en concreto cinco guerreros de piedra, fueron reutilizados, añadiéndoles inscripciones romanas. Este fenómeno ha sido definido como prácticas retro-ideológicas (Rodríguez-Corral 2012) reflejo de una resistencia de las comunidades castreñas, ya integradas en el sistema provincial romano, a perder sus genealogías y conexiones con el pasado. Solo a finales del siglo I d.C. y principios del siglo II d.C. constatamos que esta estatuaria ha perdido todo su valor y es reutilizada como material para construcción.

BIBLIOGRAFÍA

ALARCÃO, J. (2003): «As estátuas de guerreiros galaicos como representações de príncipes no contexto daorganização político-administrativa do noroeste préflaviano», *Madrider Mitteilungen* 44: 67-86.

ALDHOUSE-GREEN, M. (1997): *Exploring the World of the Druids*. London, Thames & Hudson.

ALDHOUSE-GREEN, M. (2004): *An Archaeology of Images: Iconography and Cosmology in Iron Age and Roman Europe*. New York, Routledge.

ALDHOUSE-GREEN, M. y ALDHOUSE-GREEN, S. (2005): *The Quest for the Shaman: Shape-Shifters, Sorcerers, and Spirit-Healers of Ancient Europe*. London, Thames & Hudson.

ALFAYÉ VILLA, S. (2004) «Rituales de aniquilación del enemigo en la 'estela de Binéfar' (Tamarite de la Litera, Huesca)», en L. Hernández y J. Alvar (eds.), *Jerarquías religiosas y control social en el mundo antiguo*: 77-96. Valladolid, Universidad de Valladolid.

ALFAYÉ VILLA, S. (2009a): *Santuarios y rituales en la Hispania Céltica*. Oxford, Archaeopress.

ALFAYÉ VILLA, S. (2009b): «Imaginando allendes: escatología y ritual en la Céltica peninsular» en E. Ferrer Albelda, F. Lozano Gómez y J. Mazuelos Pérez (eds.), *Salvación, infierno, olvido escatología en el mundo antiguo. Spal Monografías* 14: 107-138. Sevilla, Universidad de Sevilla.

ALMAGRO-GORBEA, M. y ÁLVAREZ-SANCHÍS, J. R. (1993): «La sauna de Ulaca: saunas y baños iniciáticos en el mundo céltico», *Cuadernos de Arqueología de la Universidad de Navarra* 1: 177-253.

ALMAGRO-GORBEA, M. y LORRIO, A. J. (1989): «Representaciones humanas en el arte céltico de la península Ibérica», en *Actas II Symposium de Arqueología Soriana*: 409-451. Soria, Diputación Provincial de Soria.

ANTONACCIO, C. M. (1995): *An Archaeology of Ancestors, Tomb and Hero-Cult in Early Greece*. Lanham, Rowman & Littlefield Publisher.

ARCELIN, P. (2004): «Entremont et la sculpture du second Âge du Fer en Provence». *Documents d'Archéologie Méridionale* 27: 71-84.

ARCELIN, P.; DEDET, B. y SCHWALLER, M. (1992): «Espaces public, espaces religieux protohistoriques en Gaule méridionale», *Documents d'Archéologie Méridionale* 15: 181-248.

ARCELIN, P. y RAPIN, A. (2003): «L'iconographie anthropomorphe de l'Âge du Fer en Gaule Méditerranéenne», en O. Büchsenschütz, A. Bulard, M. B. Chardenoux, y N. Ginoux (eds.), *Décors, images et signes de l'âge du Fer européen, XXVIe colloque de l'AFEAF, thème spécialisé*: 49-62. Tours, Fédération pour l'édition de la Revue archéologique du Centre de la France.

ARCELIN, P. y CONGÈS, G. (2004): «La sculpture protohistorique de Provence dans le Midi Gaulois», *Documents d'Archéologie Méridionale* 27: 10-12.

ARMIT, I. (2010): «Porticos, pillars and severed heads: the display and curation of human remains in the southern French Iron Age», en K. Rebay-Salisbury y M. L. Stig Sørensen (eds.), *Body parts and bodies whole*: 88-99. Oxford, Oxbow.

ARMIT, I. (2012): *Headhunting and the Body in Iron Age Europe*. Cambridge, Cambridge University Press.

ARMIT, I. y GRANT, P. (2008): «Gesture politics and the art of ambiguity: the Iron Age statue from Hirschlanden», *Antiquity* 82: 409-422.

BAITINGER, H. (2010): *Der Glauberg – ein Fürstensitz der Späthallstatt-/Frühlatènezeit in Hessen*. Wiesbaden, Landesamt für Denkmalpflege Hessen.

BAITINGER, H. y PINSKER, B. (2002): *Das Rätsel der Kelten vom Glauberg. Glaube, Mythos, Wirklichkeit. Katalog zur Ausstellung in der Schirn*. Stuttgart, Konrad Theiss Verlag.

BARBET, A. (1992): «Polychromie des nouvelles sculptures préromaines de Nîmes», *Documents d'Archéologie Méridionale* 15: 96-102.

BEAZLEY, J. D. (1947): *Etruscan vase-painting*. Oxford, Clarendon Press.

BELL, C. M. (1992): *Ritual Theory, Ritual Practice*. New York, Oxford University Press.

BENOÎT, F. (1955): «Le sanctuaire aux 'esprits' d'Entremont», *Cahiers Ligures de Préhistoire et d'Archéologie* 4: 38-69.

BETTENCOURT, A. M. S. y CARVALHO, H. P. A. de (1993-1994): «Estátua sedente de guerreiro galaico da região de Braga», *Cadernos de Arqueologia* (Série II) 10-11: 279-291.

BIEL, J. (1981): «The late Hallstatt chieftain's grave at Hochdorf», *Antiquity* 55: 16-18.

BOISSINOT, P. (2003): «Notice 7: Velaux (Bouches-du-Rhône)», en P. Arcelin, y J. L. Brunaux (eds.), *Cultes et sanctuaires en France à l'Âge du Fer. Gallia* 60: 238-241.

BOISSINOT, P. (2004): «Usage et circulation des éléments lapidaire de Roquepertuse», *Documents d'Archéologie Méridionale* 27: 49-62.

BOIVIN, N. (2009): *Material Cultures, Material Minds: the Impact of Things on Human Thought, Society, and Evolution.* Cambridge, Cambridge University Press.

BRADLEY, R. (1998): «Invisible Warriors: Galician weapon carving in their Iberian context», en R. Fábregas Valcarce (ed.) *A Idade do Bronce en Galicia: novas perspectiva*: 243-258. Sada, Edicións do Castro.

BRUNAUX, J. (2004): *Guerre et religion en Gaule. Essai d'anthropologie celtique.* Paris, Errance.

CALO LOURIDO, F. (1994): *A plástica da cultura castrexa galego-portuguesa.* A Coruña, Fundación Barrié.

CARR, G. y KNÜSEL, C. (1997): «The ritual framework of excarnation by exposure as the mortuary practice of the Early and Middle Iron Ages of Central Southern Britain», en A. Gwilt, y C. Haselgrove (eds.), *Reconstructing Iron Age societies*: 167-173. Oxford, Oxbow.

GARCÍA Y BELLIDO, A. (1943): *La Dama de Elche y el conjunto de piezas arqueológicas reingresadas a España en 1941.* Madrid, Instituto Diego Velázquez.

GARCÍA VUELTA, O. (2007): *Orfebrería Castreña.* Madrid, Museo Arqueológico Nacional.

GONZÁLEZ-RUIBAL, A. (2004): «Artistic expression and material culture in celtic Gallaecia», *E-Keltoi* 6: 1-38.

CHAUME, B. (2001): *Vix et son territoire à l'Age du Fer.* Montagnac, Monique Mergoil.

CHAUME, B. y REINHARDT, W. (2011): «Les statues du sanctuaire de Vix/ Les Herbues dans le contexte de la statuaire anthropomorphe hallstattienne», *Documents d'archéologie méridionale* 34: 293310.

CHAUME, B.; OLIVIER, L. y REINHARD, W. (1995): «Das keltische Heiligtum von Vix», en A. Haffner (eds.) *Heiligtümer und Opferkulte der Kelten*: 43-50. Stuttgart, Konrad Theiss Verlag.

CHAUME, B.; MIESZERY, N. y REINHARD, W. (2011): «La partie médiane et la façade à antes du grand bâtiment absidial», en B. Chaume y C. Mordant (eds.), *Le complexe aristocratique de Vix. Nouvelles recherches sur l'habitat, le système de fortification et l'environnement du mont Lassois.* 2: 430-478. Dijon, Editions Universitaires de Dijon.

COIGNARD, R. y COIGNARD, O. (1991): «L'assemble lapidaire de Roquepertuse: nouvelle approche», *Documents d'Archéologie Méridionale* 14: 27-42.

DE COPPET, D. (1985): «...Land owns people», en R. H. Barnes, D. De Coppet y R. J. Parkin (eds.), *Contexts and levels: Anthropological essays on hierarchy*: 78-90. Oxford, JASO.

FERNÁNDEZ-GÖTZ, M. (2016): «The power of the past: Ancestral cult and collective memory in the Central European Iron Age», en V. Sîrbu, M. Jevtić, K. Dmitrović y M. Ljuština (eds.), *Funerary practices during the bronze and iron ages in central and southeast Europe*: 165-178. Belgrade, University of Belgrade.

FERRO COUSELO, J. (1972): «Estatuas sedentes y una columna miliaria de Xinzo de Limia», *Boletín Auriense* 2: 301-302.

FREY, O.-H. (1998): «The stone knight, the sphinx and the hare: new aspects of early figural Celtic art», *Proceedings of the Prehistoric Society* 64: 1-14.

FREY, O.-H. y HERRMANN, F. (1997): «Ein frühkeltischer Fürstengrabhügel am Glauberg im Wetteraukreis, Hessen», *Germania* 75: 459-550.

GARCÍA, D. (2004): *La Celtique méditerranéenne.* Paris, Errance.

GARCÍA QUINTELA, M. (1999): «Las puertas del Infierno y el Río del Olvido», en J. C. Bermejo Barrera (ed.), *Mitología y mitos de la Hispania prerromana* 3: 158-169. Madrid, Akal.

GERRITSEN, F. (2003): *Local identities. Landscape and community in the late prehistoric Meuse-Demer-Scheldt region.* Amsterdam, Amsterdam University Press.

GILLINGS, M. y POLLARD, J. (1999): «Non-Portable Stone Artifacts and Contexts of Meaning: The Tale of Grey Wether», *World Archaeology* 31, 2: 179-193.

GOLDSTEIN, L. G. (1976): *Spatial Structure and Social Organization: Regional Manifestations of Mississippian Society* (Tesis doctoral). Evanston, Northwestern University.

GOSDEN, C. (2005): «Aesthetics, Intelligence and Emotions», en E. De Marrais, C. Renfrew y Ch. Gosden (eds.), *Rethinking Materiality: Engagement of Mind with Material World*: 33-40. Cambridge, Cambridge University Press.

GOWLAND, R. (2004): «The Social Identity of Health in Late Roman Britain», en B. Croxford, B. Eckardt, H. Meade y J. Weekes (eds.), *TRAC 2003: Proceedings of the Thirteenth Annual Theoretical Roman Archaeology Conference*: 135-146. Oxford, Oxbow.

HAEUSSLER, R. (2010): «From tomb to temple: on the rôle of hero cults in local religions in Gaul and Britain in the Iron Age and the Roman period», en J. A. Arenas-Esteban (ed.), *Celtic Religion across Space and Time: IX Workshop F.E.R.C.AN: Fontes Epigraphici Religionum Celticarum Antiquarum*: 249-264. Toledo, Junta de Comunidades de Castilla-La Mancha.

HAEUSSLER, R. (2012): «Hero Cults between Iron Age and Principate», en P. Anreiter, E. Bánffy, L. Bartosiewicz, W. Meid y C. Metzner-Nebelsick (eds.), *Archaeological, Cultural and Linguistic Heritage: Festschrift for Erzsébet Jerem in Honour of Her 70th Birthday*: 249-264. Budapest, Archaeolingua.

HAMILTON, S.; SEAGER, M. y WHITEHOUSE, R. (2011): «Say it with stone: constructing with stones on Easter Island», *World Archaeology* 43, 2: 167-90.

HERRMANN, F. (2002): «Fürstensitz, Fürstengräber und Heiligtum», en H. Baitinger y B. Pinsker (eds.) *Das Rätsel der Kelten vom Glauberg: Glaube, Mythos, Wirklichkeit*: 90-107. Stuttgart, Konrad Theiss Verlag.

HERRMANN, F. R. (2005): «Glauberg-Olympia des Nordens oder unvollendete Siedlung?», en J. Biel, y D. Krausse (eds.), *Frühkeltische Fürstensitze: Älteste Städte und Herrschaftszentren nördlich der Alpen?*: 18-27. Stuttgart, Landesamt für Denkmalpflege.

HOSKINS, J. (1998): *Biographical Objects: How Things Tell the Stories of People's Lives*. New York, Routledge.

JONES, A. (2003): «Review: Art and Contestation: theoretical perspectives in Rock Art» *Norwegian Archaeological Review* 36: 11-12.

KLAUSMANN, R. (2018): «Zur Auffindung der Glaubergstatuen», en U. Recker, y V. Rupp (eds.), *Die Fürstengräber vom Glauberg: Bergung, Restaurierung, Textilforschung*: 71-73. Wiesbaden, Landesamt für Denkmalpflege.

KRAUSSE, D. (1999): «Der 'Keltenfürst' von Hochdorf: Dorfältester oder Sakralkönig?», *Archäologisches Korrespondenzblatt* 29: 339-358.

KUPER, H. (1947): *An African society: rank among the Swazi*. Oxford, Oxford University Press.

LALLY, M. (2008): «Bodies of difference in Iron Age southern England», en O.P. Davis, N.M. Sharples y K.E. Waddington (eds.), *Changing perspectives on the first Millenium B.C.*: 119-138. Oxford, Oxbow.

LESCURE, B. (2004): «La statuaire de Roquepertuse et ses nouveaux indices d'interprétation à l'issue des fouilles récentes», *Documents d'Archéologie Méridionale* 27: 45-47.

LLANOS, A. (2007): *Mil años de vida en el poblado berón de La Hoya, Laguardia-Alava*. Vitoria-Gasteiz, Diputación Foral de Álava.

LÓPEZ CUEVILLAS, F. (1951): *Las joyas castreñas (Anejos de Archivo Español de Arqueología, 1)*. Madrid, Consejo Superior de Investigaciones Científicas.

LÓPEZ MONTEAGUDO, L. (1977): «La diadema de San Martín de Oscos», en *Homenaje a García y Bellido III. Revista de la Universidad Complutense*: 99-108.

LUIS, M. L. (1997): «O sedente de Pedrafita», *Boletín Auriense* 25: 37-50.

MADGWICK, R. (2008): «Patterns in the modification of animal and human bones in Iron Age Wessex: revisiting the excarnation debate», en O. P. Davis, N. M. Sharples y K. E. Waddington (eds.), *Changing perspectives on the first Millenium B.C.*: 99-118. Oxford, Oxbow.

MALAFOURIS, L. (2013): *How Things Shape the Mind: A Theory of Material Engagement*. Cambridge, MIT Press.

MALUQUER DE MOTES, J. (1954): «Los pueblos de la España céltica», en R. Menéndez Pidal (ed.), *Historia de España* 1. Madrid, Espasa Calpe.

MARCO, F. (1994): «Heroización y tránsito acuático. Sobre las diademas de Mones (Piloña, Asturias)», en J. Alvar y J. Mangas (eds.), *Homenaje a José María Blázquez*, II: 319-348. Madrid, Ediciones Clásicas.

MARCO, F. (2008): «Images of transition: the ways of death in Celtic Hispania», *Proceedings of the Pre-historic Society* 74: 53-68.

MEGAW, V. (1970): *Art of the European Iron Age: A Study of the Elusive Image*. Bath, Adams and Dart.

MEGAW, V. (2003): «Celtic foot(less) soldiers? an iconographic note», *Gladius* 23: 61-70.

MEGAW, R. y MEGAW, V. (2001): *Celtic Art: From its Beginnings to the Book of Kells*. New York, Thames & Hudson.

MORRIS, I. (1991): «The archaeology of ancestors: the Saxe/Goldstein hypothesis revisited», *Cambridge Archaeological Journal* 1, 2: 147-169.

MOSER, C. y FELDMAN, C. (2013): *Locating the Sacred: Theoretical Approaches to the Emplacement of Religion*. Oxford, Oxbow / Joukowsky Institute Publication.

PARKER PEARSON, M. y RAMILISONINA, M. (1998): «Stonehenge for the Ancestors: The Stones Pass on the Message», *Antiquity* 72: 308-326.

PICARD, C. H. (1955): «Le diadème d'or de Vix: pavots et Pégases», *Revue Archéologique* 45: 49-53.

POSLUSCHNY, A. y BEUSING, R. (2019): «Space as the Stage: Understanding the Sacred Landscape Around the Early Celtic Hillfort of the Glauberg», *Open Archaeology* 5: 365-382.

REINHARD, W. y CHAUME, B. (2003): «*Les statues de Vix: images héroïsées de l'aristocratie hallstattienne*», *Madrider Mitteilungen* 44: 249-268.

RENFREW, C. (2001): «Symbol before concept, material engagement and the early development of society», en I. Hodder (ed.), *Archaeological Theory Today*: 122-140. Cambridge, Polity Press.

ROBB, J. (2007): «Burial treatment as transformations of bodily ideology», en N. Laneri (ed.), *Performing Death Social Analyses of Funerary: Traditions in the ancient near east and Mediterranean*: 297-288. Chicago, Chicago University Press.

RODRÍGUEZ-CORRAL, J. (2009): *A Galicia Castrexa*. Santiago de Compostela, Lostrego.

RODRÍGUEZ-CORRAL, J. (2012): «Las imágenes como un modo de acción: las estatuas de guerreros castreños», *Archivo Español de Arqueología* 85: 79-100.

RODRÍGUEZ-CORRAL, J. (2013): «The empowerment of Imagery: stone warriors in the borders», *Cambridge Archaeological Journal* 23, 2: 283-306.

RODRÍGUEZ-CORRAL, J. (2018): «Hillforts, rocks and warriors: breaking boundaries with the past, building boundaries with the present», *Documenta Praehistorica* 45: 154-164.

RODRÍGUEZ-CORRAL, J. y FERRER ALBELDA, E. (2018) «Teoría e Interpretación en la Arqueología de la Muerte», *Spal* 27, 2: 89-123.

ROTH-COGÈS, A. (2004): «Le contexte archéologique de la statuaire de *Glanon* (Saint-Rémy-de-Provence, Bouches- du-Rhône)», *Documents d'Archéologie Méridionale* 27: 23-43.

SALINAS DE FRÍAS, M. (2010): «Sobre algunas especies animales en el contexto de las religiones prerromanas de Hispania», *Paleohispanica* 10: 611-628.

SALVIAT, F. (1976): «Statues féminines à Entremont», *Revue Archéologique de Narbonnaise* 9: 89-104.

SALVIAT, F. (1993): «La sculpture d'Entremont», en D. Coutagne (ed.), *Archéologie d'Entremont au Musée Granet*: 165-239. Aix-en-Provence, Association des Amis de Musée Granet.

SHEILS, D. (1975): «Toward a unified theory of ancestor worship: a cross-cultural study», *Social Forces* 52, 2: 427-440.

SILVA, A. C. F. DA (1986): *A Cultura Castreja do No-roeste de Portugal*. Paços de Ferreira, Museu Arqueológico da Citania de Sanfins.

SILVA, A. C. F. DA (2003): «Expressôes guerreiras dasociedades castreja», *Madrider Mitteilungen* 44: 33-40.

SOPEÑA, G. y RAMÓN, V. (2002): «Claudio Eliano y el ritual descarnatorio en Celtiberia. Reflexiones críticas a propósito de *Sobre la naturaleza de los animales*», *Palaeohispanica* 2: 227-269.

STÖLLNER, TH. (2014): «Between ruling ideology and ancestor worship», en Ch. Gosden, S. Crawford y K. Ulmschneider (eds.), *Celtic Art in Europe: making connections*: 129-146. Oxford, Oxbow.

VALERI, V. (1990): «Constitutive history: genealogy and narrative in the legitimation of Hawaiian kingship», en E. Ohnuki-Tierney (ed.), *Culture through time: anthropological approaches*: 154-192. Stanford, Stanford University Press.

TAPSELL, P. (2000): *Pūkaki: A Comet Returns*. Auckland, Reed.

TEIXEIRA, C. (1940): «Notas arqueológicas sôbre o castro de Lanhoso», *Trabalhos de Antropologia e Etnologia* 9, 1: 5-14.

TRANOY, A. (1988): «Du héros au chef, l'image duguerrier dans les sociétés indigènes du le nord-ouest de la péninsule ibérique (IIe s. avant J.-C.–Ier s. après J.-C.)», en K. Gruel (ed.), *Le monde des images en Gaule et dans les provinces voisines*: 219-227. Paris, Errance.

VÁZQUEZ VARELA, J. (2000): «Significados y funciones de los grabados rupestres prehistóricos de armas metálicas en el Noroeste de la península Ibérica», *Cuadernos de Estudios Gallegos* 47: 9-25.

WAIT, G. A. (1985): *Ritual and Religion in Iron Age Britain*. Oxford, Archaeopress.

WHITLEY, J. (2002): «Too Many Ancestors», *Antiquity* 76: 119-126.

WILLIAMS, H. (2006): *Death and Memory in Early Medieval Britain*. Cambridge, Cambridge University Press.

ZÜRN, H. (1964): «An anthropomorphic Hallstatt stele from Germany», *Antiquity* 38: 224-226.

APOTEOSIS AFORTUNADA. EL EJEMPLO TIMOLEONTEO COMO RECORRIDO EVOLUTIVO DEL HÉROE GRIEGO DEL ARCAÍSMO AL HELENISMO

Víctor Sánchez Domínguez

Universidad de Sevilla

1. INTRODUCCIÓN

La realidad heroica es un fenómeno antropológico que ha venido acompañando a la humanidad desde sus orígenes. La visión clásica ofrecida por Campbell en el siglo pasado nos muestra una definición general del héroe basada en las hazañas que acomete. Así, «el héroe inicia su aventura desde el mundo de todos los días hacia una región de prodigios sobrenaturales, se enfrenta a fuerzas fabulosas y gana una victoria decisiva; el héroe regresa de su aventura con la fuerza de otorgar dones a sus hermanos» (Campbell 1959: 35). La vinculación que este autor hace entre la misión del héroe y su relación con la evolución del individuo, siendo el primero el modelo a seguir y representando el segundo, para él, el camino de cómo realizarlo, lleva a vincular al héroe y sus misiones con los ritos de iniciación y paso comunes en todas las culturas, o como recoge este autor, «la aventura mitológica del héroe es la magnificación de la formula representada en los ritos de iniciación: separación-iniciación-retorno» (Campbell 1959: 35).

Este planteamiento centrado en el psicoanálisis jungiano del concepto de héroe es fácilmente aceptable, pues, como se puede apreciar en las diversas aportaciones que componen este volumen, desde el origen de nuestra cultura y en el marco del mundo mediterráneo, siempre han existido figuras de gran relevancia, reales y ficticias, que han ejercido una labor icónica y ejemplificadora del potencial humano, de su capacidad y del claro deseo de esta de vincularse con la divinidad y su naturaleza.

Sin embargo, pese a entender al héroe como una categoría general anclada en la psique del individuo, estas figuras heroicas han tenido una evolución vinculada a los cambios culturales de las sociedades que las han generado y venerado. Debido a ello, la percepción de qué es un héroe, así como el tratamiento que se le ha dado ha variado dependiendo del lugar, el tiempo y la mentalidad de la sociedad y, aunque no descartamos que la idea campbelliana de la pervivencia de la relación de modelado del héroe y el individuo siga grabada en el subconsciente colectivo, queremos recalcar su carácter mutable vinculado a los cambios en la sociedad.

Un ejemplo paradigmático lo tenemos dentro del mundo clásico, y más concretamente en la cultura helena, la cual ha sido uno de los principales focos de la concepción heroica en nuestra cultura occidental y ha incorporado incluso el vocablo griego como palabra definitoria. Hoy en día es impensable, pese a los siglos de distancia, que se diga la palabra héroe y no surja la imagen de Heracles o Teseo, pese a la profunda crisis de las Humanidades y su percepción. Sin embargo, cuando profundizamos en el estudio del héroe griego, afloran diferentes tipologías y clasificaciones, desde las más ortodoxas vinculadas a las fuentes clásicas a otras más centradas en los ritos asociados, los cultos o las funciones que en diferentes etapas han tenido los héroes[1], esta visión se escapa a la sociedad que no siempre entiende el termino héroe de la misma manera[2].

No obstante, el presente trabajo no tiene como objetivo principal realizar un estudio pormenorizado del héroe griego en una comparativa de las diferentes visiones, en nuestra opinión complementarias del mismo[3]. Esta aportación pretende mostrar cómo, en un momento en el que la realidad heroica parecía algo anacrónico, debido en gran medida a la lejanía de muchos de los principios que tiene la naturaleza de estos personajes y a la percepción que dan las fuentes, puede surgir de nuevo el concepto de héroe, recuperar sus valores, sus elementos intrínsecos y ser reutilizados hasta el fin último de la adoración y divinización del personaje. Se pretende pues analizar las características del héroe, hacer un breve repaso de su evolución a lo largo de las diferentes etapas de la historia helena y mostrar como a finales de la etapa clásica, en la periferia del mundo griego aún era posible crear nuevos héroes, nuevos objetos de culto, e incluso podría decirse que fue un fenómeno que poco tiempo después se vio como original e innovador en la Grecia continental cuando Alejandro Magno se erigió como héroe de carácter divino, resurgiendo la

---

1. Ejemplo de estas categorías podrían ser las de Farnell (1921: 19), en la que plantea siete tipos de héroes que van desde los consortes de los dioses y diosas, pasando por antiguos dioses, héroes épicos y epónimos hasta llegar a personajes heroizados, la de Brelich (1958), o las más recientes vinculadas a las característica del héroe, como es la de Kearns (1989). En esta destaca diferentes aspectos que definen al héroe (primero como objeto de culto por iniciativa individual en su carácter protector apotropaico, salutífero, guía y guardián de aquellos que se encomiendan a él/ella; segundo como héroes salvadores de la ciudad; tercero como héroes del *genos*, héroes que originan las tribus y los *demos* y, finalmente, aquellos que aparecen en la mitología), o la extensa clasificación de Ekroth (2006: 103-106), quien en su desarrollo pretende demostrar la multiplicidad de aspectos que tiene el término héroe, que engloba desde antiguos dioses que han sido asumidos como héroes, al culto de difuntos ilustres, pasando por toda una serie de realidades icónicas que conforman un elenco de seres semidivinos a los que los griegos ruegan por su ayuda. Más recientemente, la de López-Saco (2018), quien diferencia facetas del héroe: la divina ligada al culto y la humana ligada a las acciones y vinculada a la épica.

2. Un ejemplo lo tenemos en la comparativa de los valores heroicos de Heracles y su adaptación a una visión infantil e idealizada por la factoría Disney, cuyo análisis podemos ver en Burchfield (2013). En su obra compara tres modelos de héroe (un arquetipo campbelliano, un arquetipo épico basado en los héroes de la epopeya griega y un arquetipo basado en la tragedia) con la adaptación cinematográfica infantil analizando que elementos podría entenderse y cuáles no.

3. Sobre la complejidad del héroe griego desde una visión acumulativa en la que cada faceta del mismo enriquece su figura, seguimos la hipótesis de Brelich (1978: 191 y ss.) recogida recientemente en García (1992: 226), en la que se entiende al héroe griego no como una serie de individuos organizados en categorías similares a compartimentos estancos, si no como «una realidad compleja y orgánica» en la «que cuanto mayor es la documentación con respecto a un personaje heroico, éste aparece en posesión de mayor número de cualidades consideradas como características de los héroes».

divinización del líder que derivará en fenómenos como la apoteosis imperial de las que se hablará en otras aportaciones.

2. ¿QUÉ ES SER HÉROE EN GRECIA?

Como dijo Foucart a principios del siglo XX existen tres seres superiores a la humanidad en la mentalidad de la Grecia clásica, los dioses, los *démones* y los héroes, si bien los dos primeros son inmortales, los héroes conocen la muerte (Foucart 1922: 1). No obstante, esta visión está basada principalmente en textos como la definición que Platón da en el Cratilo (Plat. *Crat.* 396d-398e[4],) o en la descripción de Hesíodo (*Erg.*144-173), demasiado general que hasta el propio Foucart en su análisis matiza. Hoy en día entendemos que los griegos tenían distintas concepciones sobre esta realidad, una visión mucho más heterogénea (Ekroth 2006: 100).

Releyendo las fuentes, en época arcaica podemos encontrar la visión dada por Hesíodo, compartida en los poemas homéricos, en la que el héroe es una especie de raza creada por los dioses, mezcla entre lo humano lo divino. Para este autor, los héroes eran personas excepcionales que coparon los relatos épicos del imaginario griego y murieron ante las murallas de Tebas y Troya (Hesiod. *Erg.* 156-173). Sin embargo, no es esta la única visión de lo heroico; los textos han utilizado indiscriminadamente el apelativo héroe extendiéndolo desde los hijos de dioses y mortales (Plat. *Crat.* 396d-398e), hasta casi a todos y cada uno de los contemporáneos de esta generación semidivina a modo de colectivo[5]. Además, existen otras tipologías de héroes en estos momentos como nos recuerda Ekroth (2006: 101-102), quien hace especial hincapié en tres cosas: la heterogeneidad del término, la diferenciación entre los dioses y los héroes y la diferencia entre la muerte de los héroes y el resto de los mortales; se podría decir, citando el título de la obra de Campbell, que el héroe (en este caso el griego) es un ser de mil caras.

Sin embargo, algo que tienen en común todos los héroes del mundo griego es que son seres, como apuntaba Foucart, destinados a morir, y a morir de manera especial, muertes brutales y violentas como la de Orfeo, quien en la versión más conocida fue despedazado por las Ménades (Apol. I.3.2.; Ovid. *Metamorfosis* XI.1.85); auspiciadas por la divinidad, como la de Aquiles (Apol. *Epit.* 5.3; Hig. *Fab.* 36 y 107.1); muertes que consumen

---

4. Sobre el carácter del héroe como *hemitheoi* en Platón, *vid.* Motte (1999: 79-90). En ella se describe a los héroes como seres avocados a morir y vivir eternamente y los nacidos del amor, concretamente entre los dioses y los hombres.

5. Un análisis relevante en el uso del término héroe en Hesíodo y Homero es el planteado por López-Saco (2018), que difiere entre un héroe prehomérico, al que se le rinde culto en la edad del bronce, el héroe de época Homérica, el héroe al que se le rinde culto religioso que aparece según él de manera posterior, debido a lo enraizado de la concepción homérica y hesiódica y el uso coloquial del término héroe para referirse a personas que realizan grandes hazañas (López-Saco 2018: 161-162). El planteamiento genera una clasificación propia en este autor que podríamos incluir en las anteriormente citadas en la que intenta identificar todos aquellos que los poemas recogen (Lopez-Saco 2018: 160-161). Si bien este análisis es de sumo interés, los elementos de culto que diferentes autores han realizado, así como los restos arqueológicos (Antonacio 1994; Reboreda Morillo 1997) nos permiten relacionar el culto heroico de finales de la edad del bronce con el de edad arcaica, siendo este en nuestra opinión una continuidad y no una variante derivada de la influencia del relato de Homero y Hesíodo (*cfr.* López-Saco 2019: 171-172).

la naturaleza humana como la de Heracles (Apol. II.7.7., Hig. 102.1), inmolado en el Eta; o tocados por los dioses, como Capaneo y Anfiarao, que desaparecen del mundo sin dejar rastro en un dramático golpe de relámpago luchando frente a las puertas de Tebas (Esq. *Los siete*. 375 y ss., Eurp: *Fen.* 105 y ss.; Apol. III.6.8 Hig. *Fab.* 69 y 79, Ovi. *Met.* 427 y 515). Surgen así otros tipos de héroes y las heroínas, seres inocentes, o incluso niños que dan su vida por salvar una ciudad o una expedición militar, como Ifigenia, hija de Agamenón, como Ofeltes, el hijo del rey Licurgo de Nemea, que fue mordido por una serpiente (Apol. III.6.4.). Debido en parte a este sacrificio, a sus acciones en vida o a sus muertes trágicas, surge el otro elemento definitorio, el reconocimiento de la comunidad por medio del culto heroico.

Desde época micénica se ha detectado un culto especial a las grandes figuras (reyes, caudillos), como podemos observar en tumbas micénicas y lugares sacros como el *Menelaion* en Esparta, la tumba de Agamenon en Micenas o la cueva de las Ninfas en Ítaca, donde se rendía culto entre otros personajes a Odiseo[6]. Herencia de esta concepción es, para algunos autores (Reboreda Morillo 1997; Antonacio 1994), el culto heroico. Así, en el período arcaico tardío los griegos concebían a sus héroes legendarios no solamente como grandes hombres de un pasado glorioso[7], sino también como entidades sobrehumanas capaces de proteger a todo aquel que les tributase honores por medio de sacrificios, ofrendas y juegos (López Saco 2018: 158). Estos honores podían consistir en libaciones de agua, vino o sangre, banquetes y otros sacrificios[8]. Este culto podía ser algo espontáneo, derivado de la necesidad de los suplicantes, o bien podía estar institucionalizado como es el caso de los juegos nemeos en honor del joven Ofeltes (Apol. III.6.4; Hif. *Fab.* 74.2 y 273.6). En estos casos coincide que el héroe en cuestión representa a la comunidad, y los juegos, sacrificios y rituales que se hacen en su honor se convierten en un momento crucial en el que la comunidad estrecha sus lazos y recuerda sus raíces; es más, para autores como Ekroth, es esta dimensión comunitaria lo que diferencia al héroe y su culto de un difunto normal o un ancestro al que solo una familia rinde los honores propios de la condición del difunto (Ekroth 2002: 21).

---

6. La existencia de un culto heroico en época micénica es un tema controvertido, como ya apuntó Antonacio al analizar las diferentes posiciones al respecto (Antonacio 1994). Si bien es cierto que en los lugares señalados la autora identifica elementos cultuales propios de un culto de los ancestros que se vincula con figuras del imaginario homérico, la afirmación de un culto heroico en época micénica como tal queda en entredicho por autores como, por ejemplo, Goldstream (1976), quien localiza el origen del culto heroico en el siglo VII a.C., centrándose en una fijación del ritual.

7. En este punto debemos especificar, siguiendo la argumentación de García (1992: 224), que el héroe no vive en la realidad, sino en el mundo del mito, esa realidad creada por la sociedad de mentalidad mítico-religiosa como escenario preexistente del que surgen sus modos de vidas, costumbres y creencias, y en el que los dioses y héroes no solo tienen cabida, sino que habitan en él por ser este su espacio.

8. El sacrificio en el culto heroico ha sido un tema controvertido y abundantemente tratado debido al debate existente entre una visión tradicional en la que se ha defendido que el culto heroico se vinculaba a sacrificios de tipo ctónico al vincularlo a un sacrificio a un difunto, similar al culto a los ancestros (vid. García 1992: 235-241, con bibliografía al respecto), y una visión más moderna en la que, tras analizar diferentes fuentes, se puede decir que no hay necesariamente un sacrificio heroico diferenciado de lo que se ha llamado un sacrificio olímpico o a los dioses celestes, ya que se atestigua una documentación variada, tanto en el registro arqueológico como epigráfico, así como en las fuentes de una diversidad de ritos y elementos que no son exclusivos de unos u otros (Ekroth 2002).

Debido a esta definición tan heterogénea del término héroe, no es de extrañar que surjan las diferentes clasificaciones de las que hablamos con anterioridad y que también encontramos a lo largo de la historia helena superponiéndose diferentes tipologías de héroes, muy relacionadas con las de otras realidades geográficas que ya hemos visto.

Tenemos por tanto héroes que terminan siendo dioses, como Heracles o los Dioscuros, héroes épicos, como toda esta raza homérica de la que hemos hablado, héroes que no son más que víctimas, como Ofeltes. Incluso se heroiza a grandes figuras, como al poeta Homero o a Licurgo, el legislador espartano, por no hablar del carácter heroico de los ganadores de los grandes festivales deportivos.

Quisiera hacer un pequeño paréntesis para ilustrar este abanico tan variado con algunos otros ejemplos de héroes en el mundo griego. En lo referente al héroe de carácter demiurgo, hemos de decir que, a diferencia de otras regiones, el papel de creador queda reservado a los dioses o a entidades primordiales. Sin embargo, los dioses actúan en muchas ocasiones como héroes afrontando el caos como la adversidad que deben vencer para reordenar el mundo y generar el cosmos. Estos elementos de lucha de entidades divinas quedan presentes en la tradición literaria de Hesíodo donde se recoge la lucha entre los dioses Olímpicos, guiados por Zeus, y los Titanes (*Teog.* 616-725), o, en la obra de Pseudo Apolodoro, la Gigantomaquia, en las que el caos, personificado por los serpentiformes hijos de Gea, se resisten a desaparecer y aceptar el nuevo orden olímpico (Apol. I. 6.1-3).

No obstante, resulta curioso cómo en la Gigantomaquia es el héroe por antonomasia del mundo griego, Heracles, quien debe estar presente de manera atemporal en esta lucha para darle la victoria a los dioses del orden, asestando el golpe de gracia a cada gigante (Apol. I.6.1-2). En este momento no es el héroe hijo de Alcmena, sino el hijo de Zeus quien, al igual que el padre, vence a los titanes, se enfrenta al peligroso Alcioneo y ayuda a sus hermanos divinos a terminar con el resto de gigantes[9].

Así pues, vemos cómo el héroe, a través de este antecedente, es el encargado de generar el orden establecido, algo que podemos rastrear en otros ejemplos, como el del ciclo tebano, en el que Cadmo, guiado por los dioses, tras vencer al dragón (serpiente que representa el caos), siembra a los nuevos habitantes de su reino de los cuales proceden los principales linajes tebanos (Apol. III, 4, 1.). Este tipo de héroes vence al caos y con la ayuda de los dioses reestablecen el orden.

Este papel de garante del orden se adapta a mitos que tienen su origen en la edad más oscura de Grecia, en la que estos personajes son el germen de los antiguos linajes, los fundadores y organizadores de la nueva realidad que surge del arcaísmo, la *polis*. Evidentemente mitos como el de Cadmo, o como el de Peleo y los mirmidones, hunden sus raíces en un periodo previo al arcaísmo, pero la creencia de los linajes arraiga en este momento en que familias legitiman su preeminencia por su linaje, el cual se rastrea a los héroes fundadores.

---

9. En este mito de tradición más tardía se aprecian elementos que apuntan más al carácter divino del héroe que al carácter mortal, pues si bien la profecía recogida en Pseudo Apolodoro se centra en este punto, desde una perspectiva más amplia vemos la similitud con otro mito oriental donde el dios joven, portando una planta protectora, se enfrenta al caos que sus mayores han sido incapaces de vencer; nos referimos al mito de Marduk y Tiamat (*vid.* Graves 1997: 163).

Un claro ejemplo lo tenemos en el mundo de tradición dórica que genera una *koiné* doria derivada del mito de la vuelta de los hijos de Heracles, una teoría que hasta el siglo pasado coleaba a la hora de explicar el avance indoeuropeo en Grecia. Y si los dorios tenían a los Heráclidas, los jonios del ática, orgullosos de su autoctonía hasta el punto de que se defendía con ardor en la Atenas de Pericles, tenían como principal héroe, refundador y legislador, a Teseo, que liberó a Atenas de los monstruos que la acosaban, siendo el más conocido el minotauro de Creta, vástago horrendo de la reina Pasifae. Teseo aunaba diferentes intereses y tradiciones, e incluso mantenía el linaje de los erecteidas[10].

Estos héroes traían el orden y la civilización, incluso a veces de manera no violenta, como el caso de Triptolemo, enviado por Deméter para propagar la agricultura por todo el orbe. Y se extendieron por todo el mundo griego y más allá, generando nuevos relatos que conformaban la identidad griega incluso en los confines de Grecia, incorporando nuevos territorios. Un ejemplo de estos héroes que extienden el helenismo hasta los confines del mundo conocido es el de los héroes del ciclo troyano, quienes en su regreso o huida se dispersan por el Mediterráneo. El caso más paradigmático sería concretamente el de Ulises, quien en su vuelta se pierde por ese gran mar extendiendo el universo conocido por la Magna Grecia y dando legitimidad a los futuros colonos conocedores del Mediterráneo.

Estos héroes son los precedentes de los *oikistai*, incluso a veces son considerados como tales; son los fundadores de las nuevas colonias en el Mediterráneo central, el cual se puebla de nuevos mitos, cuanto más antiguos mejor, a fin de legitimar el dominio griego de las nuevas tierras. Heracles viaja de regreso a las Hespérides por la península itálica, en donde derrota a Caco, el viejo Dédalo se refugia en Cómico, Sicilia, donde el rey Kókalos le protege de Minos, legitimando con esta historia la presencia de los cretenses en la etapa colonial, quienes participan de la fundación de Agrigento, así como el programa político del tirano Falaris; y así de manera sucesiva.

En este ámbito, los linajes aristocráticos capitalizan en época arcaica la solución a la crisis de la *polis* por medio del fenómeno colonial, enviando a sus miembros menos preeminentes, o incluso estigmatizados, a ser los nuevos caudillos en ese mundo que se abre ante ellos. En este punto quisiera hablar del papel del *oikistés* o fundador, una figura muy valorada dentro del imaginario griego ya que, entre otras cosas, el ser *oikistés* llevaba implícito el acto de la heroización. Los *oikistai* en el mundo colonial eran los encargados de, emulando a los antiguos fundadores míticos de las *poleis*, traer el cosmos dentro del caos del mundo bárbaro en el que se adentraban y del que se apropiaban. Dictaban las nuevas leyes o nombraban a los nomotetes para hacerlo. Organizaban la tierra y los derechos de acceso a la misma, y normalmente, a su muerte, se les rendían honores divinos enterrando sus restos en lugares preeminentes como el ágora (Sánchez Domínguez 2018: 291; Malkin 1987: 26-28). Además, todos sus pecados y defectos anteriores eran borrados al convertirse en héroes[11].

---

10. El caso de Teseo es especialmente paradigmático y problemático en su estudio excediendo los límites de esta intervención ya que al igual que Heracles presenta diferentes facetas del héroe y su imagen fue utilizada por los dirigentes atenienses desde Solón como un elemento aglutinador y justificador de las medidas tomadas. Así pues, para una revisión del papel de Teseo y su imagen en el Ática, *vid.* Valdés Guía (2009).

11. Para una visión más amplia sobre el *oikistés, vid.* Castiglioni, Carboni, Guiman y Berneir-Farella (2018); García (1992: 254-256)0; Malkin (1987).

Los *oikistai* conseguían una serie de recompensas por su misión: en primer lugar, la limpieza de todas sus miasmas, ya que la misión que llevan a cabo actuaba como acto expiatorio; en segundo lugar, se convertían en la referencia en cuanto al orden establecido en la nueva colonia, el centro; en tercer lugar adquirían, normalmente a título póstumo, el carácter semidivino de los héroes, y tras esto recibían honores como fiestas en su honor, juegos fúnebres y el establecimiento de un culto heroico[12].

Acercándonos ya a Siracusa, quisiera traer a colación el ejemplo de Arquias de Corinto, fundador de Siracusa (Thuc.6.3; Scymn.279; D.S. 8.10; Str. 6.1.12, 8.6.22; Paus. 5.7.3; Ath.167d; St. Byz.s.u. Συράκουσαι. *vid.* Malkin 1987: 41-43; Do Carmo 2011: 154-155), de la familia de los Baquíadas (emparentado con los Heráclidas), quien, tras un lamentable incidente de «abuso» y asesinato de su amante Acteón en el intento de raptarlo (Plu. *Mor.*772d-773b), se le permitió expiar su culpa acaudillando la expedición colonial que terminó con la fundación de la colonia corintia de Siracusa.

Este modelo de heroización de personajes históricos y relevantes dentro de la *polis* a través de la figura del *oikistés* queda generalmente limitado al mundo colonial, ya que con el desarrollo de la *polis* el mundo aristocrático se redefine y reestructura dentro de las instituciones cívicas que surgen durante el arcaísmo, y que se encuentran alejadas de los héroes fundacionales tradicionales vinculados a ancestros de las familias aristocráticas, que en muchos casos se recuperan y se revalorizan. Así, es más difícil que se den hechos excepcionales que permitan la heroización de un individuo real, más aún cuando es la población la que debe dar el salto de fe y concederle esos honores. Aun así, podemos encontrar ejemplos de este salto en casos muy particulares, como los salvadores de la patria y libertadores o grandes héroes militares que podrían adecuarse como ejemplos. Entre los primeros tenemos como ejemplo la acción de Atenas que, durante el siglo V a.C., desarrolló un culto ofrecido a los tiranicidas Harmodio y Aristogitón, cuyas efigies fueron colocadas en el ágora de Atenas, y a los que se les rendían honores durante las Panateneas, unos honores que podría discutirse si son o no heroicos[13]. Entre los segundos, cobra especial importancia el caso del espartano Brásidas, quien fue claramente heroizado tras su muerte por los habitantes de Amfípolis debido a sus hazañas militares (Tuc. V, 11, 1), y considerado como *oikistés* por los por los habitantes del Quersoneso por haber liberado a los dolonces de la amenaza de los apsintios (Hdt. VI, 38)[14]. Sin embargo, el funcionamiento institucional de las diferentes *poleis* del mundo clásico durante los siglos VI al IV a.C. parece que redujo drásticamente el número de héroes, ya que la comunidad no elevó, salvo raras excepciones, a más individuos a la categoría de héroes, retomando para tal caso, como hemos mencionado, a figuras legendarias y solo dejando este honor a

---

12. Un ejemplo paradigmático de las fiestas en la heroización de un *oikistés* es el caso que nos ocupa, el de Timoleón (*vid. infra*), que se refleja tanto en los pasajes de Diodoro (D.S. 16.90) como en el de Plutarco (Plut. *Tim.* 39.1-7).

13. Durante las Panateneas del 514 a.C., Harmodio y Aristogitón asesinaron a Hiparco, hermano del tirano Hipias (Hdt. 5.55-56.2; Thuc. 1.20.2, 6.53.3-59.1; Arist. Ath. *Pol.* 18.3-6). Así durante el siglo V a.C. surgió en reconocimiento a las acciones de ellos un culto vinculado a las Panateneas y en el 477 a.C. se les erigió una estatua en el ágora. Sobre el culto a los tiranicidas, sus características y particularidades, así como bibliografía reciente, *vid.* Shear (2012); sobre la concepción de los mismos en el imaginario ateniense, *vid.* Pairao (2016).

14. En relación con Brásidas, para autores como Tucídides, la heroización quedó más que justificada debido a la brillante carrera del espartiata. Sobre las particularidades de este ejemplo, como su no heroización en Esparta y la visión que de él tuvieron otros autores clásicos, *vid.* Hoffman (1999).

los grandes campeones de juegos y a aquellos que desde zonas menos «civilizadas» organizaron el cosmos[15]; nos referimos al mundo colonial donde es más común encontrar los casos de heroizaciones.

3. LOS HÉROES SICILIANOS

Una de estas zonas poco «civilizadas» podría ser Sicilia. Durante la etapa colonial, los nuevos pobladores helenos generaron sus propios héroes y sus propios discursos heroicos a fin de asumir el territorio. Como nos recuerda Jacquemin (1993: 20-21), el encargado de esa función es el *oikistés*, un aristócrata designado por la *polis* que entre sus diferentes funciones tiene las de consultar la voluntad divina por medio del oráculo, organizar la expedición gestionando los fondos que la *polis* (o a veces el propio aristócrata, *vid. infra*) reúne para la misma, ejercer el mando militar, enfrentar las posibles resistencias de los indígenas y traer los dioses, el fuego del pritaneo y, en definitiva, las leyes y tradiciones de la metrópolis, modificando el espacio elegido para establecerse (sobre las funciones, *vid.* Casevitz 1985:101-107).

Estas funciones se vinculan claramente al poder y la autoridad (Jacquemin 1993: 21), y los líderes de esta expansión por el *hinterland* siciliano encontraron en esta práctica institucionalizada una nueva forma de ejercer su autoridad. De esta manera podemos ver en el relato tucidídeo sobre la presentación de Sicilia (Tuc. VI. 3-5) cómo surgió toda una clase de fundadores que, a los ojos de autores como Jacquemin, podrían haber sido percibidos por sus conciudadanos como verdaderos monarcas[16]. Debido a esto y a los conflictos internos y externos, además de a otras cuestiones de carácter demográfico y económico que en este foro no son directamente relevantes, en Sicilia durante el siglo V a.C., proliferó la creación de dinastías que controlaban no solo la *polis* de donde provenían, sino que creaban microestados territoriales con *poleis* y asentamientos dependientes de un centro controlado por ellos[17]: los dinoménidas procedentes de Gela, que llegaron a hacerse con la propia Siracusa, los Eménidas en Agrigento, Anaxilas en Mesina y el estrecho. Estas familias forjaron su poder por medio de la conquista y el poder militar, pero lo mantuvieron con diferentes estrategias: desde el matrimonio entre ellas, consolidando alianzas, pasando por la contratación de grandes cantidades de mercenarios, políticas demagógicas fomentando a diferentes sectores de la población, y en algunos casos, ejerciendo fuertes medidas coercitivas que podrían llegar al punto del genocidio. En este marco de expansión y lucha, las medidas demagógicas eran de gran importancia a la hora de combinarlas con las políticas represivas. Así, la persecución de disidentes y su ejecución venía aparejada con el reparto de parte de las tierras de los ajusticiados. Escenas como la deposición

---

15. Se podría entender que hasta el caso de Brásidas está dentro de este elenco, debido a la lejanía de Amfípolis del epicentro cultural heleno y a que la propia Esparta no le rinde honores de héroe, pese a reconocer públicamente los servicios prestados (Hoffman 1999).

16. Sobre esta problemática, *vid.* Jacquemin (1993: 21, n. 5) y Sánchez Domínguez (2017: 292, n 5., con diferentes ejemplos y referencias al respecto.

17. Para una visión de la tiranía en Sicilia, especialmente en esta etapa, recomendamos Finley (1968: 27-57); Mossé (1969: 79-86); Consolo-Langher (1996); Braccesi (1998); Luraghi (1999); Galvagno (2000); Catenacci (2009) y Do Carmo (2011).

del poder por parte de Gelón justo en su momento de mayor popularidad tras su victoria en la batalla de Hímera (D.S. 11, 26, 5; Polyaen. 1, 27, 1; Ael. VH 6, 2) dibujaban a unos nuevos héroes, salvadores y guardianes del orden frente al bárbaro[18] (púnico o sículo), y si esos nuevos héroes refundaban ciudades arrasadas, se convertían en *oikistai*[19], como el caso de Hieron el dinoménida y la fundación de Etna[20]. Los nuevos héroes contaron además con un gran aparato propagandístico que ensalzaba sus hazañas bélicas, las hazañas deportivas (como sus victorias en las carreras de carros), e incluso se escribían obras líricas y dramáticas con mensajes más o menos claros que ensalzaban su figura[21].

La trascendencia de estos héroes tiranos no fue tan evidente como la de la generación anterior con el programa de Falaris en torno al mito cretense y, sobre todo, con los verdaderos *oikistai* de cada *polis*. Haciendo un símil propio de Hesíodo, la edad de oro dio paso a la edad de plata y esta a la del hierro. El carácter excepcional de los héroes a los que se le rendía culto no era compartido por los tiranos que buscaban construir un relato artificial sin una clara fundamentación. Sin embargo, la continuidad de estos intentos en el siglo IV a.C. con figuras como las de Dionisio I y Dionisio II permitieron la trascendencia de esta idea de construir al héroe[22]. Es más, la campaña de propaganda de Dionisio I supuso un salto en cuanto a las aspiraciones tiránicas al asociar su figura al dios homónimo, bautizar a su hijo como Niseo y vincular a su otro hijo Dionisio II a Apolo (Muccioli 1999: 471-481). Dionisio II continuó con esta tradición y llamó a su hijo Apolócrates. Esta idea de vinculación de la dinastía con los dioses venía a apropiarse de una política de legitimación y predestinación para Dionisio y su familia, a fin de gobernar Siracusa y tal vez Sicilia, una campaña propagandística que se rastrea en Filisto, y que autores como Muccioli (1999; 2014) ven como un precedente a las tendencias de divinización que se produjeron en el helenismo.

4. DE CERO A HÉROE

El caso que queremos presentar a continuación es el del general corintio Timoleón. A este héroe reconocido se le rendía culto en Siracusa, en el templo del gimnasio dedicado a él en el ágora de Siracusa, el *Timoleonteion* (Plu. *Tim.* 39, 1-4). Este ejemplo tiene una gran relevancia ya que, para nosotros, presenta un modelo paradigmático de creación de

---

18. En relación con las medidas tomadas por Gelón y sus políticas, *vid.* Mafodda (1996; 2002).

19. Catenacci (2009: 26-29) resalta el papel de fundador que buscan los tiranos y el deseo de evitar un destino fatal a través de la legitimación de su persona, por medio de la heroización que les brindaba ser *oikistés* de una comunidad.

20. Para un análisis pormenorizado de la figura de Hierón el dinoménida, así como su papel de fundador y el desarrollo de la propaganda centrada en su persona por medio de obras literarias y otras acciones, *vid.* Bonanno (2010).

21. Para un repaso actualizado del culto heroico en Sicilia, *vid.* Muccioli (2014).

22. La idea de que los Dionisios buscaron su legitimación por medio del culto heroico fue recientemente planteada por Muccioli (1999), quien la matiza como contraposición e, incluso, suplantación de los cultos heroicos más antiguos, como el de Diocles, a la vez que calmaban el anhelo trágico de Dionisio I al escenificar su corte de *kolakes* como una especie de corte divina, costumbre que emula su hijo (Muccioli 1999: 91). Entendemos en nuestra opinión que ambos tiranos se apropiaron del carácter semidivino que los siracusanos les brindaban a los héroes magnificándolo en su figura a fin de eclipsar esas figuras como las de Diocles o de Gelón.

un héroe siguiendo un modelo casi literario, incorporando todas las caras de la poliédrica figura que hemos venido describiendo. Además, la creación de este héroe se produce en un momento en que, si bien las grandes figuras existían en el panorama heleno (Conon, Cabrias, Ifícrates y Timoteo), muy pocos de los grandes hombres eran honrados de esta manera[23].

La relevancia que para nosotros tiene Timoleón radica también en el desarrollo de la investigación sobre este personaje histórico, la cual ha tenido diferentes etapas desde que historiadores como Timeo o Atánide transmitieran los hechos que protagonizó, y desde que Diodoro Sículo y muy especialmente Cornelio Nepote y Plutarco abordaran el estudio de su vida[24]. La visión de este aristócrata corintio, hoy muy poco conocido, ha tenido su trascendencia a través de los siglos siendo objeto de obras dramáticas como el *Timoleon* de Marie-Joseph Chénier y Etienne Méhul, prohibida en 1794, el poema escrito por Melville a finales del siglo XIX o las obras pictóricas de Jean Gross (1798) y León de Gomere (1874), centradas en su papel fratricida; la de Giuseppe Sciuti (1874) centrada en el fastuoso funeral, o el retrato de Patania (1884). Un personaje controvertido que fue un modelo heroico en el resurgimiento italiano (aunque de manera marginal) y resucitado por diferentes historiadores a mediados del siglo XX en cuanto a lo llamativo de su carácter tiranicida[25].

Así pues, Timoleón, *oikistés*, héroe salvador, tiranicida, hombre pío y adorador de la fortuna, es para nosotros un *hápax* que se manifiesta a mediados del siglo IV a.C.[26] en un contexto histórico de crisis, donde los sistemas políticos de la Grecia continental son cuestionados desde diferentes posiciones, cuando surgen las grandes personalidades como Dion, Pelópidas y Epaminondas, o Filipo de Macedonia, cuando aún perdura el recuerdo de otras figuras como Dionisio de Siracusa. Su figura es la de un héroe caído (autoexcluido de la sociedad por el fratricidio que comete contra su hermano, quien se había erigido tirano de Corinto), que resurge; un forastero, pero a la vez un fundador, un elemento de disonancia que trae un nuevo orden, una persona adorada que huye del personalismo. Es imposible encontrar un héroe así, en gran parte porque, como queremos demostrar, es un héroe artificial, creado exprofeso para una situación tan puntual, que recoge casi todos los modelos anteriormente citados (Sánchez Domínguez 2018).

Antes de continuar, quisiera advertir que no es que tengamos una especial admiración por Timoleón en cuanto a su carácter heroico, que no ensalzamos su figura más allá de lo que recogen unas fuentes y que, tras analizar los restos arqueológicos, podemos concluir que solo transmiten una campaña propagandística brillantemente diseñada que en el siglo IV a.C., que convirtió de manera exitosa a un «paria» entre los suyos en un héroe

---

23. Como bien señala Muccioli (2014: 46), tal vez Brásidas o Lisandro.

24. Para un análisis de las fuentes literarias para el periodo timoleonteo, *vid.* Sordi (1961); Talbert (1974); Smarzcyk (2003) y Sánchez Domínguez (2014).

25. Para una visión general sobre Timoleón *vid.* Westlake (1942; 1949; 1952); Sordi (1961); Talbert (1974); Smarzcyk (2003); Congiu *et al.* (2011) y Sánchez Domínguez (2014; 2017).

26. Si bien autores como Muccioli abordan el culto heroico de Timoleón que se enmarca dentro de una tradición siciliota donde se pierde la originalidad del mismo (Westlake 1952: 1), el propio autor defiende lo anómalo del caso al tratarse de un general extranjero y no autóctono, quien además cumple con una serie de características que lo diferencian de otros héroes de carácter fundacional durante los siglos V y IV a.C. (Muccioli 2014: 44-47).

de manual. Tan paradigmático es que parece seguir el esquema propuesto por Campbell (1959: 40-41), compuesto por varias fases: 1) Separación: 1.º Llamada a la aventura o señales de la vocación heroica; 2.º Negativa a la llamada o huida; 3.º Ayuda sobrenatural para comenzar; 4.º El cruce del primer umbral; 5.º Vientre de la ballena o paso al primer umbral; 2) Pruebas: 1.º Camino de pruebas; 2.º Encuentro con la diosa; 3.º Mujer como tentación o pecado y agonía; 4º. Reconciliación (con el padre); 5.º Apoteosis; y 6.º Gracia última; y 3) Regreso: 1.º Negativa al regreso o mundo negado; 2.º Huida mágica; 3.º El rescate del mundo exterior; 4.º Umbral de regreso; 5.º Posesión de los dos mundos; 6.º Libertad para vivir (naturaleza y función de la gracia última). En otros foros he atribuido este exitoso plan a Andrómaco de Tauromenio, padre de Timeo, aunque es muy difícil saber cuándo comienza la transformación del hombre en héroe (Sánchez Domínguez 2018: 301 y ss.).

Comenzando con su historia, debemos decir que nuestro personaje era de origen aristocrático. Así, Timoleón aparece por primera vez en relación con sus actividades militares en la guerra contra Argos en la que defiende a su hermano Timófanes (Plut. *Tim.* 4. 1-4). Su vida en la *polis* de origen no parece tener relevancia hasta este momento en el que el conflicto con su hermano empieza a fraguarse debido a la contraposición de intereses políticos que parecen tener ambos. Timófanes, elegido como general de la guarnición de mercenarios que defendería Corinto en su conflicto contra Esparta, tenía unas claras aspiraciones tiránicas, que ejerció de manera clara al hacerse con el control de la ciudad, utilizando las propias tropas mercenarias que Corinto le confió para defenderla (Xen. *Hell.* 7. 4. 6.-7). Frente a esto, las fuentes no relatan bien cuál era la postura política de Timoleón, pero claramente no fue la de apoyar a su hermano, como demuestra el desarrollo de los hechos y la conspiración para derrocar a Timófanes, en la que, dependiendo de las fuentes, Timoleón participa teniendo un papel más o menos activo en la muerte de su hermano[27].

Entendemos que este no es el momento en que se forja el héroe, más bien el momento de la separación que describe Campbell, pues, para la fuente principal, Plutarco, al cometer el pecado de fratricidio, se produce un punto de inflexión[28]. Es a partir de este incidente

---

27. La problemática de la motivación de las acciones de Timoleón contra la tiranía de su hermano se vincula claramente a la existencia de diferentes corrientes de pensamiento en Corinto a favor o en contra de esa tiranía, de la paz con Tebas del 366 a.C. y del posicionamiento de la *polis*, en el marco de los conflictos que se dan en este periodo en Grecia continental. El texto de Plutarco plantea la siguiente división; por un lado, estarían los que elogiaron la grandeza de espíritu de Timoleón, quien salvó la vida de su hermano cuando luchaba por su patria, pero que no dudó en permitir su muerte cuando intentó esclavizarla; y, por otro lado, se habla de la oposición de aquellos a los que les era imposible «vivir en democracia y ponían su vista en los tiranos», quienes acusan a Timoleón de fratricida (Plut. *Tim.* 5. 1-3), Esto ha suscitado a su vez un debate sobre el posicionamiento de Timoleón y su ideología política. Sobre la problemática del fratricidio y su reflejo en el debate sobre la ideología timoleontea, *vid.* Mandel (1978), Dagaso (2006), Prestiani (2011), Nirta (2012), Sánchez Domínguez (2014: 399-409). Sobre el debate de la filiación política de Timoléon se recomienda, además, los estudios de Westlake (1942), Sordi (1961: 4-10), Talbert (1974), Sterrantino (2011: 175-179), Galvagno (2011: 217-236) y Sánchez Domínguez (2017).

28. El dramatismo se aprecia claramente en el relato de Plutarco (Plut. *Tim.* 5-6), autor que junto con Cornelio Nepote recoge la escena del reproche de la madre del «héroe», enojada por la muerte de su primogénito (Plut. *Tim.* 5; Nepos. *Tim.* 1.5.). Si bien Diodoro (Diod. 16.65) parece centrarse más en el aspecto político del hecho, Plutarco y Cornelio Nepote se centran más en el humano, justificando el primero a través de este episodio el exilio autoimpuesto (Plut. *Tim.* 7.1), *vid.* Sánchez Domínguez (2014: 109).

cuando surge la principal característica heroica por la que se le conocerá, su odio a la tiranía. Las obras como el *Timoleon* de Chenier, el poema de Melville, así como las obras de Grosse y De Gomere, se dieron cuenta del gran hecho dramático que suponía la doble acción cometida por Timoleón, el tiranicidio que liberaba a la *polis* por un lado, y el fratricidio que manchaba su nombre y el de su familia. El primero de los actos no era desconocido en Grecia, ya que en el ágora de Atenas ya se le rendían honores heroicos a dos tiranicidas, Harmodio y Aristogitón (*vid. supra*). Pero a diferencia de estos jóvenes atenienses que se defendían del abuso literal de los pisistrátidas, el acto de Timoleón era contra su hermano; el dilema entre el deber político y el deber familiar cobraba tintes de obra dramática comparable con la propia orestíada, salvar a la *polis* o salvar al hermano (Diod. 16.65; Nepos. *Tim.* 1-5; Plut. *Tim.*5-6). El contexto social de Corinto no era el más favorable, además para promover a este aristócrata fratricida a héroe ya que, si seguimos el relato de las fuentes, la opinión pública estaba dividida entre los que daban más peso a la acción *eleuthérica* y los que se centraban en el fratricidio. Analizar la situación de Corinto en este momento es una cuestión difícil (Fornis 2002: 197-204; Sánchez Domínguez 2014: 400) y excede los límites de este trabajo, pero es este conflicto el que muy seguramente lleve a Timoleón a autoinfligirse un ostracismo político en el que ahonda Plutarco, profundizando en las características heroicas de Timoleón. Es el autor de Queronea el que da una cifra elevada a este camino por el desierto que va anticipando la catarsis heroica del corintio. Si bien otros autores apenas dan importancia a este alejamiento[29], parece que las fuentes consultadas por Plutarco, muy seguramente Timeo, quieren dibujar con ellas esta fase de alejamiento previa al comienzo de sus gestas.

Es muy importante poner en valor las fuentes para el relato plutarqueo, ya que este es el relato más extenso y detallado tanto del personaje como de los hechos que se le atribuyen. La posibilidad de tomar a Timeo como fuente única o principal en el relato timoleonteo nos puede permitir entender mejor el porqué de las características heroicas del mismo[30]. El historiador tauromenita tiene una relación muy estrecha con el personaje al que pudo conocer directamente a través de su padre, el tirano Andómaco de Tauromenio, uno de los principales aliados en las campañas sicilianas de Timoleón. Este jefe de mercenarios, fundador de Tauromenio, representaba a una nueva clase de dirigentes surgidos en la Sicilia griega a la descomposición del régimen tiránico de los Dionisos. Generales del tirano o antiguos mercenarios establecidos en los diferentes asentamientos insulares, se habían constituido en una oligarquía de gobernadores de corte tiránico que en muchos casos aspiraban a suceder al aún presente Dionisio II. Adelantándonos un poco a los hechos, Timoleón terminará con estos gobernantes que conformaban lo que algunos autores han bautizado como anarquía militar (Castrizio 2000), pero perdonó a uno de ellos, el único que le prestó apoyo al desembarcar en Sicilia.

Volviendo al relato literario, podemos observar cómo Plutarco deja al héroe en su exilio catártico esperando, como en los mitos más tradicionales, a que los dioses le encomienden una tarea; una imagen que el autor de Queronea resalta y a la vez modifica para

---

29. Diodoro no los recoge, poniendo en paralelo la investigación y el debate de la asamblea con la embajada siracusana (Diod. 16. 65. 7-8).

30. Para un análisis de la vida de Timoleón en Plutarco y sus fuentes, *vid.* Sánchez Domínguez (2014: 106-119 y 127-130) y Candau (2009) para la vinculación de Plutarco con Timeo.

limitar la aportación divina en la historia. Ciertamente, los hechos que sucedieron en el relato histórico no son extraños y tan solo un poco providenciales (en especial, en el relato de Diodoro, quien al mezclar en su obra la asamblea que investiga el acto de fratricidio con la que recibe la embajada hace que parezca una extraña coincidencia), ya que no es coincidencia que, tras el fracaso de la campaña de Dión en Sicilia[31], que había gozado del beneplácito de sectores de la sociedad ateniense y espartana, los siracusanos, de manera inesperada, recurrieran a su ciudad madre Corinto para pedir ayuda (recordemos que pese a las oportunidades hacía mucho tiempo que no lo habían hecho). Así pues, observamos que Corinto, en una situación política compleja, sufriendo aún las secuelas de la guerra de Corinto y la tercera guerra sagrada, tenía ante sí la posibilidad de volver a recuperar una influencia perdida hace años en Sicilia, aunque era necesario valorar el coste.

Diferentes autores han estudiado desde Westlake las causas que movieron a la *polis* corintia a aceptar el difícil encargo, analizando desde la misma naturaleza del mismo, liberar a Siracusa de Dionisio II o de Cartago, hasta la determinación y medios que se invirtieron en esta empresa (Westlake 1949: 65-75; Sordi 1961; Talbert 1974; Consolo Langher 1997; Smarczyk 2003; Dagaso 2006: 3-22; Galvagno 2011: 217-224; Sánchez Domínguez 2011: 131-140; 2014: 409-418.). Desde nuestro punto de vista, y a modo de resumen, Corinto buscó una solución de compromiso aceptando la demanda de su antigua colonia y a la vez purgando su *polis* de posibles elementos discordantes que alteraran el equilibrio (Sánchez Domínguez 2014: 409-418). En una decisión comparable al del proceso fundacional de una *polis* antes descrito con el ejemplo de Arquias, se buscó entre la aristocracia corintia a un miembro prescindible y estigmatizado; en este caso, Timoleón, que afrontara la mayor parte de los gastos de la empresa; además, se aprovechó la estancia de mercenarios derrotados de la tercera guerra sagrada para conformar un contingente armado, en nuestra opinión de poca cuantía en comparación con la misión que se les encomendaba, pero que a los ojos de Siracusa, serviría para sus propósitos.

Tal es la vinculación con las misiones oikísticas que el propio Timoleón recibe según las fuentes un oráculo divino, enviado a través de sueños, señales divinas en el cielo[32] y por la sacerdotisa de Deméter y Coré, divinidades igualmente preeminentes en Corinto que en Siracusa, quienes le anuncian el éxito de la misión (Diod. 16. 66. 4-6; Plut. *Tim.* 8.1). Además, el propio general decidió ir a Delfos, donde recibió también el oráculo de Apolo (Plut. *Tim.* 8.2) a la manera tradicional, propia de la expedición fundacional. Como podemos observar y seguiremos señalando, el relato sobre la campaña parece

---

31. Dión, cuya vida también viene recogida por Diodoro, Cornelio Nepote y Plutarco, comenzó a organizar una campaña para derrocar a Dionisio II recabando apoyos en Esparta y Atenas en el 360 a.C., lo que le llevó a partir para Sicilia y ser tirano entre el 357 y el 354 a.C. Si bien este personaje podría ser también objeto de estudio ya que el mismo recibió honores casi heroicos al liberar Siracusa (Plut. *Dio.* 28.3), esto excede nuestro objetivo. No obstante, recomendamos para una mejor comprensión de esta campaña, *vid.* Sordi (1967: 143-154); Westlake (1969: 251-265); Marasco (1982: 152-176); Orsi (1994); Galvagno (2002: 405-416); Sanders (2008) y Sánchez Domínguez (2014: 325-369).

32. Especialmente curioso es el pasaje narrado por Diodoro y Plutarco (Diod. 16. 66. 3-6, Plut. *Tim.* 8.3-4.) en que en el cielo aparecen unos fuegos que el corintio asocia a las teas que Hécate lleva encendidas y que se vinculan al rato de Perséfone. Este punto ha llegado a ser incluso estudiado desde el ámbito de la astronomía en el artículo de Bicknell sobre la fecha de la expedición timoleontea (1984), en el que parece haberse dado cierto fenómeno celeste que pudo coincidir *vid. infra*.

adornado de elementos místicos que podrían entenderse como elementos literarios posteriores, y se podría decir que es en este punto donde recibe la misión divina, como si de un mito se tratase, hasta que vemos algunas de las emisiones que acuñan Timoleón y las *polis* aliadas tras su llegada a Sicilia[33]. Las referencias a los oráculos de Delfos y de Deméter y Coré tienen una clara relación con las divinidades de la isla, y concretamente de una de las *poleis* de las que va a recibir más apoyo Tauromenio, en cuyas emisiones vemos a Apolo *arcaguetas* (el fundador). Además, otras monedas presentan una efigie femenina, que puede ser Deméter, y granos de trigo. Sin embargo, hay un símbolo demetríaco que nos llama especialmente la atención, la antorcha, vinculada a Hécate, que aparece en las emisiones de Siracusa. Este símbolo, que no debiera tener una mayor importancia que el resto, concuerda con un elemento prodigioso recogido en las fuentes y que, hasta que encontramos estas monedas, parece pura invención. Según Plutarco y Diodoro, unos fuegos guiaron al corintio hasta Sicilia, y puesto que parecían las teas de Hécate, sirviente de Deméter y Coré (Diod. 16. 66. 3-6; Plut. *Tim.* 8.3-4), bautizó a sus naves como a las diosas que enviaron fuegos a guiar los barcos. Algunos autores han demostrado que por la fecha pudo darse el paso de un cometa, pero sea o no cierto, debemos suponer el impacto que tuvo entre la población el desembarco de los futuros salvadores de Deméter y Coré, sus diosas patronas.

Tras la misión divina, la cual recordemos en Corinto rechaza con humildad para finalmente asumirla, comienza en este paradigmático y apoteósico guion la etapa de la aventura, en la que están presente todo tipo de mitemas heroicos. Si continuamos por orden, tras los prodigios que guían al «héroe» surge la traición y la trampa, representada por Hicetas de Leontinos[34], un tirano que aunó a parte de los refugiados de Siracusa y antiguos partidarios de Dión, y que en las fuentes se dibuja como el antagonista[35]. Desde un principio, las fuentes dibujan a Hicetas como un tirano que busca sustituir a Dionisio y que para ello no duda en aceptar la oferta de Cartago de manera encubierta (Plut. *Tim.* 2.3 y 7.3-8). Autores como Sordi (1961: 63-65) han dudado en afiliarlo a tendencias aristocráticas o afines a una concepción democrática, aunque siguiendo las fuentes de la manera más objetiva posible, Hicetas no es más que el tirano de Leontinos que busca ampliar su poder sobre Siracusa y mantener la nueva realidad siciliana contando para ello con la otra gran potencia de la isla, Cartago, evitando en todo lo posible la interferencia de la Grecia continental e incluso buscando el apoyo de otros tiranos (Sánchez Domínguez 2014: 382-383).

Si bien Hicetas, en un primer momento, acepta las peticiones de la aristocracia siracusana, tras enterarse del envío corintio bloquea el estrecho con ayuda de la flota cartaginesa y solicita a Timoleón que, o bien vuelva por donde ha venido, o se someta a sus

---

33. Sobre el papel que tiene la moneda en la propaganda timoleontea, *vid.* Castrizio (2000; 2011) y Sánchez Domínguez (2014: 261-278 y 462-463).

34. Diodoro menciona a Hicetas por primera vez en relación con la campaña cartaginesa, cuando los cartagineses se dirigen a los tiranos, entre los que sitúa a Hicetas; Cornelio Nepote, debido a su brevedad, no entra en calificarlo como tirano, sino que solventa el pasaje definiéndolo como una persona ambiciosa que, una vez expulsado Dionisio II, no abandonó el poder absoluto (Nepos. *Tim.* 2. 3). Plutarco (*Tim.* 1. 6); sin embargo, sí habla de Hicetas como señor de Leontinos.

35. Si seguimos la opinión de Spada (2004: 448-450), Westlake (1952: 10) y muy especialmente Talbert (1974: 5-11), Plutarco busca con Hicetas presentar el opuesto del héroe corintio.

órdenes. En ese momento, volviendo a los ejemplos heroicos, se recurre a la astucia, a una treta para sortear la traición, en este caso bloqueo, realizando una pequeña farsa que distraiga a los cartagineses y durante la cual la flota corintia se escabulle llegando a Tauromenio (Diod. 16. 68.5-7; Plut. *Tim.* 9.2-10.3).

Una vez desembarca en Sicilia, y contando ya con el apoyo del señor de Tauromenio, Andrómaco, parece que el héroe debe probarse a sí mismo por medio de una elección, marchar sobre Siracusa, sitiada por Hicetas y el ejército cartaginés, su misión principal, o socorrer a los habitantes de la *polis* etnea de Adrano, quienes están divididos entre los partidarios de Hicetas y los de Timoleón. El relato de Plutarco plantea la decisión de salvar Adrano como una decisión arriesgada pero necesaria para lavar la imagen de los *xenoi strategoi*[36], que solo sale adelante gracias al esfuerzo y audacia del general y la tropa, quienes recorren en poco tiempo y sin descanso la distancia que separa Tauromenio de Adrano y atacan con nocturnidad (Diod. 16.68.8-10; Plut. *Tim.* 12.1-6). El relato no está exento de elementos sobrenaturales al producirse el milagro de la exudación de la estatua de Adrano, avisando a los ciudadanos del esfuerzo de los salvadores y alentándoles para salir a apoyarles (Plut. *Tim.* 12.6).

Tras esta victoria, se suceden una serie de campañas que mantienen la misma tónica, las acciones inesperadas del estratega corintio unidas a giros de la fortuna. Este planteamiento de la influencia de la suerte en la campaña timoleontea llevó a plantear la influencia de la *eutychia* y cómo se explotó. Así, la crítica de Polibio a Timeo y su visión de Timoleón, en la que abundan las coincidencias y los milagros (Polib. 12. 24.), ha llevado a diferentes autores a plantearnos la influencia del tauromenita en el relato de Plutarco (Sánchez Domínguez 2014: 106-107; Swain 1989; Candau 2009, *cfr.* Tatum 2010: 459-460). Esta visión del Timoleón afortunado derivaba en la imagen del general bendecido por los dioses, una imagen que se acrecentaba por su piedad, y que autores como Santagati (2011) y Castrizio (2011) han analizado recientemente desde un punto de vista tanto literario como numismático, favoreciendo nuestra visión de que el general proyectó una imagen de hombre pío y afortunado, tocado por los dioses, para hacer más agradable a los siciliotas la intervención de un extranjero, el cual paulatinamente se transformaba en un héroe bendecido por los dioses capaz de extraordinarias gestas.

Así, estos golpes de suerte del general corintio le permiten, primero, poder aliarse con los cataneses, pese a estar bajo dominio de un tirano Marco o Mamerco según las fuentes (Diod. 16.69.4; Plut. *Tim.* 13.1) y recibir la rendición de Dionisio, al que castiga exiliándole en Corinto con un alarde de magnanimidad mientras que recibía la acrópolis (Diod. 16. 69.3 y 70.1-3; Plut. *Tim.* 13.2). Esta rendición definida por el biógrafo como un golpe de suerte debe entenderse, en nuestra opinión, como un éxito diplomático por parte de Timoleón, que conseguía el control de la ciudadela donde se encontraba acantonado el tirano a cambio de concederle un exilio mucho más benévolo de lo que jamás hubiera recibido por parte de los siracusanos.

---

36. Plutarco se refiere claramente a Faraces, jefe mercenario espartano, enviado en ayuda de Dionisio durante la revuelta de Dión (Plut. *Dio.*, 48. 3; 49. 1.) y a Calipo, general ateniense, el segundo que acompañó a Dión y se reveló contra él (Plut. *Tim.* 11.3-4), los cuales fueron percibidos no como salvadores, sino como generales que buscaron satisfacer sus propios intereses en detrimento de los siracusanos.

Este catálogo de fenómenos derivados de la buena fortuna, a la que el general parece adorar muy especialmente, continúa en la biografía de Plutarco cuando de nuevo el destino le permite salir indemne de un intento de asesinato, hecho que refuerza el carácter de protegido de los dioses (*Tim*. 16.3-6). Este se refrenda cuando se produce la propia deserción de los cartagineses que acompañaban a Hicetas debido a problemas internos (16.69.5), que permite a Timoleón afrontar una batalla ya no tan adversa y ganarla (Plut. *Tim*. 19-22[37]).

Una vez tomada Siracusa, el general tuvo que afrontar la gestión de la victoria. Si seguimos a Plutarco observamos cómo combina la magnanimidad y el respeto con la figura del buen tirano, el héroe salvador Gelón, con la libertad otorgada a los siracusanos para destruir el palacio del tirano y las estatuas de otras figuras no muy queridas vinculadas con la tiranía (Plut. *Tim*. 22.1-2). Así mismo, comienza la labor del *oikistés*, el destino del héroe, del cual reniega en favor de la madre patria (Plut. *Tim*. 23.1). Las políticas de repoblamiento que hemos abordado en otros foros buscan reponer el elemento humano deprimido tras un largo periodo de guerras civiles (Sánchez Domínguez y Fornis 2010). También busca conseguir reconstruir el cuerpo cívico y un aumento de la recaudación para poder hacer frente la amenaza que se cierne sobre los siracusanos, Cartago, la cual se convierte en la empresa en torno a la que aglutinar a un mosaico de aliados muy heterogéneos con pocos puntos en común (Sánchez Domínguez 2014: 428-30).

Así pues, derrotar a Cartago se convierte en la gran misión de una nueva realidad, la *symmachia* timoleontea, es la prueba de la estructura de Campbell (*vid. supra*) que Timoleón, guiado por la Fortuna, consigue milagrosamente superar, como analizaremos a continuación. Este relato se torna trascendental en las fuentes que recalcan la importancia de esta campaña militar otorgándole, especialmente Plutarco, su propia estructura de relato mítico.

En primer lugar, tenemos la presentación de la tarea colosal debido a la ingente cantidad de mercenarios de la que hace gala el ejército púnico (Diod. 16.77.4; Plut. *Tim*. 25). El planteamiento que presentan las fuentes es la lucha entre el mundo cartaginés que amenaza la libertad de las *polis* griegas. Esta visión sesgada de la realidad potencia la imagen del conflicto frente al bárbaro, un tema recurrente desde época arcaica y que durante la tiranía de Dionisio se retoma para justificar la necesidad del tirano (Sánchez Domínguez 2014: 281-324)[38]. Durante el transcurso de la misma aparece, además, otro elemento a tener en cuenta que podría enumerarse como otra adversidad que dificulta la gran prueba, la traición. Así, se resalta especialmente la traición de aquellos que

---

37. Plutarco no duda en desarrollar durante cuatro capítulos todo el proceso de consolidación de sus tropas y de disgregación de las del bando rival vinculándolas a golpes de suerte que se van sucediendo, desde la llegada de grano desde Catania sorteando el bloqueo de los cartagineses gracias al clima, pasando por la treta de los refuerzos corintios para pasar el bloqueo, así como la mala fortuna de que los mercenarios de Hicetas y las tropas de Timoleón confraternizaran y los rumores llegaran a oídos del general cartaginés que decidió volver a su patria. Evidentemente, este relato tiene muchos elementos ficticios, pero profundizan en la imagen que tanto Timeo como Plutarco pretenden ofrecer.

38. El propio Plutarco fomenta el miedo al bárbaro poco después (Plut. *Tim*. 25.1-3), algo común en el de Queronea, como argumenta el artículo de Schmidt donde se enumeran aparte de los pasajes donde se hace mención a la cuestión bárbara, los defectos que el autor de Queronea les achaca: ἀγριότης (fiereza), θρασύτης (arrogancia), τρυφή (lujo), πλῆθος (como masa), ἀνανδρία/δεισιδαιμονία (Schmidt 2002: 57). Para una revisión concreta de las relaciones entre griegos y cartagineses en los siglos V y IV a.C., *vid.* Congiu *et al.* (2008).

no tienen para los relatores la pureza necesaria para realizar la misión, en este caso los mercenarios de Trasio; y aunque se potencia más la vinculación de la impiedad con su destino en Plutarco[39], todas las fuentes recogen el momento crucial de los mercenarios foceos que acompañaban a Timoleón, los cuales temiendo la superioridad numérica cartaginesa desertan y son castigados con posterioridad por la fortuna (Plut. *Tim.* 25. 4; Diod. 16. 78. 3-4.).

No podemos olvidar que todo el relato de la campaña contra los cartagineses está, además, salpicado por una serie de avisos divinos:

El primero lo tenemos en la aparición de unos burros portando coronas de apio (Diod. 16. 79. 3; Plut. *Tim.* 26. 2). Timoléon, contradiciendo a sus soldados que veían en esto un símbolo de mala suerte (ya que las coronas eran funerarias), identifica este hecho como un presagio de su futura victoria, relacionado las coronas de los asnos con las coronas de apio que se otorgaban en los juegos Istmios. Este pasaje es un testimonio del uso de la *tyché* en Diodoro[40] que aquí, al ser común con el relato de Plutarco, parece provenir de Timeo[41] en la creación de un programa propagandístico que mezcla elementos sicilianos con corintios.

El segundo presagio, solo recogido por Plutarco, es la visión de un águila devorando a una serpiente (Plut. *Tim.* 26. 6-7). Este pasaje se encuentra cargado de simbolismo ya que, como hemos apuntado en otras ocasiones en relación con las emisiones de Zeus *eleutherios*, en ellas vemos el águila, símbolo de Zeus y de la helenicidad, devorando a la serpiente, que se asocia aquí con el bárbaro (Sánchez Domínguez 2014: 429 y 433); concretamente, ha sido relacionado con las emisiones de Herbesos y de Agrigento también por autores como Castrizio (2000 y 2011) y Gulletta (2003: 759).

Estos presagios y símbolos divinos cada vez más evidentes en las fuentes terminan desembocando en el relato final de la batalla en el río Crimisos[42]. Esta batalla, la cual las fuentes han ido describiendo como arriesgada y casi suicida por medio de las quejas antes expuestas de Trasio, es descrita por Diodoro y Plutarco como una gran victoria en la que como el propio historiador aguirinense recoge, se cuenta con la asistencia divina (Diod. 16. 79.5.). Si bien el relato de Diodoro es muy parco en detalles y solo relata la carga colina abajo de las tropas griegas y la victoria derivada de su bravura y pericia (Diod. 16. 79. 5-6), el relato de Plutarco es mucho más explícito ya que durante la batalla acontece el principal fenómeno: la tormenta que acompaña a las tropas griegas que bajan en una carga colina abajo y abate a los enemigos. La tormenta, que no solo amedrenta con rayos y truenos, entorpece e incluso incapacita al ejército cartaginés empapando sus túnicas y desbordando el río que lo divide (Plut. *Tim.* 27.1-28.6). De esta manera parece cobrar vida el símbolo de la *symmachia*, el Zeus *Eleutherios*, que abate a sus enemigos

---

39. Sobre los mercenarios sacrílegos y sobre su destino final, *vid.* Diod. 16. 82. 2; Plut. *Tim.* 30. 4-5, Westlake (1940) y Fuks (1968).

40. Sobre la *tyché* en Diodoro *vid.* Camacho Rojo (1994a: 81-95; 1994b: 97-116), otra visión relacionada con Timeo y el papel del general como conductor de la mántica es la de Gulletta (2003: 761-763).

41. Sobre el uso de Timeo en los pasajes relacionados con la batalla de Crimiso *vid.* Sordi (1968: 137 ss.), Alganza Roldán y Villena Ponsada (1994: 229-242) y Sánchez Domínguez (2014: 80 y 127-130).

42. Autores como Gulletta (2003: 756) han llegado a calificar la batalla del río Crimisos como una batalla construida analizando cada uno de los fenómenos junto con sus significados simbólicos y la posibilidad de presentarlos como *topoi* literarios, *vid.* Sánchez Domínguez (2014: 433).

bárbaros. Además, el biógrafo no olvida la figura de su personaje principal, al cual rodea de un aura vinculada a la intervención divina pues, pese a su edad, dirige la carga emitiendo un grito sobrehumano acompañado por un *daimon* (Plut. *Tim.* 28. 9), que puede vincularse claramente con el *agathon daimon* al que posteriormente le rendirá culto.

Evidentemente, aunque se dio la batalla, la victoria y el posterior tratado de paz, esta narración es un claro discurso propagandístico que se vincula al programa del general y sus partidarios teniendo una vinculación constatable en la documentación arqueológica. Hemos comentado como el águila y el rayo llenan las monedas de la *symmachia*, y el envío de parte del botín a Delfos y a Corinto para ser expuesto es el culmen de un programa que trasciende de lo pansiciliota[43], basado en la *eleutheria* frente al cartaginés, a lo panhelénico, basado en la *eleutheria* frente al bárbaro.

Evidentemente, la drástica transición de un escenario a otro y la preponderancia del corintio frente a otros líderes supuso la desafección de los tiranos y el cisma de la frágil unión, que nuevamente fue aprovechada por las fuentes y por el propio Timoleón para dar un giro programático y cambiar la *eleutheria* frente al bárbaro por una *elutheria* frente a la tiranía. Sin embargo, las fuentes son bastante escuetas en lo referente a las múltiples victorias frente a los tiranos. Diodoro aborda superficialmente la revuelta de los tiranos describiendo solo el caso del pirata Postumio y enumerando las victorias de Timoleón sobre Hicetas, los campanos de Etna y los tiranos de Centuripa y Agyrion (Diod. 16.82.3-5). Cornelio Nepote solo menciona las derrotas de Hicetas y Marco (Nepos. *Tim.* 2. 3-3.1). Ambos resaltan el papel magnánimo de Timoleón permitiendo a los siracusanos ajusticiar a figuras como la de Hicetas, quien prefiere suicidarse antes que enfrentar a sus jueces.

Es de nuevo Plutarco quien en sus capítulos treinta y tres y treinta y cuatro describe la revuelta profundizando en ella y dando más detalles. Así, narra como Hicetas y Mamerco se aliaron con los cartagineses, quienes enviaron un nuevo general, Giscón, al mando de mercenarios griegos y las campañas contra estos. Es en este momento en el que necesita una mayor carga emotiva, se revaloriza el papel de la piedad del general, la *tyché* del mismo. Primero, por medio del castigo divino a los mercenarios de la guerra sagrada que se mantuvieron fieles al corintio, pero que cuando estuvieron lejos de su protección cayeron en una emboscada, una de las pocas derrotas que recoge Plutarco en el bando timoleonteo (Plut. *Tim.* 30. 6-31). Luego, por medio de otra manifestación de la voluntad divina, en el pasaje de la batalla del río Damiras donde derrota a Hicetas. En este pasaje los generales de Timoleón se sortean encabezar al ejército echando sus anillos en un saco y sale ganador el que tenía en su anillo el sello de la victoria (Plut. *Tim.* 31. 2-4.). Incluso, posteriormente, fuera de esta narrativa, se recuerdan las adversidades como la ceguera que contrajo en el sitio de Myle, posiblemente un glaucoma, se convierten en una ventaja al ser un símbolo de su carácter oracular y su sabiduría (Plut. *Tim.* 37.6). En estos capítulos vemos cómo Timoleón fue acaparando el papel hegemónico en la isla, actuando como libertador y restaurando la autonomía a las ciudades, de manera que a la vez afianzaba sus lazos de amistad con ellas (Sánchez Domínguez 2014: 437).

---

43. Sobre el monumento de la victoria, *vid.* Musti (1962: 462), Talbert (1974: 76-77) y Kent (1952: 9-18) para el estudio epigráfico.

En este punto, la estructura del relato del héroe parece adolecer de la ausencia de una serie de elementos; por un lado, la tentación, la cual parece no manifestarse, y por otro lado, el momento del retorno, el cual debería llevarle a alcanzar su apoteosis y recibir la veneración. Si bien las fuentes no hablan en ningún momento de la tentación, nos tomaremos la libertad de dibujar la tentación que parece existir en Siracusa, la de ejercer el poder y el control desde la colonia corintia hacia la Sicilia griega. El riesgo de la tiranía podría haber sido la principal tentación, pero el hecho de que Timoleón dejara el mando militar lo hace bascular y cambiar el modelo heroico para convertirse en un nuevo héroe, un héroe que no retorna a casa, sino que encuentra su lugar en Siracusa y en Sicilia, donde se convierte en el *oikistés*, *profilaktes*, *tesmoforico*, guardián de los cultos y promotor de nuevos como el culto a la fortuna y al *agathon demon*.

Desde la liberación de Siracusa Timoleón fue dibujando su papel de *oikistés*, repobló la ciudad, le dio leyes y, aunque no aceptó el nombramiento[44], se comportó como tal hasta el punto de repartir las casas y las tierras *(vid. supra)*. Tras la victoria del Crimisos y con la guerra contra los tiranos, Timoleón consiguió liberar las ciudades y pudo actuar sobre estas *poleis* o *phrouria* liberadas de los tiranos. Así las poblaciones de Catania, Leontinos y Mesina fueron reorganizadas y trasvasadas a Siracusa, sus tierras reasignadas y sus tiranos depuestos, y Aguirio obtuvo nuevas leyes y pobladores, como otras localidades del centro y sur de la isla, que consideraron a Timoleón *oikistés* o cuyos *oikistai* fueron elegidos por el corintio (Diod. 16, 82, 3-16, 83, 1; Nep. *Tim.* 3; Plu. *Tim.* 30-36. *Vid.* Sánchez Domínguez 2014: 453-462; 2018: 297-298).

Timoleón se convirtió en un guardián de las leyes y las instituciones que el mismo reformó a lo largo de toda su etapa en Sicilia y, debido a ello, se le otorgaron unos honores pocas veces vistos en Siracusa. Muccioli (2014: 40 y 44) solo le encuentra como símil la figura de Gelón, y aun así reconoce solo algunos aspectos en común, pues por primera vez con Timoleón se le rinden honores heroicos a un extranjero, si bien la aportación de Muccioli se centra en los honores heroicos recibidos *post mortem*. Una de las claves de la importancia de los honores recibidos por el general la tenemos en el relato de Plutarco sobre la vejez de Timoleón.

Si buscamos seguir la estructura campbelliana que hemos intentado mantener en esta aportación, tras la superación de la prueba e incluso la tentación, el héroe debe regresar a su mundo. Ya hemos aclarado que al ser un *oikistes* en Siracusa el mundo al que pertenece va a ser el de la colonia corintia; no obstante, y siguiendo el relato de Plutarco, el héroe va a recibir como recompensa el mundo negado, la libertad para vivir en él y la gracia última (Campbell 1959: 41). Se podría decir que cuando Timoleón se retira y es un mero particular, no deja de tener el poder sino todo lo contrario: es la máxima autoridad de Siracusa (Sánchez Domínguez 2014: 475). Si bien es cierto que no vuelve a Corinto, de donde sale marcado por el miasma del fratricidio, permanece en Siracusa, en una casa particular regalada por los siracusanos, donde erigió un templo a la fortuna y al *agathos daimon*, y donde, en todo momento, es tratado como una eminencia al que visitan lugareños y extranjeros, y cuya opinión es tan venerada que a nuestro entender es tratado como

---

44. Plu. *Tim.* 22, 4 -23,3. Entendemos que los siracusanos, cuando escriben solicitando a Corinto la refundación de su ciudad, tenían en mente que el nuevo *oikistes* fuera Timoleón, quien estaba ya haciendo esas labores (Sánchez Domínguez 2018: 297).

un rey sagrado (Nep. *Tim.* 3.5), al que se le lleva a la asamblea donde no abusa, pero es escuchado prevaleciendo su opinión por ser la más sabia (Diod. 16. 90.1.; Nep. *Tim.* 4; Plut. *Tim.* 37-39).

Finalmente, en el momento de su muerte, termina el relato y es convertido en un héroe por aclamación popular, la cual se plasma en el edicto leído por el Heraldo Demetrio y recogido por Diodoro, Cornelio Nepote y Plutarco (Nep. *Tim.* 5.4; Plut. *Tim.* 39). Así queda establecido que sus restos sean quemados en un festival, se le construye un gimnasio con un templo asociado y llega su apoteosis, en opinión de autores como Muccioli (2014: 49-50); una apoteosis de la mano de *Tyché*, la fortuna que según él siempre le acompañaba.

Por desgracia, esta imagen no perdura y es borrada en unos años por Agatocles, y para mayor desgracia, el siglo XVIII y el siglo XIX ven en Timoleón otra imagen distinta. Buscan en él otro héroe, no el afortunado héroe amado por los dioses, sino el personaje trágico que, ante el dilema moral de la familia o el estado, escoge el estado.

BIBLIOGRAFÍA

ALGANZA ROLDÁN, M. (1994): «Diodoro y el arte adivinatorio: apuntes sobre el tratamiento de la mantica en la Biblioteca Histórica», en J. Lens Tuero, *Estudios sobre Diodoro de Sicilia*: 71-79. Granada, Universidad de Granada.

ALGANZA ROLDÁN, M. y VILLENA PONSADA, M. (1994), «La descripción de la taxis en Diodoro» en J. Lens Tuero, *Estudios sobre Diodoro de Sicilia*: 229-242. Granada, Universidad de Granada.

ANTONACCIO, C. (1994): «Contesting the Past: Hero Cult, Tomb Cult, and Epic in Early Greece», *American Journal of Archaeology* 98, 3: 389-410.

BICKNEL, P. J. (1984): «The Date of Timoleon's Crossing to Italy and the Comet of 361 B. C.», *CQ* 34: 130-134.

BLOMART, A. (1999): «Les manières grecques de déplacer les héros: modalités religieuses et motivations politiques», *Héros et héroïnes dans les mythes et les cultes grecs (Actes du colloque organisé à l'Université de Valladolid du 26 au 29 mai 1999). Kernos* 10: 351-364.

BONACASA, N.; BRACCESI, L. y DE MIRO, E. (*a cura di*) (2002): *La Sicilia dei due Dionisi (Atti della settimana di studio*, Agrigento, 24-28 febbraio 1999). Progetto Akragas 2. Roma, L'Erma di Bretschneider.

BONANNO, D. (2010): *Ierone il Dinomenide. Storia e Rappresentazione*, Kokalos Suppl. 21. Pisa-Roma, Fabrizio Serra Editore.

BRACCESI, L. (1998): *I tiranni di Sicilia*. Roma, Editore Laterza.

BRELICH, A. (1978): *Gli eroi greci. Un problema storico-religioso* (1.ª ed. 1958). Roma, Edizioni dell'Ateneo & Bizzarri.

BURCHFIELD, A. E. (2013): *Going the Distance: Themes of the Hero in Disney's Hercules.* Thesis Dis. Brigham Young University.

CAMACHO ROJO, J. M. (1994a): «El concepto de *týche* en Diodoro de Sicilia», en J. Lens Tuero, *Estudios sobre Diodoro de Sicilia*: 81-96. Granada, Universidad de Granada.

CAMACHO ROJO, J. M. (1994b): «Actitudes del hombre frente a la *týche* en la Bibliotea Histórica de Diodoro de Sicilia», en J. Lens Tuero, *Estudios sobre Diodoro de Sicilia*: 97-116. Granada, Universidad de Granada.

CANDAU, J. M. (2009): «Plutarco Transmisor. Timeo de Tauromenio (FgrHist 566) y la vida de Timoleón», en E. Lanzillotta, V. Costa y G. Ottone, *Tradizione e trasmissione degli storici greci frammentari in ricordo di Silvio Accame* (*Atti del II Workshop Internazionale Roma 16-18 febbraio 2006)*: 249-280. Roma, Edizioni Tored.

CAMPBELL, J. (1959): *El héroe de las mil caras. Psicoanálisis del mito*. México, Ed. Fondo Cultura Económica.

CASEVITZ, M. (1985): *Le vocabulaire de la colonisation en grec ancien. Étude lexicologique*. Paris, Klincksieck.

CASTRIZIO, D. (2000): *La monetazione mercenariale in Sicilia, strategie economiche e territoriale fra Dione e Timoleonte*. Catanzaro, Rubbettino.

CASTRIZIO, D. (2011): «La construzione della Eutychia di Timoleonte nelle emisioni monetali», en M. Congiu, C. Micciché e S. Modeo (*a cura di*), *Timoleonte e la Sicilia della seconda metà del IV sec. a. C.*: 245-258. Caltanissetta-Roma, Sciascia.

CATENACCI, C. (2009): «Tra eversione e fondazione. La tirannide nella Grecia arcaica e classica», en G. Urso (ed.), *Ordine e sovversione nel mondo greco e romano (Atti convegno internazionale Cividale del Friuli 25-27 Settembre 2008)*:13-37. Pisa, Edizioni ETS.

CONSOLO LANGHER, S. N. (1996): *Siracusa e la Sicilia Greca: tra etá arcaica ed alto Ellenismo*. Messina, Società Storia Patria Messina.

CONSOLO LANGHER, S. N. (1997): *Un imperialismo tra democrazia e tirannide. Siracusa nei secoli V e IV a. C.* Kokalos Suppl. 12. Roma, L'Erma de Bretschneider.

CONGIU, M.; MICCICHÉ, C. y MODEO, S. (*a cura di*) (2011): *Timoleonte e la Sicilia della seconda metà del IV sec. a. C.* Caltanissetta-Roma, Sciascia.

CONGIU, M.; MICCICHÈ, C.; MODEO, S. y SANTAGATI, L. (2008): *Greci e Punici in Sicilia tra V e IV secolo a. C.* Caltaniseta-Roma, Sciascia.

CORRETI, A. (2003): *Quarte Giornate Internazionali Di Studi Sull'area Elima* (Erice, 1-4 dicembre 2000). Pisa, Scuola Normale Superiore.

DAGASO, S. (2006): «Timoleonte a Corinto», *Acme: Annali della Facolta di Lettere e Filosofia dell'Universita degli Studi di Milano* 59, 2: 3-22.

DEL CERRO LINARES, C.; MORA RODRÍGUEZ, G.; PASCUAL GONZÁLEZ, J. y SÁNCHEZ MORENO, E. (eds.) (2012): *Ideología, identidades e interacción en el Mundo Antiguo*. Madrid, UAM.

DE SENSI SESTITO, G. e INTRIERI, M. (2011): *Sulla rota per la Sicilia: l'Epiro, Corcira e l'Occidente*. Venezia, Edizioni ETS.

DO CARMO, F. (2011): «As tiranias sicilianas do início do século V a. C.: aspetos ideológicos do poder: parte I – a colonização grega da Sicília», *Cadmo* 22. (http://dx.doi. org/10.14195/0871-9527_22_10)

EKROTH, G. (2002): *The sacrificial rituals of Greek Hero-Cults*. Kernos supl. 12. Liège, Presses Universitaires de Liège.

EKROTH, G. (2007): «Heroes and Heroes Cult», en D. Ogden (ed.), *Companion to Greek Religion*: 100-114. Oxford, Blackwell.

FARNELL, L. R. (1970 [1921]): *Greek hero cults and ideas of inmortality*. 10.ª ed. Oxford, Forgotten Books.

FINLEY, M. (1968): *A History of Sicily. Ancient Sicily to the Arab Conquest*. London, Viking Press.

FORNIS, C. (2002): «Prosopografia corintia (siglo V a. C.)», *Gerión* 20, 1: 197-204.

FOUCART, P. (1922): «Le culte des héros chez les Grecs», *Mémoires de l'Institut national de France*, tome 42: 1-166. DOI : https://doi.org/10.3406/minf.1922.998.

FUKS, A. (1968): «Redistribution of Land and Houses in Syracuse in 356 B. C., and Its Ideological Aspects», *Classical Quarterly* 18, 2: 207-223.

GALVAGNO, E. (2000): *Politica ed economia nella Sicilia greca*. Roma, Carocci Editore.

GALVAGNO, E. (2002): «Dione e i ΣΥΜΜΑΞΟΙ», en N. Bonacasa, L. Braccesi y E. De Miro (*a cura di*), *La Sicilia dei due Dionisi (Atti della settimana di studio, Agrigento, 24-28 febbraio 1999)*. Progetto Akragas 2: 405-416. Roma, L'Erma di Bretschneider.

GARCÍA, F. J. G. (1992): «Hazañas de héroes, ¿historia de hombres?: el héroe griego, mitología y ritual, entre la épica, la historia y el surgimiento de la polis», *Gallaecia* 13: 215-259.

GOLDSTREAM, J. N. (1976): «Hero-Cults in the Age of Homer», *The Journal of Hellenic Studies* 96: 8-17.

GRAVES, R. (1997): *Los mitos griegos*, vol. I. Madrid, Alianza.

GULLETTA, M. I. (2003): «Timoleonte, Entella e la sua chora. Destrutturazione di un racconto e cartografia di una battaglia», en A. Correti, *Quarte Giornate Internazionali Di Studi Sull'area Elima (Erice, 1-4 dicembre 2000)*: 753-825. Pisa, Scuola Normale Superiore.

HOFFMANN, G. (1999): «Brasidas ou le fait d'armes comme source d'héroïsation dans la Grèce classique», en V. Pirenne-Delforge y E. Suárez de la Torre, *Héros et héroïnes dans les mythes et les cultes grecs (Actes du colloque organisé à l'Université de Valladolid du 26 au 29 mai 1999)*: 365-375. Liège, Presses Universitaires de Liège.

JACQUEMIN, A. (1993): «Oikiste et tyran: fondateur-monarque et monarque-fondateur dans l'Occident grec», *Ktèma* 18: 19-27.

KENT, J. H. (1952): «The Victory Monument of Timoleon at Corinth», *Hesperia* 21, 1: 9-18.

LANZILLOTTA, E.; COSTA, V. y OTTONE, G. (2009): *Tradizione e trasmissione degli storici greci frammentari in ricordo di Silvio Accame (Atti del II Workshop Internazionale Roma 16-18 febbraio 2006)*. Roma, Tivoli: Tored.

LENS TUERO, J. (1994): *Estudios sobre Diodoro de Sicilia*. Granada, Universidad de Granada.

LÓPEZ SACO, J. (2018): «La configuración del héroe épico griego arcaico a través de Homero y Hesíodo», *El Futuro del Pasado: revista electrónica de historia* 9: 157-176.

LURAGHI, N. (1994): *Tirannidi arcaiche in Sicilia e Magna Grecia: da Panecio di Leontini alla caduta dei Dinomenidi*. Fondazione Firpo. Studi e Testi 3. Firenze, Leo S. Olschki.

MAFODDA, G. (1996): *La monarchia di Gelone tra pragmatismo, ideologia e propaganda*. Biblioteca dell'Archivio Storico Messinese 24. Messina, Società Messinese di Storia Patria.

MAFODDA, G. (2002): «Da Gelone a Dionigi il grande», en N. Bonacasa, L. Braccesi y E. De Miro (eds.), *La Sicilia dei due Dionisi (Atti della settimana di studio, Agrigento, 24-28 febbraio 1999)*. Progetto Akragas 2: 443-452. Roma, L'Erma di Bretschneider.

MALKIN, I. (1987): *Religion and colonization in Ancient Greece*. Leiden, Brill.

MANDEL, J. (1979): «Timophane: Un commandant de mercenaires devenu tyran», *Euphrosyne* 9: 151-159.

MARASCO, G. (1982): «La preparazione dell'impresa di Dione in Sicilia», *Prometheus* 8: 152-176.

MOSSÉ, C. (1969): *La tyrannie dans la Grèce Antique*. Paris, Presses Universitaires de France.

MOTTE, A. (1999): «La catégorie platonicienne du héros», en V. Pirenne-Delforge y E. Suárez de la Torre (eds.), *Héros et héroïnes dans les mythes et les cultes grecs (Actes du colloque organisé à l'Université de Valladolid du 26 au 29 mai 1999)*: 79-90. Liège, Presses unversitaires de Liège.

MUCCIOLI, F. (1999): *Dionisio II, storia e tradizione letteraria*. Bolonia, Clueb.

MUCCIOLI, F. (2014): «Il culto di Timoleonte a Siracusa nel contesto politico e religioso del IV secolo a.C. Tradizione e Innovazione», en T. Gnoli y F. Muccioli (eds.), *Divizzazione, culto del sovrano e apoteosi. Tra Antichità e Medioevo*: 37-58. Bolonia, Bononia University Press.

MUSTI, D. (1962): «Ancora sull' "iscrizione di Timoleonte"», *La Parola del passato* 17: 450-471.

MARI, M. (2010): «Funerali illustri e spazio pubblico nella Grecia antica», en J. Carruesco (ed.), *Topos-Chóra L'espai a Grècia I: perspectives interdisciplinàries Homenatge a Jean-Pierre Vernant i Pierre Vidal-Naquet*. Documenta 17: 85-102.

MARI, M. (2017): «Gli oracoli nella Grecia antica: Prevision del futuro o gestione del presente?», *Quaderni Storici* 156, III: 655-680.

ORSI, D. P. (1994): *La lotta politica a Siracusa alla metà del IV secolo a.C. La trattative fra Dione e Dionisio II*. Bari, Ediprint.

PAIARO, D. (2016): «Éros et politique dans l'Athènes démocratique. À propos des tyrannicides», *Clio. Femmes, Genre, Histoire* 43: 139-150.

PIRENNE_DELFORGE, V. y SUÁREZ DE LA TORRE, E. (1999): *Héros et héroïnes dans les mythes et les cultes grecs (Actes du colloque organisé à l'Université de Valladolid du 26 au 29 mai 1999)*. Liège, Presses universitaires de Liège.

PRESTIANI GIALLOMBARDO, A. M. (2011): «La spedizione di Timoleonte», en G. de Sensi Sestito y M. Intrieri (*a cura di*), *Sulla rotta per la Sicilia: l'Epiro, Corcira e l'Occidente*: 459-486. Venezia, Edizioni ETS.

REBOREDA MORILLO, S. (1997): «El origen del culto al héroe», en J. Alvar, D. Plácido, J. M. Casillas y C. Fornis (coords.), *Imágenes de la polis*: 355-368. Madrid, Ediciones Clásicas.

ROHDE, E. (1948): *Psique. La idea del alma y de la inmortalidad entre los griegos*. México, Fondo de Cultura Económica.

RODRÍGUEZ MORENO, I. (1999): «Le héros comme μεταξύ entre l'homme et la divinité dans la pensée grecque», en V. Pirenne-Delforge y E. Suárez de la Torre (eds.), *Héros et héroïnes dans les mythes et les cultes grecs (Actes du colloque organisé à l'Université de Valladolid du 26 au 29 mai 1999)*: 91-100. Liège, Presses univesitaires de Liège.

SÁNCHEZ DOMÍNGUEZ, V. (2012): «El culto de Zeus Olímpico en las reformas de Timoleón», en C. del Cerro, G. Mora Rodríguez, J. Pascual González y E. Sánchez Moreno (eds.), *Ideología, identidades e interacción en el Mundo Antiguo*: 389-406. Madrid, UAM.

SÁNCHEZ DOMÍNGUEZ, V. (2014): *Siracusa, política y sociedad en el siglo IV a.C. De los tiranos a la democracia* (Tesis Doctoral, inédita). Sevilla, Universidad de Sevilla.

SÁNCHEZ DOMÍNGUEZ, V. (2017) «Cambios y pervivencias en la democracia siracusana a mediados del siglo IV a.C.», *Gerión* 35, 1: 57-76. DOI: http://dx.doi.org/10.5209/ GERI.56955.

SÁNCHEZ DOMÍNGUEZ, V. y FORNIS, C. (2010): «Una aproximación a las políticas de poblamiento de Timoleón en Sicilia», *Studia Historica Historia Antigua* 28: 17-29.

SANDERS, L. J. (2008): *The legend of Dion*. Toronto, Dundurn Press.

SANTAGATI, E. (2011): «La construzione della Eutychia di Timoleonte nelle fonti storiografiche», en M. Congiu, C. Micciché y S. Modeo (*a cura di*), *Timoleonte e la Sicilia della seconda metà del IV sec. a.C.*: 237-244. Caltanissetta-Roma, Sciascia.

SHEAR, J. (2012): «The tyrannicides, their cult and the panathenaia: a note», *The Journal of Hellenic Studies* 132: 107-119.

SMARZCYK, B. (2003): *Timoleon und die Neugründung von Syrakus*. Abhandlungen der Akademie der Wissenschaften zu Göttingen 251. Göttingen, Vandenhoeck & Ruprecht Verlag.

SORDI, M. (1961): *Timoleonte*. Palermo, Flaccovio.

SORDI, M. (1967): «Dione e la symmachia siciliana», *Kokalos* 13: 143-154.

STERRANTINO, A. (2011): «Pragmatismo politico di Timoleonte. Dalla democrazia all'oligarchia?», en M. Congiu, C. Micciché y S. Modeo (*a cura di*), *Timoleonte e la Sicilia della seconda metà del IV sec. a.C.*: 175-179. Caltanissetta-Roma, Sciascia.

SWAIN, C. R. (1989), «Plutarch: Chance, Providence, History», *American Journal of Philology* 110: 272-302.

TALBERT, R. J. A. (1974): *Timoleon and the Revival of the Greek Sicily 344-317 B.C.* Cambridge, Cambridge University Press.

TATUM, W. J. (2010): «Another look at *tyche* in Plutarch's Aemilius Paullus-Timoleon», *Historia* 59, 4: 448-461.

VALDÉS GUÍA, M. (2009): «La recreación del pasado en el imaginario griego: el mito de Teseo y su utilización como fuente histórica», *Dialogues d'histoire ancienne* 35, I: 11-40.

VATTUONE, R. (1994): «Metoikesis: Trapianti di popolazioni nella Sicilia greca fra VI e IV sec. a.C.», en M. Sordi (ed), *Emigrazione e immigrazione nel mondo antico*: 91-113. Milano, Pubblicazioni dell'Università Cattolica.

VATTUONE, R. (2002): *Storici Greci d'Occidente*. Bologna, Società Editrice Il Mulino.
WESTLAKE, H. D. (1942): «Timoleon and the Reconstruction of Syracuse», *CHJ* 7: 73-100. DOI: http://dx.doi.org/10.1017/S1474691300002535.
WESTLAKE, H. D. (1949): «The Purpose of Timoleon's Mission», *AJPh* 70: 65-75. DOI: http://dx.doi.org/10.2307/290966.
WESTLAKE, H. D. (1952): *Timoleon and his Relations with Tyrants* (N.º 5). Manchester, Manchester University Press.
WESTLAKE, H. D. (1969): *Essays on the Greek Historians and Greek History*. Manchester, Manchester University Press.

VAE, PUTO DEUS FIO: ACTITUDES ANTE LA DIVINIZACIÓN DE LOS EMPERADORES ROMANOS

Fernando Lozano Gómez

Universidad de Sevilla

Carmen Alarcón Hernández

Universidad Pablo de Olavide

1. INTRODUCCIÓN

«¡Vaya, creo que me estoy convirtiendo en un dios!» (Suet. *Vesp.* 23)[1]. Esta fue la exclamación de Vespasiano cuando se dio cuenta de que se estaba muriendo. O al menos son las palabras que Suetonio puso en boca del emperador en sus días postreros. Sin embargo, al contrario de lo que sostienen algunos, no fueron sus últimas palabras; al menos, nuevamente, según el relato, siempre colorido y artificioso, del biógrafo más conocido del Imperio. Después de esta chistosa ocurrencia parece que el César no había agotado su ingenio pues, sintiéndose desfallecer, afirmó que «un emperador debe morir de pie, y en el instante en que procuraba levantarse expiró entre los brazos de los que le ayudaban» (Suet. *Vesp.* 24)[2].

Pero volvamos al chisposo comentario de Vespasiano sobre su inminente apoteosis. La frase se ha utilizado para hacer afirmaciones en torno al culto imperial; es decir, sobre el conjunto de heterogéneas prácticas religiosas que se llevaron a cabo en honor de los Césares y los miembros de su familia. Concretamente, el relato de Suetonio, y algunos otros[3], se han usado para argumentar el descreimiento y la mofa, de parte de la población

---

1. «*'Vae', inquit, 'puto deus fio'*».

2. «*Imperatorem ait stantem mori oportere; dumque consurgit ac nititur, inter manus subleuantium extinctus est*».

3. Entre las fuentes que se traen a colación para argumentar el escepticismo de la población, cabe destacar el relato de Quintiliano (*Inst.* 6, 3, 77) según el cual una embajada llegada desde Tarraco informaría al emperador Augusto del prodigio del crecimiento de una palmera en el altar consagrado a su persona; a lo que el emperador respondería que quizás fuera consecuencia de la falta de uso. Asimismo, la *Apocolocíntosis* (*Apocol.* 11), texto atribuido a Séneca y en el que se satiriza la divinización del emperador Claudio, ha sido interpretado como una crítica general a la institución de la *consecratio*; un texto que, sin embargo, se contrapone a otro de los escritos del autor sobre Claudio: Sen. *Cons. Polyb.* 12, 3-4.

y los gobernantes, sobre los rituales que se configuraron en torno a la *domus* imperial[4]. Sin embargo, el grueso de la documentación epigráfica y arqueológica, no solo en Italia sino también en el resto de las provincias, no se corresponde con la interpretación que se ha hecho de algunas de estas fuentes literarias.

Este trabajo presenta una reflexión sobre la creencia en la divinidad de los emperadores romanos y sugiere una aproximación alternativa, que se podría calificar de empática. Para alcanzar dicho objetivo, en primer lugar, se analizan las conclusiones de una serie de autores, especialmente aquellos que consideraron los rituales de culto imperial como consecuencia de la decadencia de la religión grecorromana por constituir una falsa adulación, así como los que definieron esta manifestación cultual como una institución política, subestimando o negando completamente cualquier implicación religiosa. Con posterioridad, se argumenta que la pregunta sobre la creencia en la divinidad de los emperadores romanos no tiene una respuesta única e inequívoca, pues no se trata de una cuestión que se pueda responder de forma categórica. Así, frente a la asunción generalizada de que los sentimientos, las creencias o las emociones no deben considerarse en el estudio del culto a los gobernantes –ya que son, básicamente, suposiciones cristianas–, se propone una reflexión alternativa que se inspira en los trabajos de autores como Alvar, Smith, Versnel, Woolf y Hopkins.

2. CULTO IMPERIAL: HOMENAJE, ADULACIÓN INSINCERA E INSTITUCIÓN SECULAR

Gnoli y Muccioli (2014: 21) denominaron «nuevo paradigma» explicativo del culto imperial a los trabajos que surgieron tras la revisión del tema que llevó a cabo Simon Price (1984) en su influyente e iluminador *Rituals and Power. The Roman Imperial Cult in Asia Minor*[5]. Con anterioridad a la publicación de este innovador trabajo, la mayoría de los autores –los escritores que Gnoli y Muccioli englobaron bajo la etiqueta de «viejo paradigma»– definieron el culto imperial a través de una serie de características, fundamentalmente traídas del ámbito de la política, que determinaron la concepción sobre la creencia en la divinidad de los emperadores[6]. Un influyente adalid de este grupo fue Nock, que estableció una clara distinción entre homenaje y adoración, e incluyó el conjunto de rituales objeto de nuestro estudio en la primera de las categorías[7], pues, en su opinión, la segunda implicaba «the expectation of blessing to be mediated in a

---

4. Sirva de ejemplo el comentario de Taylor (1931: 236) sobre el relato de Quintiliano: «Augustus himself seems to have had a sense of humor about his divine honors. When the people of Tarraco told him that a palm had sprung up on his altar, he interpreted it as a sign that a fire was rarely kindled upon it». Como se señala en las próximas páginas, los trabajos que mejor ejemplifican esta tendencia son los de Scott (1932: 317-328) y Bowersock (1973: 177-212).

5. Gnoli y Muccioli (2014: 21): «Una monografia che a tutt'oggi costituisce uno dei capisaldi nel nuovo paradigma».

6. A continuación, se presentan las aportaciones más importantes de los autores que se pueden incluir en el «viejo paradigma». Para una descripción más detallada de la historiografía sobre los rituales de culto imperial, véanse: Alarcón (2014: 181-212; 2019: 181-205).

7. Entre las obras que determinaron el estudio de las manifestaciones de culto imperial destaca también el trabajo de Taylor (1931).

supernatural way» (Nock 1934: 481-482); un rasgo que consideraba que no estaba presente en el culto a los gobernantes. Aún más, dado que estimó que la ofrenda votiva era la piedra angular de las manifestaciones religiosas de la Antigüedad, su ausencia entre los honores divinos que recibía la *domus* imperial suponía su exclusión del ámbito de la religión romana, constituyendo, por el contrario, declaraciones de tipo político, por lo que el desarrollo de dichos rituales era una cuestión «of status [del emperador] and not of worship» (Nock 1934: 481).

Nock no fue el primer autor en expresar tal punto de vista, ya que su trabajo recogía postulados bien asentados con anterioridad y desde antiguo. Entre las obras anteriores cabe destacar la influyente *Decline and Fall of the Roman Empire* de Gibbon, que se expresa sin ambages sobre el culto al emperador. El historiador británico no solo definió su naturaleza política y corrupta como «a servile and impious mode of adulation» (Gibbon 1910: 69), sino que también estableció una división del Imperio romano, de acuerdo con el modo de implantación y desarrollo de la concesión de los honores divinos. Así, mientras que el Oriente griego sucumbe rápidamente a esta impía adulación, el Occidente latino acepta el culto a los Césares solo a través de la imposición, pues «they for a long while preserved the sentiments, or at least the ideas, of their free-born ancestors […] The history of their own country had taught them to revere a free, a virtuous, and a victorious commonwealth» (Gibbon 1910: 80). En definitiva, se trataba de un modelo explicativo que combinaba dos nociones sobre el culto imperial: por una parte, su naturaleza política y despreciable –una mera adulación servil–; por otra, su aceptación fácil y espontanea en Oriente, debido a la degradación moral que se atribuía a esa parte del Mediterráneo, y su imposición violenta en Occidente, donde se atribuyó a las sociedades un mayor grado de amor por la libertad[8]. Es importante señalar que este orientalismo ha seguido presente en los estudios de algunos autores muy influyentes en el ámbito del culto imperial, como es el caso de Fishwick[9].

Dodds, el autor de *The Greeks and the Irrational*, siguió una línea argumentativa similar a la de Nock, aunque se centró, principalmente, en la adoración de los reyes helenísticos. Sus postulados fueron respaldados en especial entre los historiadores del mundo griego[10]. La consideración de los rituales de culto al soberano que sostuvo fue más negativa que la propuesta de Nock ya que, en opinión de Dodds (1951: 242) «when the old gods withdraw, the empty thrones cry out for a successor, and with good management, or even without management, almost any perishable bag of bones may be hoisted into the vacant seat»[11]. El autor fue aún más lejos al afirmar que la adoración a los gobernantes era una artimaña política insincera; un claro signo del ambiente religioso corrupto del período helenístico: «Hellenistic ruler-worship was always insincere –that it was a

---

8. Sobre la construcción historiográfica de un Oriente decadente, véase Said 1978.

9. Fishwick (1987: 92): «In the origin the impetus to establish the ruler cult came from the east; but in the west provincial cult, at least, was for the most part installed by Augustus and his successors».

10. Véase al respecto Versnel (2011: 456).

11. Sobre la inclusión de humanos entre las divinidades tradicionales grecorromanas como un signo de decadencia, consúltese también: Festugière (1972: 121-123 y 126-127) y Taylor (1931: 54). La noción de que la divinización tenía poca importancia y que estaba al alcance de cualquier persona ha tenido mucho éxito: «Generally speaking one may say that in Antiquity anyone who did something that was not understood or that was considered miraculous ran himself the risk of being looked upon as a god» (Mussies 1988: 2).

political stunt and nothing more–, no one, I think, will believe who has observed in our own day the steadily growing mass adulation of dictators, kings, and, in default of either, athletes» (Dodds 1951: 242).

La naturaleza secular del culto a los Césares, que se ha ejemplificado aquí con dos de sus precursores más notables, también estuvo presente en las obras de buena parte de los historiadores de la segunda mitad del siglo XX –al menos, claramente, hasta mediados de la década de los 80– que analizaron los honores divinos que recibió la *domus imperatoria*. Paul Veyne, por ejemplo, en su aclamado *Le Pain et le cirque: sociologie historique d'un pluralisme politique*, argumentó que estos rituales en realidad implicaban un sentimiento intenso y sincero, pero no religioso[12]. Igualmente, sobre la posibilidad de creer en la divinidad de los soberanos, Veyne (1976: 561) dio una de las respuestas negativas más categóricas: «Personne, fût-ce le plus primitif des primitifs ou le dernier sujet des pharaons, n'a jamais cru que son souverain était un dieu»[13]. En el mismo sentido, Bowersock (1965: 112) afirmó que el mayor honor que se podía conferir a los benefactores era la adoración, pero esta reveló «little about the religious life of the Hellenic peoples but much about their ways of diplomacy».

3. EL NUEVO PARADIGMA Y SU CONSOLIDACIÓN

El enfoque general que había primado en los estudios sobre los rituales de culto imperial a lo largo del siglo XX fue modificado por Price en su trabajo sobre Asia Menor de 1984. A pesar de que, como han destacado Gnoli y Muccioli (2014: 21), el historiador inglés sentó los fundamentos del denominado «nuevo paradigma»; sin embargo, el primer trabajo crítico con las explicaciones tradicionales sobre la adoración a los monarcas en el mundo antiguo se había publicado unos años antes. Lo firmó Hopkins y se incluyó como capítulo de libro en su estudio sociológico sobre el mundo romano titulado *Conquerors and Slaves* que vio la luz en 1978. La influencia del trabajo de Hopkins en la obra de Price fue grande y en aspectos fundamentales de su interpretación. En efecto, Hopkins propuso que la concesión de honores divinos a los Césares se debía considerar como una manifestación religiosa y política, y argumentó que el emperador ocupaba una posición intermedia entre los hombres comunes y los dioses, compartiendo características de ambos[14]. De este modo, el culto a los gobernantes tenía una función explicativa, pues los súbditos, que no podían cambiar el orden social establecido y estaban en su mayor

---

12. Veyne (1976: 561): «Une fête patriotique et monarchique, même si elle commence par un sacrifice offert à la divinité du roi, est-elle de la religion au même sens qu'une prière adressée à un dieu dans un moment d'effusion ou qu'un ex-voto promis à un dieu dans un moment de désespoir? Nous n'insinuons pas que le culte monarchique était insincère: rien de plus sincère aussi que le culte du drapeau soit un sentiment intense, ce n'est pas un sentiment religieux». Los rituales en honor del *princeps* se definieron como actos de lealtad política. Latte (1960: 312-326) emplea la denominación Loyalitätsreligion, y Liebeschuetz (1979: 63 y 78), que sigue la misma línea interpretativa, los define como «rituales de lealtad» que constituyen una «institución secular».

13. El autor mantiene su argumentación en una obra posterior: Veyne (2005: 69).

14. Sobre la naturaleza política y religiosa de los rituales de culto imperial, consúltese Hopkins (1978: 200). En cuanto a la posición intermedia, entre humanos y divinidades, que ocupaba el emperador, Hopkins (1978: 198) afirma que: «The emperor like the god represents the moral order, and that the emperor, as the best of men, stands between ordinary men and the gods».

parte muy alejados del emperador y los poderes fácticos del Imperio, justificaron y explicaron el lugar que ocupaban en el mundo mediante la inclusión del César en el ámbito divino (Hopkins 1978: 198). Como resultado, las ceremonias cumplieron un doble objetivo, ya que: «The king of a large empire, never seen by most of his subjects, legitimates his power by associating himself and his regime with the mystic powers of the universe. Reciprocally, subjects who rarely see an emperor come to terms with his grandeur and power by associating him with the divine» (Hopkins 1978: 197). En opinión de Hopkins, el culto imperial sirvió de mortero simbólico del Imperio: «Inhabitants of towns spread for hundreds of miles throughout the empire could celebrated their membership of a single political order and their own place within it» (Hopkins 1978: 242)[15].

Como se ha señalado, Price retomó las conclusiones principales del autor de *Conqueros and Slaves* en su sobresaliente estudio sobre Asia Menor. Al igual que Hopkins, el historiador británico arguyó que el emperador romano tenía una posición intermedia entre lo humano y lo divino. Con el objetivo de analizar la ambigua naturaleza del César que mostraban las fuentes, estudió el lugar que ocupó en los rituales que se configuraron en torno a su persona y en los templos compartidos con otros dioses, donde observó la subordinación de su estatua de culto a las imágenes de las divinidades tradicionales. En su opinión, el emperador era el primero de los hombres y el último de los dioses, consideración que estaba vinculada a la realización de dos tipos de sacrificios: «sacrifices 'to' and sacrifices 'on behalf of the emperor'» (Price 1984: 209)[16]; pues, «standing at the apex of the hierarchy of the Roman Empire, the emperor offered the hope of order and stability and was assimilated to the traditional Olympian deities. But he also needed the divine protection which came from sacrifices to the gods on his behalf» (Price 1984: 233). En efecto, de acuerdo con la investigación de Price, las ciudades griegas explicaron su sometimiento a un gobierno romano extranjero, mediante la inclusión del emperador en la estructura de los cultos tradicionales (Price 1984: 7 y 8)[17]. La naturaleza antropomorfa de los dioses grecorromanos y la condición politeísta de la religión, permitieron su tratamiento como una deidad (Price 1984: 237-239).

Las reflexiones de Hopkins y Price han influido de manera determinante en las investigaciones posteriores sobre culto imperial y, en buena medida, han guiado las nuevas explicaciones. Así, por ejemplo, la inclusión de los rituales en honor a los Césares entre las manifestación propias del politeísmo grecorromano (Burrell 2004; Camia 2011; Friesen 1993; Fujii 2013; Iossif *et al.* 2011; Kantiréa 2007; Kolb y Vitale 2016;

---

15. Recientemente, Woolf (2008: 247) ha criticado las palabras de Hopkins sobre la unidad simbólica del Imperio, señalando que «ubiquity is not the same as uniformity».

16. Para el estudio de Price sobre la ambigua naturaleza –divina y humana– del César, véase Price (1984: 146-156 y 207-233). Por su parte, Friesen no comparte los argumentos de Price, pues considera que la divinidad del emperador era equiparable a la del resto de deidades: Friesen (1993: 166). Consúltese la crítica de Friesen sobre la interpretación de Price en pp. 73-75, 147-148, 149-150 y 151-152. En este sentido, el autor afirma que: «It was appropriate for the inhabitants to sacrifice to the emperors because the emperors functioned like gods in relationship to them. It was also correct for inhabitants of the empire to sacrifice to the gods on behalf of the emperors because the emperors were not independent of the gods» (Friesen 1993: 150). También, Burrell sigue la línea interpretativa de Friesen y critica la argumentación de Price en cuanto a la subordinación de las estatuas de los Césares a la de los dioses tradicionales en los templos de culto compartidos: Burrell (2004: 324-326).

17. El autor propone estudiar los rituales de culto imperial como un sistema cultural simbólico a través de la aplicación de teorías antropológicas: Geertz (1973; 1977: 150-171).

Lozano 2010), la exclusión de los estudios que parten de suposiciones cristianas (Gradel 2002), la relevancia de las comunidades y sus tradiciones previas en el desarrollo de los rituales (Woolf 2008: 235-251; Hanges 2011: 27-34) o el análisis de la importancia del poder del emperador en la concesión de tales honras divinas (Gradel 2002: 4-5, 25-26 y 27-32)[18]; son consideraciones que derivan de la influencia y aceptación de los estudios de Hopkins y Price.

4. CULTO IMPERIAL Y CREENCIA

Aunque el trabajo de Price revolucionó la visión general de los rituales de culto imperial, en cuanto a la cuestión sobre la creencia en la divinidad del emperador romano entre los habitantes del Imperio, consideró que la simple indagación del asunto era engañosa, ya que el concepto «creencia» tenía una clara implicación cristiana:

> The centrality of 'religious belief' in our culture has sometimes led to the feeling that belief is a distinct and natural capacity which is shared by all human beings. This, of course, is nonsense. 'Belief' as a religious term is profoundly Christian in its implications; it was forged out of the experience which the Apostles and Saint Paul had of the Risen Lord. The emphasis which 'belief' gives to spiritual commitment has no necessary place in the analysis of other cultures. That is, the question about the 'real beliefs' of the Greeks is again implicitly Christianizing (Price 1984: 10-11).

La opinión sobre la creencia se hacía extensible a otros ámbitos relacionados como son la emoción y el sentimiento. Para Price, los investigadores modernos carecen de testimonios para realizar un análisis adecuado sobre emoción y sentimiento en la religión grecorromana. Además, se opuso al uso de la aparición de estos estados afectivos del ánimo como medio para demostrar la autenticidad del ritual, ya que los consideró también una consecuencia de la aplicación de nociones propias del cristianismo: «The problem with emotion as the criterion of the significance of rituals is not just that in practice we do not have the relevant evidence but that it is covertly Christianizing. The criterion of feelings and emotions as the test of authenticity in ritual and religion is in fact an appeal to the Christian virtue of *religio animi*» (Price 1984: 10). Muchos autores han seguido también esta opinión. Así, por ejemplo, queda patente en la obra de Gradel, en la que el autor afirma que «pre-Christian *religio* was not concerned with inward, personal virtues, such as belief, but with outward behaviour and attitude; in other words, with observance rather than faith, and with action rather than feeling» (Gradel 2002: 4). De esta forma, el libro de Price, que resultó tan revolucionario en otros aspectos, dejó sin respuesta la pregunta sobre la creencia en la divinidad del emperador en su contexto. El hecho de que el influyente Price dejara el interrogante sin contestación ha provocado, sin duda, que la mayoría de los autores, que escribieron inspirados por el trabajo del escritor inglés, hayan dejado a su vez de lado esta cuestión en sus obras.

---

18. Asimismo, Gordon (2011: 53-54) señala que el poder del emperador emulaba el de las divinidades tradicionales.

No obstante, también ha habido voces críticas (Lozano 2010; Versnel 2011). La más completa y autorizada de las opiniones discrepantes es, probablemente, la de Versnel en su obra *Coping with the Gods*, que afronta el estudio de la creencia, la emoción y los sentimientos en la religión griega. Aunque hace un análisis de los dioses en general, no sobre los gobernantes en particular, sus conclusiones son válidas y aplicables a nuestro objeto de estudio. En este sentido, el autor critica que la centralidad de la acción ritual haya restado importancia –e incluso negado– la relevancia de la creencia en los dioses paganos. Con la agudeza que le caracteriza, el escritor holandés señala: «How does one communicate with divine beings through prayer, gift-giving, and attributing them a full scale of anthro-pomorphic (and allomorphic) features […] *without* believing (that is taking as true) that these beings exist (in whatever sense of the word 'exist')?» (Versnel 2011: 552).

Como hemos indicado en alguna publicación anterior, estamos de acuerdo con esta opinión (Lozano 2010: 37-68). El valor del ritual y la participación comunal en él que, sin duda, es central en el paganismo romano[19], no debe soslayar la importancia que tuvo la creencia en los dioses, los seres sobrenaturales, las historias divinas y los mitos en todas las religiones antiguas, al menos, del entorno mediterráneo. Tampoco es adecuado suprimir del debate religioso sobre el paganismo grecorromano conceptos centrales en el estudio de las religiones como son la emoción y el sentimiento. Es más, parecería que hacerlo es coludir precisamente con la forma de entender la religión que está presente en algunas versiones del cristianismo moderno que subliman y deshumanizan en parte la experiencia religiosa, dejando a un lado los estados de ánimo vigorosos, ajenos para estos grupos a la religión. Se eliminan, en especial, las manifestaciones de dichos estados de ánimo que podríamos denominar positivas y que tienen que ver con el placer y el bienestar, tales como la risa, el deleite o el desenfreno. Concebir la religión antigua en estos términos supone dejar fuera algunos de sus elementos más interesantes y sorprendentes, como los juegos, el teatro, las procesiones, los sacrificios y, en general, las fiestas tumultuosas, festivas y mundanas que preñaban el calendario religioso de todas las comunidades mediterráneas. Implica igualmente cercenar la religión pagana, describirla en efecto solo en parte, pues se eliminan argumentos constituyentes porque resultan problemáticos en ocasiones para el observador moderno. Además, entraña marginar el estudio de una de las facetas más importante de cualquier religión –incluso de las que subliman, intelectualizan y deshumanizan su relación con lo divino– ya que todas las religiones, como afirmó Geertz, obran en última instancia para establecer «powerful, pervasive, and long-lasting moods and motivations in men» (Geertz 1973: 90). Por último, ignorar el ámbito emocional y afectivo en el estudio de las religiones significa renunciar al análisis de una de las facetas que mejor ayuda a explicar precisamente su éxito, que podría medirse por el número de sus adeptos y la capacidad de las religiones para afectar, modificar y controlar la forma en la que actúan, piensan y sienten sus seguidores.

Una cuestión diferente es que resulta difícil encontrar fuentes que sirvan para estudiar de forma adecuada la creencia, la emoción y el sentimiento en las religiones antiguas[20]. Un problema que se acentúa en el caso de las manifestaciones religiosas que se

---

19. Véase nuestra opinión al respecto que apareció en una aportación a otro anejo de Spal en la que se presentó una valoración del sacrificio animal como ritual central del paganismo: Lozano (2015: 157-179).

20. Versnel aporta algunos ejemplos. Véase en especial Ar. *Equ.* 30–34.

diseñaron para honrar a los gobernantes. Con todo, existen textos de época imperial muy reveladores para mostrar el destacado lugar que ocupó la creencia en los dioses romanos –incluidas en este grupo las nuevas divinidades imperiales– en el imaginario colectivo de esta sociedad. Valgan los siguientes casos como ejemplos. En primer lugar, se puede traer a colación el relato *La Asamblea de los Dioses* de Luciano de Samósata. En él interactúan dos personajes: Zeus y Momo. Este último cuestiona la valía de una serie de deidades –extranjeras o personajes elevados a esta categoría sin mérito alguno– que han sido introducidos en el Olimpo. La decadencia del nuevo panteón lo lleva a proponer un decreto, que es aceptado por el padre de los dioses. Todas las divinidades deben presentar sus credenciales y los motivos que justifican su inclusión entre los dioses –nombre y progenitores, por qué y cómo se convirtieron en deidades, sus seguidores, etc–. Aquella divinidad que no fuera capaz de presentar los papeles correctamente será expulsada del Olimpo, con independencia de que tuviera un gran templo en la tierra o de que los hombres creyeran que era un dios (Luc. *Deor. Conc.* 19)[21].

Otro ejemplo de la importancia de la creencia en la religión grecorromana de época imperial se encuentra en la deificación de Julio César. Según Suetonio, a la muerte del personaje, se le incluyó entre los dioses, no solo porque los senadores lo decretaran inmortal, sino también «por la creencia del pueblo» (Suet. *Iul.* 88)[22]. Un tratamiento diferente, pero también informativo, se observa en el opúsculo de carácter satírico que se ha atribuido a Séneca[23], la *Apocolocíntosis*, que narra lo que sucedió en el cielo como consecuencia del voto favorable del Senado a la apoteosis de Claudio y su conversión en dios[24]. El autor pone en boca de Augusto duras palabras sobre la creencia en la divinidad de Claudio: «¿A éste queréis ahora hacer dios? Ved su cuerpo, nacido en un momento de cólera divina. En fin, que diga tres palabras sin trabarse y me lleva de esclavo. A este dios, ¿quién lo venerará? ¿quién creerá en él? En tanto que hacéis tales dioses, nadie creerá que vosotros sois dioses» (Sen. *Apocol.* 11)[25]. Por último, resultan significativas también las palabras de Plinio en su *Panegírico a Trajano*, con las que declara que el *optimus princeps* había deificado a Nerva porque realmente creía en su divinidad:

> [A la muerte de Nerva] Tú le honraste primero con tus lágrimas, como cumple a un hijo, y luego con la erección de templos, pero no imitando a aquellos que hicieron lo mismo aunque con otra intención […] Tú, en cambio, llevaste a tu padre hasta las estrellas, no para aterrar a los ciudadanos, no para escarnio de las deidades, no para tu propia honra, sino porque estimas que es un dios (Plin. *Pan.* 11, 1-3)[26].

21. ὡς ὅστις ἂν μὴ ταῦτα παράσχηται, οὐδὲν μελήσει τοῖς ἐπιγνώμοσιν εἰ νεών τις μέγαν ἐν τῇ γῇ ἔχει καὶ οἱ ἄνθρωποι θεὸν αὐτὸν εἶναι νομίζουσιν.

22. «*Periit sexto et quinquagensimo aetatis anno atque in deorum numerum relatus est, non ore modo decernentium, sed et persuasione volgi*».

23. Sobre la autoría de esta obra, consúltese Marti (1952: 24-36).

24. Consúltense sobre la ceremonia de la apoteosis: Arce (1988) y Price (1987: 56-105). Con respecto a la importancia de la teatralidad de los funerales imperiales, véanse: Arce (2010: 309-323) y D' Ambra (2010: 289-308).

25. «*Hunc nunc deum facere vultis? Videte corpus eius dis iratis natum. Ad summam, tria verba cito dicat, et servum me ducat. Hunc deum quis colet? Quis credet? Dum tales deos facitis, nemo vos deos esse credet*».

26. «*Tu sideribus patrem intulisti, non ad metum civium, non in contumeliam numinum, non in honorem tuum, sed quia deum credis*».

En conclusión, por todo lo expuesto, nos parece que es provechoso y adecuado ponderar la creencia en los dioses imperiales, a pesar de la dificultad que las fuentes plantean para su estudio. Un interrogante diferente, que supera los límites del presente trabajo, es la cuestión sobre la importancia que el cristianismo otorgó a la creencia y que destacó correctamente Price. Aunque se trata de un tema complicado que ha llamado la atención de numerosos investigadores, cabe destacar que, al menos en su desarrollo primitivo, una de las razones que impulsaron la centralidad de la creencia en el cristianismo fue, precisamente, el carácter subversivo del mensaje que la religión proclamaba, así como la necesidad de tener fórmulas cortas que se pudieran usar para diferenciar, e identificar, a los miembros del grupo de los que estaban fuera del mismo, como los paganos e incluso cristianos de agrupaciones contrarias[27].

5. REFLEXIONES FINALES: RESPUESTAS COMPLEJAS Y NECESIDAD DE CONTEXTUALIZACIÓN

Autores como Alvar y Hopkins han mostrado que los seres humanos siempre han encontrado más sencillo acomodar las nociones y los valores centrales de la religión en la que han sido socializados –por sorprendentes e irracionales que puedan ser esas ideas– que las concepciones de otros credos contemporáneos o del pasado[28]. En este sentido, el primero de ellos señala que nunca ha dejado de sorprenderle el modo en que «cada cultura tiene por buena su propia construcción del universo irreal de las fantasías divinas y tiene por mala la construcción de sus propios vecinos. Es difícil determinar qué es necesario establecer para que se tome la ideación propia con la misma capacidad crítica que la ajena» (Alvar 2010: 9). Ciertamente las diversas aproximaciones que se han presentado a lo largo de estas páginas sobre la creencia en la divinidad de los emperadores son un buen ejemplo de la resistencia a aceptar la ideación ajena. En buena medida la dificultad para responder al interrogante que planteamos o la negación de la propia indagación son, en efecto, fruto de las ideas de partida, limitaciones, obstinaciones y, en ocasiones, incluso prejuicios del investigador moderno. A continuación, se presentan una serie de reflexiones que, por un lado, pretenden ayudar a revelar la complejidad de la pregunta sobre la creencia en los dioses imperiales y, por tanto, necesariamente también de las respuestas que el interrogante debe recibir; mientras que, por otro, sugieren que una respuesta correcta y compleja solo puede surgir de la inserción del culto imperial en la religión romana.

---

27. Véanse por conveniencia: Lozano (2010: 52; 2018: 85-114).

28. En este sentido, Hopkins (1999: 2) señaló: «Beneath the liberal veneer, there was a reluctance, a deep resistance to be open-minded, to unlearn the half-unconscious absorptions of childhood and adolescence. Put another way, my atheism was indelibly Protestant. And religious history is inevitably affected by what writers, and their readers, believe. But history is, or should be, a subtle combination of empathetic imagination and critical analysis».

5.1. Respuestas complejas

En primer lugar, cabe destacar que las intrincadas cuestiones que se derivan del estudio sobre la creencia en la divinidad de los emperadores, tales como si los habitantes del Imperio creyeron realmente o si lo hicieron los propios Césares, no pueden recibir una simple respuesta afirmativa o negativa[29]. En definitiva, sostenemos que el interrogante se puede formular, pero no se debe esperar una respuesta categórica y, además, unívoca por parte de los investigadores. Y no se trata de que los romanos fueran menos creyentes que el resto de los mortales, sino que este tipo de preguntas formuladas en cualquier sociedad llevarían a muchas respuestas distintas, que solo coincidirían parcialmente, y los historiadores no deben simplificar la complejidad intrínseca del tema de estudio[30]. Más bien lo contrario. Nuestra tarea debería ser describir, informar, mostrar las sociedades antiguas en su vibrante y laberíntica diversidad, a pesar de que este objetivo complique nuestro trabajo hasta extremos insospechados. Por este motivo, las conclusiones, por ejemplo, de Bowersock (1973: 206), que afirmó que ni un solo romano educado creyó en la condición divina del emperador viviente, pero podían concebir su deificación post-mortem[31], yerran tanto porque engloban a todos los romanos de clase alta en una única respuesta sencilla –sí/no–, como porque el autor está dispuesto a aceptar la ideación ajena –esto es, la divinización tras la muerte– que más se acerca a la propia, pero niega aquella construcción antigua que se encuentra claramente en los antípodas con respecto a las sociedades occidentales contemporáneas, como es la divinización en vida de un individuo[32]. Ni que decir tiene que todas estas nociones, las antiguas y las actuales, carecen de una base racional y son hilvanados intelectuales y creaciones fantasmáticas que surgen necesariamente en el cerebro humano. Pero todas deberían recibir el beneficio de la duda y ser tratadas con la misma aproximación empática.

Por eso, resulta tan liberadora la aproximación de Woolf a la creencia en la divinidad de los emperadores ya que, en vez de preguntarse cómo pudieron creer los romanos en la divinidad de sus gobernantes, le da la vuelta a la cuestión y nos presenta un interrogante diferente que sirve de llamada de atención a los investigadores: «The old problem of 'how did romans and Greeks really come to accept a human being as a god?' is to be replaced with the question 'how did the ancient Mediterranean manage without divine kings for so much of the last millennium B.C.?'» (Woolf 2008: 243). Se trata de una reflexión que era ajena a la Historia Antigua –en parte seguramente por el idealismo con el que se ha tratado de forma tradicional el Mundo clásico–, pero que los medievalistas

---

29. Versnel (2011: 559): «It is only at this point that we now may safely conclude that the question 'did the Greeks believe in gods' is intrinsically absurd, but if for the sake of argument taken seriously (and taken in its 'low intensity' sense), should be answered in the positive».

30. Véase, por ejemplo, sobre la necesaria complejidad de la respuesta: Friesen (2011: 25): «How would elites and subelites assess these institutions? Male and female? Old and Young? Well-fed and hungry? Slave, freed, and freeborn? Healthy and disabled? The privileged and the exploited?».

31. La idea de la existencia de una élite intelectual escéptica sobre la condición divina de sus gobernantes está presente en otros autores: Fishwick (1978: 1252); Liebeschuetz (1979: 77); Scott (1932: 320 y 328); Taylor (1931: 235-236); Veyne (2005: 69).

32. En la instauración de la veneración de un santo, un hombre virtuoso es juzgado tras su muerte por un sínodo de obispos que acepta, o no, su inclusión en el grupo de santos. Consúltese sobre esta reflexión Lozano (2010: 56-57).

ya se habían planteado. Así Al-Azmeh había concluido que «sacral kingship was a constant motif in all royalist and imperial arrangements that spanned the entire oecumenical expanse of Eurasia from the very dawn of recorded history until modern times» (Al-Azmeh 2004: 10). En definitiva, un razonamiento que recuerda a Hocart, que a principios del siglo XX llegó a decir que «the earliest known religion is a belief in the divinity of kings [...] man appears to us worshipping gods and their earthly representatives, namely kings. We have no right, in the present state of our knowledge, to assert that the worship of gods preceded that of kings; we do not know. Perhaps there never were any gods without kings, or kings without gods» (Hocart 1927: 7).

5.2. Contextualización histórica

Una respuesta compleja a la pregunta sobre la creencia de los romanos en la divinidad de los emperadores requiere que la heterogénea manifestación religiosa que fue el culto imperial se sitúe en el contexto histórico y religioso del Imperio romano[33]. El planteamiento por extenso de esta contextualización superaría el límite del presente trabajo, por eso nos queremos centrar en tres consideraciones que entendemos fundamentales[34].

La primera consideración es de tipo social, pues es frecuente atribuir a las clases bajas e ignorantes la creencia en la divinidad de los Césares, reservándose el espíritu crítico y el descreimiento para la oligarquía educada. Muchos autores sostienen esta opinión, aunque fue, posiblemente, Scott el que la manifestó de un modo más perentorio:

> Our evidence seems to point to the existence of a reading public which had no genuine religious faith in the ruler cult and we can hardly be mistaken in thinking that the most cultivated Greeks and Romans had as much belief in the apotheosis of a ruler as the same educated class would have today [...] true religious belief in the divinity of the king or emperor is to be sought among the more ignorant lower classes, especially among barbarian people and in the eastern provinces of Roman Empire (Scott 1932: 328).

Sin embargo, aunque se podría esperar un cierto grado de incredulidad en las clases educadas, no están al margen de las creencias que se atribuyen al resto de la población[35].

---

33. Friesen decide utilizar la denominación «cultos imperiales» para evitar la concepción del fenómeno de manera homogénea y uniforme. Véase su argumentación en Friesen (2011: 24): «My suggestion is: Let us stop referring to the worship of the emperors with the singular 'imperial cult' and insist on the plural 'imperial cults'. In other words, let us treat it like any other normal religious phenomenon. Who would talk about 'the Dionysus cult' in the ancient world, or 'the Artemis cult'? Words fail us when we call this phenomenon 'imperial cult', because the singular undercuts our efforts to develop sophisticated, nuanced interpretations of imperial cults. The new vocabulary might lead to new insights». Beard, North y Price ya advertían, en su trabajo sobre las religiones de Roma, que no existía «such thing as 'the imperial cult'». Consúltese al respecto: Beard *et al.* (2007: 348).

34. Con anterioridad hemos planteado un ensayo de contextualización, que tampoco consideramos completo ni definitivo: Lozano (2011: 494-510).

35. Se tiene constancia de algunas de las prácticas de estos ricos e instruidos que, de acuerdo con la artificial segmentación de la sociedad en crédulos e incrédulos, no se corresponderían con la racionalidad que los investigadores les atribuyen. Posiblemente, el caso más llamativo sea el de Elio Aristides y su extraña relación con el dios Asclepio, que se le aparecía en sueños y le comunicaba mensajes que el sofista y orador no dudaba

Por otro lado, el escepticismo no se debería reservar únicamente a los oligarcas, pues los testimonios prueban que muchos de los enemigos más decididos del culto al emperador eran «bárbaros» y formaban parte de los sectores más bajos de la sociedad. Asimismo, la incredulidad y la crítica solo tienen sentido cuando se refieren a un conjunto de creencias socialmente aceptado. Del mismo modo que los insultos de los escritores cristianos a los dioses romanos, su negación de la divinidad de los gobernantes prueba la existencia de tal creencia entre la población que participaba en las fiestas en honor del emperador y su *domus*[36].

La segunda consideración que entendemos fundamental tiene que ver con la evolución y el cambio de las creencias. Existe una tendencia en la literatura científica a atribuir a Augusto la creación de un modelo de culto imperial que se mantuvo al menos durante el Principado. Los emperadores que se desviaban del conjunto de prácticas que se consideraban normativas, eran tachados de Césares decadentes, reformistas o simplemente dementes. Las fuentes literarias han ayudado a sostener esta noción, especialmente Dion Casio y Suetonio. No obstante, una mirada más cercana a todos los testimonios en su conjunto nos permite apreciar cambios, ajustes y evolución en las manifestaciones de culto imperial. Tanto es así que una innovación de época de Augusto, que se pudo recibir con cierto grado de sospecha o incredulidad, se vería de forma muy diferente al final de la dinastía Julio-Claudia y, más aún, a finales del siglo II d.C., cuando habían pasado dos siglos desde su establecimiento y los rituales acordados para los Césares estaban completamente integrados en la religión romana.

Por último, la tercera consideración que planteamos es de tipo cognitivo, pues es imprescindible indagar y comprender qué era un dios para los romanos; es decir, cuál fue la naturaleza de las deidades en la sociedad politeísta romana. Solo así se entenderá la posibilidad de la inclusión de humanos en esta categoría. Lo cierto es que a diferencia de lo que ocurre en el cristianismo, que reserva el concepto de Dios a la complicada creación intelectual de la Trinidad, la divinidad en el mundo romano no era exclusiva, ni estaba tan nítidamente fijada, por lo que los Césares podían incluirse en dicha categoría. En buena medida, la naturalización de su poder fue posible a través de su inserción en el panteón tradicional; un fenómeno factible debido a que la población pagana concebía a las deidades de un modo más fluido. Por el contrario, a pesar de la inconsistencia de su modelo monoteísta, en el cristianismo la divinidad es privativa de Dios y, por tanto, exclusiva y única.

Esta última consideración es fundamental, pues es necesario destacar que el culto imperial como un ritual único, homogéneo e independiente, de otras prácticas religiosas del Imperio, no existió nunca. Perteneció a un amplio proceso de transformación cultural y religiosa en el que se incluyó como un elemento más, ni siquiera, se podría afirmar, el más importante (Friesen 2011: 24; Galinsky 2011a: 3-6; 2011b: 220). De la misma

---

en realizar. Por otro lado, son constantes las narraciones de portentos y prodigios en las obras de Suetonio, Dion Casio, Tácito y Valerio Máximo. Asimismo, Dion Casio escribió su historia siguiendo un mandato divino recibido mientras dormía (D.C. LXXII, 23). No cabe duda de la importancia que en la Antigüedad tuvo la interpretación de los sueños; sirva como ejemplo la obra de Artemidoro, Όνειροκριτικά, escrita siguiendo este objetivo concretamente.

36. Se trata de un tema amplio. Véase por conveniencia: Lozano (2018: 85-114). Destacan por su claridad las invectivas al respecto de Tertuliano. Consúltese en especial: Tert. *Apol.* 13 y 35.

forma que había ocurrido con el culto a los monarcas helenísticos, la religión tradicional se empleó como modelo para los nuevos dioses imperiales y sus rituales, tanto en la propia capital del Imperio como en las provincias. Los honores divinos se integraron, de esta forma, en los cultos cívicos precedentes[37]; un proceso que se ha descrito recientemente con los términos como «embebido» o «entrelazado» y que puede igualmente describirse como un complejo –y nunca inocente– proceso de simbiosis creativa. En definitiva, la utilización de los espacios, la imaginería y la ritualística previa fue un factor determinante, sin duda, en el éxito de las prácticas dedicadas a los emperadores en todos los territorios gobernados por Roma, pues fue una innovación que se produjo desde el interior y sin voluntad de subvertir el sistema religioso politeísta. No vino, en otras palabras, a desequilibrar los marcadores de certidumbre religiosa y cultural de la sociedad imperial, pues se utilizaron viejos ropajes para vestir a una nueva divinidad. El emperador-dios, lejos de convertirse en un elemento desestructurador, fue incorporado como un nuevo marcador de certidumbre y su divinidad tan aceptada y negada como la de cualquier otra deidad del fecundo panteón romano.

BIBLIOGRAFÍA

ALARCÓN HERNÁNDEZ, C. (2014): «El culto imperial: una reflexión historiográfica», *ARYS. Antigüedad: Religiones y Sociedades* 12: 181-212.

ALARCÓN HERNÁNDEZ, C. (2019): «Una revisión historiográfica sobre el culto a la *domus imperatoria*: siglos XX y XXI», *RevHisto* 31: 181-205.

AL-AZMEH, A. (2004): «Monotheistic Kingship», en A. Al-Azmeh y J.M. Bak (eds.), *Monotheistic Kingship. The Medieval Variants*: 9-29. Budapest, CEU Press.

ALVAR EZQUERRA, J. (2010): «Prólogo», en F. Lozano Gómez, *Un dios entre los hombres. La adoración a los emperadores romanos en Grecia*. Barcelona, Universidad de Barcelona.

ARCE MARTÍNEZ, J. (1988): *Funus imperatorum*. Madrid, Alianza.

ARCE MARTÍNEZ, J. (2010): «Roman imperial funerals in effigie», en B. C. Ewald y C. F. Noreña (eds.), *The Emperor and Rome: Space, Representation, and Ritual*: 309-323. Cambridge, Cambridge University Press.

MARTI, B. M. (1952): «Seneca's Apocolocyntosis and Octavia: A Diptych», *The American Journal of Philology* 73, 1: 24-36.

BEARD, M.; NORTH, J. y PRICE, S. R. F. (eds.) (2007): *Religions of Rome. vols. I y II*. Cambridge, Cambridge University Press.

BOWERSOCK, G. W. (1965): *Augustus and the Greek World*. Oxford, Oxford University Press.

BOWERSOCK, G. W. (1973): «Greek Intellectuals and the Imperial Cult in the Second Century A. D.», en W. Den Boer (ed.), *Le Culte des Souverains dans l'Empire Romain*: 179-206. Genève, Fundation Hardt.

BURRELL, B. (2004): *Neokoroi: Greek Cities and Roman Emperors*. Leiden, Brill.

---

37. Lo que acontecía en las Cesareas de Gitio es un buen ejemplo al respecto: «Cuando el agoránomio celebre las fiestas sagradas que prepare también una procesión desde el Tempo de Asclepio e Higeia en la que marchen los efebos y los jóvenes y otros ciudadanos engalanados con coronas de laurel y vestidos de blanco. También las doncellas sagradas y las demás mujeres deberán unirse a la procesión vistiendo sus trajes sagrados. Cuando el cortejo llegue al Templo de César que los éforos sacrifiquen un toro por la salud de los gobernantes y los dioses y por la duración eterna de su Imperio. Cuando se haya sacrificado, que exhorten a las reuniones de hombres y a los otros magistrados a realizar sacrificios en el ágora» (*SEG* 922-3).

CAMIA, F. (2011): *Theoi Sebastoi: il culto degli imperatori romani in Grecia (provincia Achaia) nel secondo secolo D.C.* Atene, Centre de Recherche de l'Antiquité grecque et romaine.

D' AMBRA, E. (2010): «The imperial pyre as a work of ephemeral architecture», en B. C. Ewald y C. F. Noreña (eds.), *The Emperor and Rome: Space, Representation, and Ritual*: 289-308. Cambridge, Cambridge University Press.

DODDS, E. R. (1951): *The Greeks and the Irrational.* Berkeley, University of California Press.

FESTUGIÈRE, A. J. (1972): «Le fait religieux à l'époque Hellénistique», en *Études de Religion Grecque et Hellénistique:* 114-128. Paris, Vrin.

FISHWICK, D. (1978): «The Development of provincial ruler worship in the western Roman Empire», *Aufstieg und Niedergang der Römischen Welt* 2, 16: 1201-1253.

FISHWICK, D. (1987): *The Imperial Cult in the Latin West. Studies in the Ruler Cult of the Western Provinces of the Roman Empire. Part. I. 2 vol.* Leiden, Brill.

FRIESEN, S. J. (1993): *Twice Neokoros. Ephesus, Asia and the Cult of the Flavian Imperial Family.* Leiden, Brill.

FRIESEN, S. J. (2011): «Normal religion, or, words fail us a response to Karl Galinsky's 'The cult of the Roman emperor: uniter or divider?'», en J. Brodd y J. L. Reed (eds.), *Rome and Religion: A Cross-disciplinary Dialogue on Imperial Cult*: 23-26. Atlanta, Society of Biblical Literature.

FUJII, T. (2013): *Imperial Cult and Imperial Representation in Roman Cyprus.* Stuttgart, Franz Steiner Verlag.

GALINSKY, K. (2011a): «The cult of the Roman emperor: uniter or divider?», en J. Brodd y J. L. Reed (eds.), *Rome and Religion: A Cross-disciplinary Dialogue on Imperial Cult*: 1-21. Atlanta, Society of Biblical Literature.

GALINSKY, K. (2011b): «In the shadow (or not) of the imperial cult: a cooperative agenda», en J. Brodd y J. L. Reed (eds.), *Rome and Religion: A Cross-disciplinary Dialogue on Imperial Cult*: 215-225. Atlanta, Society of Biblical Literature.

GEERTZ, C. (1973): *The Interpretation of Cultures.* New York, Basic Books.

GEERTZ, C. (1977): «Centers, kings, and charisma: reflections on the symbolic of powers», en J. Ben-David y T. N. Clark (eds.), *Culture and its Creators: Essays in Honor of Edward Shils*: 150-171. Chicago, University of Chicago Press.

GIBBON, E. (1910): *Decline and Fall of the Roman Empire. Vol. 1.* London, T. Cadell and W. Davies.

GNOLI, T. y MUCCIOLI, F. (2014): «Introduzione», en T. Gnoli y F. Muccioli (eds.), *Divinizzazione, culto del sovrano e apoteosi. Tra Antichità e Medioevo*: 11-27. Bologna, Bononia University Press.

GORDON, R. (2011): «The Roman Imperial Cult and the Question of the Power», en J. A. North y S. R. F. Price (eds.), *The Religious History of the Roman Empire: Pagans, Jews and Christians*: 37-70. Oxford, Oxford University Press.

GRADEL, I. (2002): *Emperor Worship and Roman Religion.* Oxford, Oxford University Press.

HANGES, J. C. (2011): «To complicate encounters: A response to Karl Galinsky's "The cult of the Roman emperor: uniter or divider?"», en J. Brodd y J. L. Reed (eds.), *Rome and Religion: A Cross-disciplinary Dialogue on Imperial Cult*: 27-34. Atlanta, Society of Biblical Literature.

HOCART, A. M. (1927): *Kingship.* Oxford, Oxford University Press.

HOPKINS, K. (1978): *Conquerors and Slaves.* Cambridge, Cambridge University Press.

HOPKINS, K. (1999): *A World Full of Gods.* London, Plume.

IOSSIF, P. P.; CHANKOWSKI, A. S. y LORBER, C. C. (eds.) (2011): *More than Men, less than Gods: Studies on Royal Cult and Imperial Worship. Proceedings of the International Colloquium Organized by the Belgian School at Athens (November, 1-2, 2007).* Leuven, Peeters.

KANTIRÉA, M. (2007): *Les dieux et les dieux augustes. Le culte impérial en Grèce sous les Julio-claudiens et les Flaviens.* Études épigraphiques et archéologiques. Athènes, Cente de recherches de l'Antiquité grecque et romaine.

KOLB, A. y VITALE, M. (ed.) (2016): *Kaiserkult in den Provinzen des Römischen Reiches. Organisation, Kommunikation und Repräsentation.* Berlin-Boston, De Gruyter.

LATTE, K. (1960): *Römische Religionsgeschichte.* München, De Gruyter.

LIEBESCHUETZ, J. H. W. G. (1979): *Continuity and Change in Roman Religion.* Oxford, Oxford Unversity Press.

LOZANO GÓMEZ, F. (2010): *Un dios entre los hombres. La adoración de los emperadores romanos en Grecia.* Barcelona, Universidad de Barcelona.

LOZANO GÓMEZ, F. (2011): «The creation of imperial gods: not only imposition versus spontaneity», en P. P. Iossif, A. S. Chankowski y C. C. Lorber (eds.), *More than Men, less than Gods: Studies on Royal Cult and Imperial Worship. Proceedings of the International Colloquium Organized by the Belgian School at Athens (November, 1-2, 2007)*: 475-519. Leuven, Peeters.

LOZANO GÓMEZ, F. (2015): «Los dioses que se deleitaban con la sangre: el sacrificio cruento en Roma», en F. J. García Fernández *et al.* (eds.), *El alimento de los dioses. Sacrificio y consumo de alimentos en las religiones antiguas*: 157-179. Sevilla, Universidad de Sevilla.

LOZANO GÓMEZ, F. (2018): «El Imperio romano frente a los primeros cristianos: Fórmulas rituales para la identificación de alteridad», *Estudios Bíblicos* 76: 85-114.

MUSSIES. G. (1988): «Identification and Self-Identification of Gods in Classical and Hellenistic Times», en R. Broek *et al.* (eds.), *Knowledge of God in the Graeco-Roman World*: 1-18. Leiden, Brill.

NOCK, A. D. (1934): «The Institution of Ruler-Worship», *The Cambridge Ancient History* 10: 481-489.

PRICE, S. R. F. (1984): *Rituals and Power. The Roman Imperial Cult in Asia Minor.* Cambridge, Cambridge University Press.

PRICE, S. R. F. (1987): «From Noble Funerals to Divine Cult: the Consecration of Roman Emperors», en D. Cannadine y S. R. F. Price (eds.), *Rituals of royalty: power and ceremonial in traditional societies*: 56-105. Cambridge, Cambridge University Press.

SAID, E. (1978): *Orientalism.* New York, Pantheon Books.

SCOTT, K. (1932): «Humor at the expense of the ruler cult», *Classical Philology* 27, 4: 317-328.

TAYLOR, L. R. (1931): *The Divinity of the Roman Emperor.* Middletown, American Philological Association.

VERSNEL, H. S. (2011): *Coping with the Gods: Wayward Readings in Greek Theology.* Leiden, Brill.

VEYNE, P. (1976): *Le pain et le cirque: sociologie historique d'un pluralisme politique.* Paris, Seuil.

VEYNE, P. (2005): *L'empire gréco-romain.* Paris, Seuil.

WOOLF, G. (2008): «Divinity and power in ancient Rome», en N. Brisch (ed.), *Religion and Power: Divine Kingship in the Ancient World and Beyond*: 235-251. Chicago, University of Chicago.

APOTEOSIS Y/O RESURRECCIÓN: EL ANUNCIO PAULINO DE LA RESURRECCIÓN A LA LUZ DE LAS CREENCIAS DE SUS PRIMEROS OYENTES CORINTIOS

Álvaro Pereira Delgado

Facultad de Teología San Isidoro de Sevilla*

El judío de Celso considera fantásticas las historias sobre los héroes (τὰς ἡρωϊκὰς ἱστορίας) que se dice haber bajado al Hades y subido de allí nuevamente. Los héroes, según él, podían haber desaparecido por algún tiempo y sustraerse de la vista de todo el mundo y reaparecer luego como si volvieran del Hades (esto parece, en efecto, dar a entender el lenguaje del judío respecto de Orfeo entre los odrisas, de Protesilao en Tesalia, de Heracles en el Ténaro y hasta de Teseo). ¡Enhorabuena! Pero nosotros le vamos a demostrar que lo que se cuenta (ἱστορούμενον) acerca de la resurrección de Jesús de entre los muertos no puede parangonarse (παραβάλλεσθαι) con estos relatos. Efectivamente, cada uno de esos héroes de que se habla en los diversos lugares pudo sustraerse a las miradas de las gentes y luego, cuando le pareciera bien, volver a los que antes dejara. Pero Jesús fue crucificado en presencia de todos los judíos y, a la vista del pueblo, fue su cuerpo bajado de la cruz. ¿Cómo se atreven entonces a decir haber él inventado algo parecido a lo de los héroes (πῶς οἷόν τε τὸ παραπλήσιον πλάσασθαι λέγειν αὐτὸν τοῖς ἱστορουμένοις ἥρωσιν), que bajara a los infiernos y de allí subiera de nuevo? Nosotros afirmamos más bien que, justamente por razón de las fábulas de los héroes que se cree haber forzado el camino del Hades y bajado allá, puede alegarse (πρὸς ἀπολογίαν) en favor de la crucifixión algo como lo que sigue... (Orígenes, *Contra Celso* 2.56; SChr 132.418; BAC 271.155-156, con algunas modificaciones).

---

* Este trabajo ha sido realizado con la ayuda del Centro Español de Estudios Eclesiásticos anejo a la Iglesia Nacional Española de Santiago y Monserrat (Roma), en el marco de los proyectos de investigación del curso 2018-2019. Agradezco a Estela Aldave, Eduardo Ferrer y Santiago Guijarro las correcciones y comentarios que me han permitido matizar y mejorar el texto.

A finales del siglo II d.C., el filósofo Celso hizo una refutación sistemática del mensaje cristiano. En este pasaje, Orígenes de Alejandría responde a Celso, quien comparaba la resurrección de Cristo y la apoteosis de los héroes griegos. Según Orígenes, si bien la supuesta resurrección de los héroes podía ser un engaño –ellos se mantendrían ocultos por un breve espacio de tiempo y después reaparecerían como si hubieran vuelto a la vida–; en cambio, la muerte en cruz de Cristo había sido pública. Su resurrección no era una pantomima. Orígenes seguía después ofreciendo otras razones en favor de la resurrección. Pero, más que su argumentación, de este texto nos interesa el parangón (παραβολή) que el Alejandrino elabora entre la resurrección de Cristo y la apoteosis de los héroes. ¿Fue habitual dicho parangón en los primeros siglos de nuestra era?

En la investigación histórica sobre Jesús, una hipótesis que alcanzó mucha difusión en el siglo pasado consideraba que el culto de Jesús como divinidad fue motivado por la helenización del cristianismo (el primero fue Bousset 1913. Cf. el *status quaestionis* de Smith 2019: 198-208). Algunos predicadores cristianos de cultura helenística habrían construido el relato mítico de la apoteosis de Jesús, entre otros factores, como imitación creativa de las historias acerca de la divinización de ciertos héroes y emperadores. Aunque esta hipótesis ha sido justamente rebatida con muchos argumentos (*cf.* Hurtado 2008 y Bauckham 2008), sigue siendo plausible considerar que los primeros oyentes de la predicación cristiana pudieron interpretar los anuncios de la resurrección de este nuevo culto oriental desde sus categorías previas. De hecho, los apologistas cristianos, a la hora de explicar el misterio de la resurrección, no dudaron en comparar a Jesús con los héroes clásicos, normalmente para mostrar su diferencia; pero también, en ocasiones, para aprovechar las posibilidades hermenéuticas de sus narraciones[1].

En el presente estudio vamos a detenernos en este interesante encuentro semántico que se dio entre el anuncio de los primeros predicadores cristianos acerca de la resurrección y las visiones previas acerca del más allá que albergaban sus primeros oyentes: ¿cómo acogerían los primeros oídos griegos el kerigma apostólico? ¿Les parecía un mensaje totalmente novedoso o les sonaría a algo ya conocido? ¿Era un anuncio que les daba esperanza o, más bien, la idea de cuerpos que resucitaban les resultaba deleznable y repulsiva? Y, al hilo de la temática de esta obra colectiva, ¿qué semejanzas y qué

---

1. Afirma Justino a mediados del siglo II: «Cuando nosotros decimos también que el Verbo, que es el primer retoño de Dios, nació sin comercio carnal, es decir, Jesucristo, nuestro maestro, y que este fue crucificado y murió y, después de resucitado, subió al cielo, *nada nuevo presentamos* (οὐ... καινόν τι φέρομεν), si se atiende a lo que vosotros llamáis hijos de Zeus. Porque vosotros sabéis bien la cantidad de hijos que los escritores por vosotros estimados atribuyen a Zeus: Hermes, el Verbo interpretador y maestro de todos; Asclepio, que fue médico y, después de haber sido fulminado, subió al cielo; Dionisos, después que fue despedazado; Heracles, después de arrojarse a sí mismo al fuego para huir de los trabajos; los Dioscuros, hijos de Leda, Perseo de Dánae, y Belerofonte, nacido de hombres, sobre el caballo Pegaso. Porque, ¿para qué hablar de Ariadna y de los que, de modo semejante a ella, se dice haber sido colocados en las estrellas? Y paso igualmente por alto vuestros emperadores difuntos, a quienes tenéis siempre por dignos de la inmortalidad y nos presentáis a algún infeliz que jura haber visto remontarse al cielo desde la pira al César hecho cenizas» (Justino, *Primera apología* 21.1-3; trad. de Ruiz Bueno, 2009, BAC 629.1034). Cf. también Orígenes, *Contra Celso* 2.56; 3.24; 7.53-54; o Tertuliano, *Sobre la resurrección de la carne* 13.1-4, quien, para explicar la resurrección, recurre al ejemplo del Ave Fénix, en quien parece creer.

diferencias encontrarían entre la fe en la resurrección y las creencias acerca de la apoteo-sis de los héroes[2]?

Puesto que el alcance de la pregunta requeriría una investigación que excedería los límites convenidos, nos centraremos en un tiempo y en un lugar determinado: la Corinto romana del siglo I d. C. Pablo de Tarso predicó en aquella ciudad, capital de Acaya y cen-tro de la *romanitas* en Grecia (*cf.* Fornis 2007: 205-224), a principios de los años cin-cuenta. ¿Cómo pudieron acoger los corintios el anuncio sobre la resurrección que les hizo Pablo? Escogemos a Pablo, judío de formación farisea que creía que Dios había enviado a Jesús como su Mesías Hijo de Dios y que por su resurrección había inaugura los tiem-pos nuevos, porque es el primer predicador acerca de la resurrección del que conserva-mos escritos. Y preferimos Corinto –y no, por ejemplo, Tesalónica, cuya Iglesia también recibió una carta paulina– porque la argumentación de 1 Corintios 15,1-58 es más amplia y compleja que la de 1 Tesalonicenses 4,13-18.

Nuestra presentación será lógicamente hipotética. No tenemos suficientes testimo-nios escritos para conocer cómo los primeros corintios acogieron las palabras de Pablo, tanto en su primera misión como en su carta posterior. Sin embargo, nuestra hipótesis de trabajo podrá al menos recrear un plausible escenario hermenéutico a la hora de consi-derar cómo pudo ser recibido el anuncio de la resurrección por sus primeros oyentes. En primer lugar, presentaremos un elenco de las posibles creencias de los corintios romanos acerca del más allá. Seguidamente, analizaremos la argumentación de Pablo en 1 Cor 15 y cómo trató de responder a los problemas y precomprensiones de sus primeros oyentes. Finalmente, concluiremos tratando de vislumbrar cómo los corintios pudieron acoger el anuncio paulino de la resurrección. Comencemos.

1. LOS CORINTIOS ANTE EL MÁS ALLÁ: DIVERSIDAD DE CREENCIAS SOBRE LA VIDA DESPUÉS DE LA MUERTE

El amplio espectro de creencias sobre la *vita post mortem* en el mundo antiguo hace difí-cil elaborar una clasificación fiable. El carácter multicultural de la Corinto romana, ciu-dad comercial entre dos mares, amplía su posible variedad. Por otro lado, los estudios arqueológicos han encontrado pocas inscripciones sepulcrales en Corinto[3]; e, incluso si las tuviéramos, siempre correríamos el peligro de reflejar principalmente las opiniones de las élites, olvidando las creencias de los estratos más populares de la ciudad –o sea, la mayoría de la población–, entre los que Pablo habría reclutado a la mayor parte de sus

---

2. La *apotheosis* fue una creencia oriental, asumida por los griegos, que indicaba la elevación al estatus divino de determinados personajes relevantes (héroes antiguos como Heracles; mandatarios como Alejandro Magno; emperadores como Augusto; u otros mortales, como Antínoo, el efebo de Adriano). Solía implicar una ceremonia en la que se realizaba dicha *apotheosis* (*consecratio* en Roma). Por ejemplo, en los funerales de los emperadores se soltaba un águila en su pira para expresar su exaltación (*cf.* Dormeyer 2007: 340-341). Nuestro ensayo no estudiará la *consecratio* romana, ya el prof. Lozano trata el tema en otro artículo de este volumen; y tampoco analizará la *acclamatio* de Cristo entre los primeros cristianos, pues es el objeto del estudio del prof. Martínez Rojas. Nuestro ensayo permanecerá en un nivel previo: intentaremos acercarnos a la primera recep-ción de la noticia sobre la resurrección a la luz de las creencias grecorromanas sobre el destino de los difuntos.

3. «Unfortunately, Corinth... is also notoriously lacking in inscriptions» (Slane 2017: 5).

fieles (*cf.* Meggitt 2004: 241-253). Intentaremos, así pues, tener en cuenta estos factores, recurriendo también a otros textos y testimonios arqueológicos de la cuenca mediterránea. Presentamos, a continuación, una taxonomía de algunas de las creencias que pudieron tener los corintios coetáneos a Pablo[4].

a) *La vida continúa en la tumba después de la muerte*. Una creencia rudimentaria muy extendida era que la vida tras la muerte simplemente era una continuación de la existencia precedente (*cf.* Toner 2009: 42-43, que se centra en las creencias de las clases populares). La tumba, por consiguiente, se convertía en la nueva casa del difunto. Así se lee en una inscripción del siglo I a.C. encontrada en Roma:

> C. Hostius C. L. Pamphilus
> medicus hoc monumentum
> emit sibi et Nelpiae M. L. Hymnini
> et liberteis et libertabus omnibus
> postereisque eorum
> Haec est domus aeterna hic est
> fundus, heis sunt horti hoc
> est monumentum nostrum
> In fronte p. XIII in agrum p. XXIIII

> Gaius Hostius Pamphilus, liberto de Gaius, médico, compró este sepulcro para sí y para Nelpia Hymnis, liberta de Marcus; y para sus libertos y libertas y sus descendientes. *Esta es nuestra casa eterna*, este es nuestro campo, estos son nuestros huertos, este es nuestro sepulcro: ancho: 13'; largo: 24'[5].

El liberto Pánfilo, que se honra de ser médico, ha comprado una propiedad bastante grande para albergar sus restos y los de su familia. El sepulcro donde hace esculpir la inscripción es considerado su *domus aeterna*; es decir, su casa para el tiempo después de la muerte. La idea es sencilla: los muertos siguen viviendo allí donde descansan sus huesos.

Esta nueva existencia en la tumba implicaba perpetuar las experiencias de la vida anterior (comidas, relaciones, temores...). Muchos creían que los difuntos seguían requiriendo alimentación, de ahí que se les hicieran libaciones y ofrendas. Así debe ser interpretado el agujero encontrado en la tumba X del cementerio del norte de Corinto (s. I d.C.), que serviría para hacer libaciones en favor de los difuntos; y, en general, así podría interpretarse la función de ciertas vasijas y huesos de animales que no solo servirían para las celebraciones conmemorativas, sino también para dar ritualmente de comer y beber a los

---

4. Sigo aquí la propuesta de Brown (2014: 28-56). Tras el antiguo y valioso estudio de Cumont (1922), otras monografías pertinentes son las de Davies (1999), Hope (2007) y Cook (2018). También, ampliando el horizonte, se puede consultar la obra de Almond (2016) quien realiza una historia de las concepciones sobre la *vita post mortem* en la cultura occidental.

5. *CIL* 6.9583 (*ILS* 8341; LCL 359.42), tomo la cita de Brown (2014: 34). Aunque la inscripción está localizada en Roma es significativa para la Corinto de época paulina ya que, como ha evidenciado Kathleen Slane en su publicación sobre el cementerio del Norte en Corinto, sus habitantes –no solo la élite, sino también los libertos y gente más popular– tendían a imitar las costumbres funerarias de Italia, como la construcción de cámaras funerarias o la extensión de las cremaciones (*cf.* Slane 2017: 6-7).

difuntos[6]. También se han encontrado en algunas tumbas de Corinto pequeñas monedas de oro (*bracteates*), usadas probablemente como talismanes para proteger a los difuntos (*cf.* Walbank 2005: 276-277; y, en contra, Slane 2017: 214).

Estos y otros muchos ritos funerarios no solo intentaban ayudar a los difuntos a que descansaran más o menos en paz, también era una manera de salvaguardar las fronteras con el inframundo. Y es que no estaba exento de peligros el contacto con los difuntos. Por eso, los rituales funerarios también servían para evitar (¡o no!) que fuerzas ocultas procedentes del inframundo alteraran el orden terreno[7]. En este sentido, se han encontrado en una tumba de la cercana Céncreas y en el templo de Deméter y Perséfone-Core de Corinto algunas tablillas mágicas con maldiciones (*defixiones*) para pedir la intervención de ciertas deidades ctónicas (Moira, Ananke, Deméter, etc.) implorando justicia contra los enemigos (*cf.* Faraone-Rife 2007: 141-157; Rife 2010: 421-422; Stroud 2013: 187-202). El ámbito de los muertos permitía la comunicación con el inframundo. Hablemos, por tanto, de dicho inframundo.

b) *La vida continúa tras la muerte en el Hades.* Una difundida creencia de índole mitológica, complementaria con la anterior, era pensar que los difuntos iban al Hades, el reino de los muertos. Los poemas homéricos, que configuraron la civilización griega, contaban cómo Patroclo, después de su infausta muerte, debía ir al Hades, la región sombría (*cf. Ilíada* 23); o Ulises había ido a la isla de los muertos, morada de Plutón, para hablar con Tiresias (*cf. Odisea* 11). También Virgilio, imitando a Homero, cuenta en contexto romano el descenso de Eneas al Averno (*cf. Eneida* 6).

Esta creencia imaginaba la vida después de la muerte como una existencia triste y funesta. Lo que quedaba del difunto en el Hades, su alma (ψυχή) o imagen (εἴδωλον: *Ilíada* 23.103-104), era una mera copia del viviente, sin apenas fuerza vital. Por eso, la madre de Ulises le revela a su hijo que los difuntos ya no son sino sombras que no pueden ser abrazadas (*cf. Odisea* 11.207-208) o Aquiles tampoco puede abrazar a su difunto amigo Patroclo (*cf. Ilíada* 23.100-101). De ahí que, según dice el difunto Aquiles a Ulises, era preferible ser indigente en vida que gobernador del Hades en muerte (*cf. Odisea* 11.488-491). Con todo, los fallecidos preferían el Hades a vagar por el mundo tras la muerte, como le achaca el difunto Patroclo a Aquiles, pues se demoraba en celebrar sus ritos funerarios para permitirle la partida (*cf. Ilíada* 23.65-107).

---

6. Walbank (2005: 257; 272-278) afirma acerca de la tumba X de Corinto, ubicada en una pequeña cámara sepulcral: «In the cover slab on the west grave, directly over the place where the skull would have been placed on the pillow, there was a hole for libations. Pouring food and drink onto the bones of the dead in the expectation of nourishing the spirit was a common, albeit illogical, practice in the ancient world, but this is the only example of a hole for such libations found so far at Corinth». Cf. Klauck, para los textos (2003: 75-79); y, respecto de un hallazgo arqueológico, *cf.* Whinter-Jakobsen (2006).

7. «The striking concern for the rest of the dead soul has also its hidden side, and this hidden motif has probably as much importance as the motif that is mentioned openly – in other words, the ritual serves to give the living peace from the intrusions of the wandering souls, who can become intrusive and dangerous. It is in the interest of the living to aim at a clear demarcation between the realm of life and the realm of death, so that the border transit between the one side and the other is limited as much as possible. This is the source of the fundamental fact that all those who come into contact with death are thereby polluted, so that complex processes of purification are necessary» (Klauck 2003: 71).

Un poético epitafio encontrado en Corinto de época romana (Kent 1966: n.º 300, p. 117; sin datación precisa), nos revela que un padre, Timarco, llora la muerte de su joven hija Kalaino y la elogia ante Perséfone, la desdichada diosa de los infiernos, que estaba casada a la fuerza con Hades:

> Τιμάρχωι θύγατρα Καλαινώ, τύμβε, φιλίσταν
> κεύθεις καὶ θείας μεστοτάταν ἀρετᾶ[ς].
> ἀλλὰ κακὰ νοῦσος ζωὰν ἐκάλυψε γυναικὸς
> ἐσθλᾶς πρὶν στυγεροῦ γήρα[ο]ς ἀντιτυχεῖν.
> εἰ δ' ἀγαθαῖς τιμά τ[ις] ὑπὸ χ[θο]νὸς, ἅδε τέτευχεν
> πρώτας εὐκόλπωι καὶ παρὰ [Π]ερσεφόναι.

> ¡Oh tumba!, tú que escondes a Kalaino, hija de Timarco, querida y llena de divina virtud; pero una fatal enfermedad ocultó la vida de una espléndida mujer antes de que encontrara la vejez repulsiva. Si existe algún honor para las buenas bajo la tierra, ella ha alcanzado el primer honor ante la bien agraciada Perséfone.

Este epitafio no certifica de suyo que Timarco y su familia creyeran en el mito de Perséfone –podía ser una mera licencia poética del poeta Trasippo, que compuso los versos–, pero sí lo posibilita, habida cuenta del culto a Deméter y Perséfone-Core en Corinto (Bookidis *et al.* 1999: 1-54). Además, De Maris (1995b: 105-117) ha mostrado cómo el culto en Corinto tanto a Deméter y Perséfone-Core como el raro culto a Plutón recalcaba el motivo del inframundo en las creencias acerca del final de la vida entre los corintios coetáneos a Pablo.

c) *Inmortalidad del alma y metempsícosis.* En contraste con las populares creencias mitológicas acerca de la sombría vida en el Hades[8], algunos filósofos desarrollaron la convicción, mucho más positiva, de un futuro feliz en la isla de los bienaventurados para los que habían llevado una vida justa. Así dice Platón, uniendo vida ética y recompensa futura:

> Existía en tiempos de Cronos, y aun ahora continúa entre los dioses, una ley acerca de los hombres según la cual el que ha pasado la vida justa y piadosamente debe ir, después de muerto, a las Islas de los Bienaventurados y residir allí en la mayor felicidad, libre de todo mal; pero el que ha sido injusto e impío debe ir a la cárcel de la expiación y del castigo, que llaman Tártaro (*Gorgias* 523a-523b; BCG 61.139).

Ahora bien, para evitar un juicio errado, dice Platón que era necesario que dicho juicio se realizara solo sobre el alma desnuda, desprovista del cuerpo por la muerte, de

---

8. Polemizaba Platón contra Homero proponiendo eliminar de la educación de los jóvenes todos aquellos pasajes en los que se presentaba el carácter terrible del Hades. Decía así: ««¿Qué hacer para que [los jóvenes] sean valientes? ¿No les diremos acaso cosas tales que les induzcan a no temer en absoluto a la muerte? ¿O piensas tal vez que puede ser valeroso quien sienta en su ánimo ese temor?». «¡No, por Zeus!» exclamó. «¿Pues qué? Quien crea que existe el Hades y que es terrible, ¿podrá no temer a la muerte y preferirla en las batallas a la derrota y servidumbre?». «En modo alguno». «Me parece, pues, necesario que vigilemos también a los que se dedican a contar esta clase de fábulas y que les roguemos que no denigren tan sin consideración todo lo del Hades, sino que lo alaben, pues lo que dicen actualmente ni es verdad ni beneficia a los que han de necesitar valor el día de mañana».» (Platón, *República* 3.386a-386c; BCG 94.146).

manera que no se pudiera camuflar la injusticia (*cf. Gorgias* 523d-e). Esto era posible porque, según el filósofo, el alma es inmortal, imperecedera e increada (*cf. Fedro* 245b-d; Cicerón, *Disputaciones Tusculanas* 1.24ss, etc.).

Similar a esta idea era la creencia en la transmigración de las almas (metempsícosis) a otros cuerpos. Así contaba Diógenes Laercio del regalo que le hizo el dios Hermes a Pitágoras al permitir la migración de su alma:

> Pitágoras "afirmaba haber sido antaño Etálides y haber recibido de Hermes el famoso don y refería la transmigración de su alma, y de qué modo había vagado sin rumbo y en qué vegetales y animales había revivido, y todo lo que su alma había sufrido en el Hades y lo que las otras almas tenían que soportar allí. (Diógenes Laercio, *Vidas* 8.1.4; trad. García Gual, 418; *cf.* también la tradición de que el alma de Euforbo, el guerrero de la *Ilíada*, había trasmigrado a Pitágoras, en Ovidio, *Metamorfosis* 16.160-164 y Tertuliano, *Sobre la resurrección de la carne* 1.5).

Con todo, aunque estas ideas pudieron ser conocidas por los corintios más ilustrados, probablemente eran más populares las creencias mitológicas sobre el Hades y el triste destino de los difuntos. Debemos reparar en la posible diversidad de auditorios de la predicación paulina.

d) *Inmortalidad astral: ser (como) estrellas.* Una variante de la idea de la inmortalidad del alma era la creencia en el transito tras la muerte a una vida celestial; es decir, a una vida cuya identidad sería la misma que la de los cuerpos celestes (sol, luna, estrellas). Los pitagóricos reflexionaron sobre esta idea[9]. Según ellos, el alma era de naturaleza estelar. Para volver a su verdadero ser, el hombre debía dedicarse a la astronomía y así poder alcanzar la bienaventuranza. Esta creencia, aunque elaborada filosóficamente, partía de la intuitiva contemplación de la bóveda celeste y del deseo humano por ascender. Se debe notar que los antiguos solían pensar que los astros no eran meras realidades físicas, sino que eran seres vivos e imperecederos[10], incluso divinos. Por ello, una de las formas de explicar la vida después de la muerte era convertirse en estrellas. Así leemos en algunos epitafios, como el de esta niña encontrado en Roma:

> Hoc Anulinae mei
> memorantur carmine
> Manes, parvola, quae vixi
> annos III, [m]e(n)s{s}e(m)q(ue); sed mea
> divina non est itura sub
> umbras caelestis

---

9. Cf. Rougier (1959). Ya en el siglo V a.C. afirma Aristófanes: «¿No es verdad entonces eso que dicen: que nos hacemos como astros (ὡς ἀστέρες γιγνόμεθ᾽) en el aire cuando morimos?» (*Paz* 832-834; traducción mía). Cf. también Platón («El que viviera correctamente durante el lapso asignado, al retornar a *la casa del astro* que le fuera atribuido, tendría la vida feliz que le corresponde»: *Timeo* 42b; BCG 160.189); Cicerón, *República* 6.16; Plinio el Viejo, *Historia Natural* 2.95, etc.

10. Cf. Filón, *Sobre la plantación* 12: «también estos (los astros del cielo), dicen los que cultivan la filosofía, son seres vivientes (ζῷα) totalmente intelectuales» (Trotta II, 370). Cf. Filón, *la creación del mundo según Moisés* 72; y 1 Henoc 18.13-16; 21.3-6.

anima: mundus me sump-
sit et astra; corpus habet
tellus et saxum nomen
inan{a}e.

Con este poema se evocan mis Manes, los de Anulina; que vivió tan poco tiempo, tres años y un mes. Pero mi divina alma celestial no habrá de descender hacia lugares sombríos, el firmamento y todas sus estrellas me han acogido. Mi cuerpo se lo ha quedado la tierra, y mi nombre inane lo tiene grabado esta roca[11].

También los judíos se abrieron a esta sugestiva idea. Dice Daniel 12,3-4 (LXX): «Y muchos de los que duermen en lo ancho de la tierra se levantarán (ἀναστήσονται): unos para una vida eterna, otros para denuesto, y otros para la dispersión y vergüenza eterna. Y los sabios brillarán *como luceros del cielo* (φωστῆρες τοῦ οὐρανοῦ), y los perseverantes en mis palabras, *como las estrellas del cielo* (τὰ ἄστρα τοῦ οὐρανοῦ), por los siglos de los siglos»[12].

Esta inmortalidad astral implica, de alguna manera, una existencia corporal, ya que para muchos antiguos –sobre todo, para los estoicos– el espíritu era una sustancia material, en este caso similar a los cuerpos celestes (*cf.* Cicerón, *Sobre la república* 6.15-16).

e) *Inmortalidad corporal.* A diferencia de lo que ha supuesto la apologética cristiana tradicional, la idea de la resurrección corporal no fue una novedad absoluta del primer anuncio cristiano, algunos dioses y héroes grecorromanos morían y volvían a un cierto tipo de vida corporal mucho antes de que Pablo hablara de la muerte y resurrección de Cristo. Cook ha analizado los relatos de dioses antiguos de los que se puede decir, de alguna manera, que morían y resucitaban. Según Cook, la noticia más similar a la de Jesús, es la resurrección de Osiris, aunque este dios permaneciera después en el inframundo[13].

Para ilustrar nuestra investigación, reparamos en las apoteosis de dos héroes que alcanzaron el estatus divino: Asclepio y Heracles[14]. Las tradiciones de Asclepio pudieron

---

11. *CIL* 6.12087 (*CLE* 611; Roma, sin datación, hacia el siglo II d.C.). La edición y traducción me ha sido generosamente concedida por la profa. Concepción Fernández Martínez. Para el testimonio de más epitafios que hablan de esta «inmortalidad astral» *cf.* Selter (2006: 46-106), quien estudia tanto los epitafios paganos como los cristianos y relaciona esta inmortalidad astral del alma con la fe cristiana en la resurrección. En este sentido, es interesante notar –por su proximidad al lugar de nuestra publicación– el epitafio dedicado a Honorato, obispo de Sevilla, que se conserva en la Iglesia Colegial del Salvador, en el que también se relaciona resurrección y vida astral: *spiritus astra petit, corpus in urna iacet* («el alma se dirige a los astros, el cuerpo yace en una urna»: *cf.* Fernández Martínez y Carande Herrero 2002: 13-29).

12. Cf. 1 Henoc 104,2-6; 2 Baruc 51,10, y más ejemplos en Martin (1995: 117-120). La expresión del libro de Daniel buscaba comparar los justos con los ángeles, que eran simbolizados en la época por las estrellas. Pero Collins, en su óptimo comentario a Daniel (1993: 393-394), precisa que el texto no afirma que los sabios se convertirán en estrellas, sino que «brillarán» como estrellas. En todo caso, Collins sostiene la influencia helenística en el modo de formular el texto.

13. John Granger Cook analiza las analogías entre la resurrección de Cristo y las leyendas de Dumuzi (Tammuz), Baal, Osiris, Adonis, Attis, Melqart (Heracles), Dionisos, Asclepio (Eshmun) y Mitra (2018: 56-143). En Corinto hubo un culto a Isis, la compañera de Osiris, y se ha encontrado una jarra del dios Osiris en una calle al este del Teatro de Corinto, aunque la datación la sitúa en el s. IV d.C. (*cf.* Williams y Zervos 1984: 79-80 § 49).

14. Cook no considera las historias de Asclepio y Heracles resurrecciones, sino traslaciones. «There are several key differences between translation narratives and resurrection accounts. Those who are raised always reappear after their deaths – whether the resurrections are to this life of to everlasting life. In addition, those who

ser significativa para los corintios a la hora de interpretar las palabras paulinas, ya que había un *Asklepeion* en Corinto (*cf.* Wikkiser 2010: 37-66; Murphy-O'Connor 1983: 186-191). El héroe Asclepio, hijo del dios Apolo y de una mortal, recibió culto como dios en importantes santuarios griegos (Epidauro, Atenas, Corinto, Cos), y también continuó siendo venerado por los romanos como Esculapio. Instruido por su padre, Asclepio se convirtió en un «médico insigne» (*Ilíada* 4.194), que podía dar vida a los muertos. Pausanias en el siglo II d.C. relata cómo resucitó a Hipólito. Nótese que emplea el mismo verbo que Pablo para referirse a la resurrección:

> ... hay una estela antigua [en Epidauro] que dice que Hipólito ofrendó veinte caballos al dios. De acuerdo con la inscripción de esta estela, dicen los de Aricia que Asclepio *resucitó* (ἀνέστησεν) a Hipólito que había muerto como consecuencia de las maldiciones de Teseo; y cuando vivió de nuevo no quiso perdonar a su padre y, despreciando sus súplicas, se marchó a Italia... (Pausanias, *Descripción de Grecia* 2.27.4; BCG 288-289)[15].

Aunque las leyendas son diversas y, a veces, contradictorias, la tradición más común cuenta que el mortal Asclepio, precisamente por devolver la vida a ciertos mortales, fue asesinado por Zeus con sus rayos. Él fue, sin embargo, inmortalizado (*cf.* Cicerón, *Leyes* 2.8.19; Ovidio, *Metamorfosis* 2.645-648), recibió culto como dios (*cf.* Cicerón, *Sobre la naturaleza de los dioses* 3.18.45) y, en ocasiones, llegó después a tomar la forma corporal de una serpiente (*cf.* Pausanias, *Descripción de Grecia* 2.10.2-3; *cf.* más textos en Hart 2000: 1-18). Los apologistas cristianos atestiguan también la leyenda de que Asclepio falleció como un mortal y revivió como un dios (*cf.* Justino, *Primera Apología* 21.2; Aristides, *Apología* 10.5; Taciano, *Discurso a los griegos* 21.1; Teófilo, *I a Autólico* 13; Minucio Felix, *Octavio* 23.7, etc.).

Otra de las historias de la mitología popular griega que gozaron de mucha difusión fue la apoteosis del famosísimo Heracles, conocido y venerado en Corinto[16]. Multitud de escritos, ánforas y otros elementos arqueológicos testimonian las leyendas de Heracles que, después de pasar sus famosos trabajos, fue llevado al Olimpo de los dioses (*cf.* Holt 1992: 38-59). Es interesante notar que Homero aúna su creencia en el Hades con la convicción acerca de la divinización de Heracles: Odiseo cuenta que él se encontró con el fantasma (εἴδωλον) de Heracles en el Hades, aunque propiamente el héroe se hallaba en el Olimpo, junto a su nueva esposa Hebe, diosa de la juventud (*cf. Odisea* 9.601-604). Esto era posible porque el fuego de la pira en el que se consumió su cuerpo separó el elemento mortal, heredado de su madre terrena, del elemento inmortal proveniente de su padre divino (*cf.* Ovidio, *Metamorfosis* 9.239-258; y Séneca, *Hércules en*

---

are raised from the dead experience a return to life (*Wiederdasein*), while those who are translated are taken in some form (body, immortal part of the body, or soul) to another location. The focus of a translation narrative is on this rapture or transport. The focus of a resurrection account is on the return to life. Translated individuals can disappear before or after their deaths, and there is seldom any reflection in the narratives on the nature of their post-mortem existence» (Cook 2018: 621-622). Por su influencia en la Corinto de la época, sin embargo, incluimos las dos leyendas en este epígrafe.

15. Mucho antes, ya Jenofonte dice de Asclepio que lograba «resucitar a los muertos y sanar a los enfermos; por eso, mantiene entre los hombres una gloria inmortal como un dios» (*De la caza* 1.6-7; BCG 75.242). Cf. más textos sobre las resurrecciones de Asclepio y su vocabulario en Cook (2018: 162-169).

16. Brown (2018: 237 nota 7), hace un elenco sobre diversos hallazgos arqueológicos acerca de la figura de Heracles en la Corinto Romana.

el Eta 1963-1976). Dicha separación, no obstante, no elimina en el imaginario de la cultura popular la corporalidad de Heracles en el Olimpo, pues allí tuvo a Alexiares y Aniceto con su esposa Hebe (*cf.* Hesíodo, *Teogonía* 950-955; y Apolodoro, *Biblioteca* 2.7.7).

El imaginario colectivo de los corintios pudo albergar otras muchas historias de dioses y héroes que comían (como Júpiter y Mercurio que se hicieron pasar por mendigos y comieron con dos pobres ancianos: *cf.* Ovidio, *Metamorfosis* 8.611-724), que podían ser heridos en su carne y brotar de ellos «sangre inmortal» (como le pasó a Afrodita: *cf.* *Ilíada* 5.337-339), o tener relaciones sexuales con humanos. Eran, pues, historias de dioses o héroes que reflejaban una inmortalidad *encarnada*[17].

No obstante, Brown ha indicado que esta clase de inmortalidad corporal, con la que los poetas daban rienda suelta a su imaginación, era, sin embargo, muy distinta de las expectativas de las personas corrientes. Unos pocos héroes divinizados podían gozar corporalmente del Eliseo de los dioses, pero la mayoría de los mortales no tenía otra perspectiva que el Hades o, quizás más sencillamente, la tumba: «Popular religion assumed that the body of the common mortal simply decomposed in the ground» (Brown 2014: 49).

f) *Negación de la vita post mortem.* Común a todas las creencias anteriores es la presunción de algún tipo de perdurabilidad después de la muerte; pero también existió quien pensó que no habría nada más. Famosa es la opinión de los epicúreos de que no se le debe tener miedo a la muerte porque no hay que aguardar nada más. La vida hay que gozarla mientras dure, sin miedo al final (*cf.* Lucrecio, *La naturaleza* 3.830-842; 972-979; Tertuliano, *Sobre la resurrección de la carne* 1.4; etc.).

Pero esta actitud animosa de los epicúreos, filosóficamente elaborada, contrasta con multitud de epitafios de la época en los que, como afirma Klauck, probablemente la postura mayoritaria ante la muerte era una actitud entristecida y escéptica: «It should be emphasised that not only can a broad sceptical tendency be discerned, but that this was most probably the dominant attitude of most people vis-à-vis death… But it has been estimated that only at most 10 per cent of the funerary epigrams contain even a hint of a hope for an afterlife» (Klauck 2003: 79-80)". Así dice un fragmento del epitafio de un tal Scaterio Celer encontrado en villa Borghese (Roma, hacia el siglo II d.C.):

> Nihil sumus et fuimus
> mortales despice lector
> in nihil ab nichilo quam
> cito recidimus.

Nada somos ni hemos sido los mortales. Date cuenta, lector, cuán rápidamente hemos vuelto a la nada desde la nada[18].

---

17. «The Greeks were familiar with the conception that eternal existence includes bodily existence. Or perhaps rather: that there are bodies which live forever […] namely the bodies belonging to gods and to very special humans, whom the gods decided to give the status of immortals. A transformation of mortals into immortals actually required a bodily transformation, a transformation from a mortal human body to an immortal divine body» (Songe-Møller 2009: 114).

18. *CIL* VI, 26003 (= *CLE* 1495; BCG 260.151). Los ejemplos se podrían multiplicar: ante la muerte de un tal L. Nomerius Victorinus, soldado en Regio, se dice en su epitafio: *Credo certe ne cras* («creo ciertamente que no hay mañana»: *CIL* VI, 23003); o un tal Alejandro, administrador en el norte de Italia, después de saludar a

Con todo, incluso estos epitafios, tristes e ingeniosos al mismo tiempo, no dejan de ser excepciones a la norma. La mayor parte de las inscripciones sepulcrales –así sucede con las encontradas en Corinto (*cf.* Meritt 1931: 86-91; West 1931: 111-130; Kent 1966: 113-119)– simplemente atestiguan el nombre del difunto y, si acaso, alguna noticia sobre el estatus del fallecido o de sus familiares, o sobre las cuestiones legales de la sepultura. Las tumbas acreditan, por tanto, que lo que más importaba ante la muerte no solía ser las creencias sobre el más allá, sino la preservación de la memoria del más acá. Esto implicaba una especie de nihilismo práctico. Y es que la inmortalidad más deseada por un difunto solía ser simplemente permanecer en el recuerdo de sus descendientes.

g) *La creencia judía en la resurrección corporal.* Según cuenta Hch 18,1-18, Pablo comenzó su labor en Corinto entre judíos, trabajando junto a los judíos Áquila y Priscila, y predicando en la sinagoga judía. Por ello, también debemos reparar, aunque sea brevemente, en las creencias de los judíos de la diáspora acerca de la vida después de la muerte (*cf.* Grappe 2001: 45-72; Elledge 2017, entre otros).

Frente a la idea tradicional sobre el *sheol* –lugar hebreo de los muertos con muchas similitudes al Hades griego–, se fue abriendo paso en la época del Segundo Templo la creencia apocalíptica en la resurrección de los muertos. Algunos de los textos que se suelen aducir al respecto son Dan 12,2-3; 2 Mac 7,22-23; 12,43-45; Salmos de Salomón 3,11-12; 1 Henoc 20-36; 91-108; 4Q521, etc. El judaísmo farisaico, al que perteneció Pablo (*cf.* Flp 3,5-6; Hch 23,6-10; 26,5), extendió dicha creencia, a pesar de la negativa de otros grupos como los saduceos que negaban la resurrección. Ahora bien, otras ideas sobre la vida *post mortem* también eran posibles: el judaísmo helenizado, representado por Filón o por 4 Macabeos, congeniaba con la idea griega de la inmortalidad del alma, intentándola judaizar: evitando la idea de la transmigración de las almas y afirmando que cumplir la ley de Moisés era el requisito para gozar de dicha inmortalidad (*cf.* Filón, *Sobre el decálogo* 48-49). Tampoco la diferencia entre el judaísmo de Palestina y el de la diáspora, respecto de la creencia en la resurrección, debió ser significativa (así Elledge 2017: 11, contra Vermes 2008: 30).

Incluso existía bastante diversidad de visiones sobre la resurrección de los muertos entre los judíos que creían en ella: unos recalcaban la continuidad entre el cuerpo muerto y el resucitado (2 Baruc, 2 Macabeos, etc.); otros subrayaban la discontinuidad y la pervivencia de la dimensión espiritual del fallecido (1 Henoc 91-108; Josefo, etc.); otros asimilaban a los cuerpos resucitados con las estrellas y/o con los ángeles (Dan 12,2-3; 4 Esdras, etc.; *cf.* Elledge 2017: 41-42). Concluimos, por tanto, con Elledge, que «the hope [of resurrection] held a variable reception among diverse groups, that outright denial of a blessed afterlife exceeded the narrow confines of the Sadducean party, and that many Jews preferred the discourse of immortality without apparent concern for resurrection» (2017: 199).

En suma, la diversidad de las creencias de los judíos corintios que escucharon a Pablo sobre el final de la vida pudo no ser excesivamente distinta del resto de nuevos

---

su esposa, dice al que lee su sepulcro: *Primitiva haue: et tu quisquis es uale. Non fueram, non sum, nescio, non ad me pertinet* («Primitiva, salud: y tú, quienquiera que seas, también te saludo. No había sido, no soy, nada sé, nada me importa»: *CIL* V, 1939 = CLE 1585), etc.

convertidos paganos. En todo caso, sí que es cierto que los judíos de Corinto debieron entender mucho mejor que sus paisanos gentiles algunos razonamientos de su correligionario Saulo acerca del primer y segundo Adán (*cf.* 1 Cor 15,21.45-49), o las *gezerah sawot*, procedimiento exegético típicamente judío, entre el Sal 110,1 y el Sal 8,7 de 1 Cor 15,25-27; y entre Is 25,8 y Os 13,14 en 1 Cor 15,54-55 (para el análisis de la *gezerah sawah, cf.* Basta 2006).

Discreta pervivencia en la tumba, triste existencia en el Hades, apoteosis divina, gloriosa inmortalidad celestial y/o encarnada... muchas pudieron ser las precomprensiones de los corintios que escucharon la primera predicación paulina[19]. Hemos intentado hacer un sencillo elenco de ellas. Dichas creencias, incluso aunque lo parezcan, no eran contradictorias entre sí; algunos corintios, sobre todo los de extracción más popular, pudieron simultanearlas. Ahora bien, no todas debieron tener la misma influencia. Hay que admitir la posibilidad de que algunos miembros de la comunidad corintia pudieran pertenecer a la élite social (*cf.* Dutch 2005) o, al menos, hubieran podido acceder a ideas como la inmortalidad del alma de matriz pitagórica y platónica y, con menos posibilidades, a la negación epicúrea del más allá. Sin embargo, la mayor parte de los nuevos fieles serían más familiares a las creencias más populares en la triste pervivencia en el Hades, los relatos mitológicos sobre las apoteosis de los héroes, la opinión rudimentaria de la pervivencia en la tumba o, simplemente, profesaran una clase de nihilismo práctico según el cual era mejor no preguntarse sobre el más allá, habida cuenta de los urgentes problemas cotidianos del más acá. Partiendo de estas creencias, ¿cómo acogerían el anuncio paulino sobre la resurrección? Antes de proponer posibles escenarios de respuesta, vamos a presentar una sucinta síntesis de la predicación paulina.

2. LA PREDICACIÓN PAULINA: BREVE PRESENTACIÓN DE 1 CORINTIOS 15

Dice Pablo que, al tiempo de su primera misión en Corinto, no quiso hablarles sino de Jesucristo y «este crucificado» (1 Cor 2,2). Esta afirmación, sin embargo, no debe ser tomada al pie de la letra como si él no hubiera hablado de la resurrección entre ellos. Se trata más bien de una manera de incidir en la inversión de valores que implicaba el mensaje de la cruz, en vista de enfrentar el apego que los corintios tenían a los valores mundanos de la elocuencia y del honor, provocadores de divisiones (*cf.* Pereira-Delgado 2017: 24-25.44). Los corintios, ciertamente, debieron escuchar a Pablo hablarles desde el principio sobre la resurrección. A pesar de ello, el apóstol tuvo que volver a tratar la cuestión cuando les escribió 1 Corintios para corregir algunas desviaciones que se daban entre aquellos creyentes aún inexpertos.

1 Corintios 15 es la reflexión más amplia que poseemos sobre qué pensaban los primeros cristianos sobre la resurrección. Esta argumentación, sin embargo, no pretendía

---

19. «The people seem to have had an extremely varied set of beliefs about what happened to them after death. But the fact that the people had an inconsistent and vague eschatology did not mean they had no beliefs concerning the afterlife at all. Rather it reflected the fact that popular religion found a diversity of ways to express itself and did not have the doctrinal focus that later Christian thought was to possess.» (Toner 2009: 43).

ser un pequeño tratado sobre el asunto, sino que trataba de responder, más bien, a la opinión de algunos que rechazaban la resurrección de los muertos: «¿Cómo andan diciendo *algunos de vosotros* que no hay resurrección de los muertos?» (1 Cor 15,12b). Pablo despliega una amplia y bien elaborada argumentación (para un comentario del texto, *cf.* Pereira-Delgado 2017: 415-474):

> 15,1-2 *exordium*: el evangelio que ellos han recibido y que les está salvando.
> 15,3-11 *narratio*: contenido del evangelio: muerte, sepultura, resurrección y apariciones de Cristo, hechos incuestionables desde los que partir en la argumentación.
> I　15,12-34: **1er desarrollo argumentativo: hay resurrección** (el *qué* de la resurrección)
> 15,12: *propositio en forma de pregunta*: si Cristo ha resucitado, los muertos también resucitan.
> 15,13-34: *probatio*:
> A (vv.13-19): *reductio ad absurdum*: si Cristo no ha resucitado, vacía la fe, vana la esperanza...
> B (vv.20-28): propuesta: *Cristo, nuevo Adán*, garantía de resurrección y perspectivas sobre el final.
> A'(vv.29-34): *reductio ad absurdum*: si Cristo no ha resucitado, no tienen sentido sus ritos y prácticas...
> II　15,35-57: **2° desarrollo argumentativo: la índole del cuerpo resucitado** (el *cómo* de la resurrección)
> 15,35: *propositio en forma de pregunta*: ¿con qué cuerpo resucitarán los muertos?
> 15,36-49: *probatio:*
> A (vv.36-44a): semillas, cuerpos terrestres y celestes: asentar la continuidad, subrayar la diferencia.
> B (vv.45b-49): v.45-49: *Cristo, nuevo Adán*, garantía de la resurrección de los que son de Cristo.
> A'(vv.50-58): todos serán transformados, también los vivos: subrayar la diferencia. Victoria final.
> 15,58: *peroratio* en forma de exhortación conclusiva.

El apóstol comienza a modo de exordio por afirmar la importancia del asunto, recalcando que estaba en juego la fe en el evangelio que los estaba salvando (15,1-2). Seguidamente expone el contenido de dicho evangelio: la muerte, sepultura, resurrección y apariciones de Cristo (15,3-11). Esta sección funciona como una *narratio* desde la que hacer partir la argumentación. De ello se deduce que los corintios aceptaban la resurrección de Cristo, aunque desestimaran la resurrección propia[20]. ¿Cómo era posible esta dicotomía? En el siguiente epígrafe ofreceremos una respuesta plausible a la luz de las creencias mitológicas.

Es precisamente este contraste –Cristo sí, los cristianos no– lo que Pablo quiere rebatir. Por eso, intenta conectar en 15,12-34 las dos resurrecciones –una ya sucedida, la otra

---

20. Así Collins (1999: 526). En contra, Schrage (2000, IV: 15) sugiere que los corintios también dudarían de la resurrección de Cristo; pero Pablo no achaca a los corintios el no creer en la resurrección de Cristo. Él afirma, más bien, que ellos aún «están fundados» (1 Cor 15,1) en ese evangelio y los dos aoristos de 15,2.11 («así lo creísteis») no significan que han dejado de creer, sino que habían comenzado a creer en el pasado (aoristos ingresivos). Además, la argumentación a partir de 15,12 evidencia que el problema no es la resurrección *de Cristo*, dato aceptado como punto de partida, sino la resurrección *de los muertos*.

esperada–. Él emplea tanto argumentos negativos como positivos. En negativo (15,12-20.29-34), reduce al absurdo varias creencias y prácticas de los corintios: si los muertos no resucitan, Cristo tampoco ha resucitado y, si Cristo no ha resucitado, vacía es entonces la fe de los corintios, vana es la predicación de los apóstoles y no tienen sentidos las prácticas que realizan, tanto rituales (bautizarse por sus difuntos, 15,29) como morales («si los muertos no resucitan, comamos y bebamos que mañana moriremos»: 15,32). En positivo (15,20-28), Pablo presenta a Cristo resucitado como primicia de los que han muerto y ofrece dos razones. La primera consiste en la tipológica entre Adán y Cristo que relaciona protología y escatología, creación y redención (15,21-22): si por Adán vino la muerte y en él todos murieron, por Cristo ha venido la resurrección y en él todos serán vivificados. La segunda consiste en una exégesis de la Escritura (cf. Sal 110,1; 8,7) que anuncia la victoria final de Cristo sobre la muerte y la subordinación de todo al Padre.

En 1 Cor 15,35, el apóstol afronta una objeción: «pero dirá alguno: ¿cómo resucitan los muertos? ¿con qué cuerpo vuelva a la vida?». Si en la primera argumentación él les persuadió sobre el *hecho* de la resurrección (15,12-34), ahora trata el *modo* en que los muertos resucitarán (15,35-58). La pregunta por el cuerpo resucitado concreta y matiza el tema: algunos probablemente negaban la resurrección porque no aceptaban que los cuerpos caducos y pasajeros pudieran volver a cobrar vida[21]. Pablo desarrolla a continuación una compleja argumentación en la que, admitiendo la identidad –este cuerpo corruptible es el que resucitará glorioso–, recalca la discontinuidad entre el cuerpo presente y el futuro. Ofrece múltiples razones de ello: como el grano sembrado es distinto de la planta final (15,37), como los cuerpos terrestres son incomparables a los cuerpos celestes (15,39-41), o como el cuerpo del primer Adán es diferente al del último Adán (15,45-46). Por ello, la carne y la sangre –el elemento caduco del hombre– «no heredarán el Reino» (15,50) y también los vivos serán transformados al tiempo de la parusía (15,51). En conclusión, resucitar no es volver a un modo de existencia mortal y corruptible, sino dar un salto cualitativo a una vida –ciertamente corporal, pero con un cuerpo vivificado por el Espíritu– gloriosa e incorruptible. Pablo termina de forma emotiva con citas bíblicas (Is 25,8; Os 13,14) que certifican y agradecen la victoria de Dios sobre la muerte (15,54-57) y con una exhortación final que saca consecuencias éticas de la fe en la resurrección (15,58).

3. ¿CÓMO PUDIERON RECIBIR LOS CORINTIOS EL ANUNCIO PAULINO DE LA RESURRECCIÓN?

Tras mostrar el amplio abanico de creencias que los corintios pudieron profesar acerca del destino de los difuntos (punto I), y presentar sucintamente la argumentación paulina de 1 Cor 15 (punto II), nos volvemos a plantear la cuestión: ¿cómo pudieron acoger los primeros oyentes de Pablo su anuncio acerca de la resurrección? Nuestra respuesta,

---

21. Aunque el tenor corporal de la resurrección parece ser el problema de fondo [*cf.* el *status quaestionis* de Schrage (2000, IV: 111-119); Kraus y Kraus (2011: 204-218)], no tenemos suficientes datos para poder perfilar con certeza qué pensaban realmente los corintios. En este diálogo entre el apóstol y su Iglesia, solo nos ha quedado la réplica paulina.

lógicamente, es un ejercicio de imaginación académica; pero puede ser un ejercicio productivo para desestimar hipótesis de lectura que se perpetúan en el tiempo y para proponer otros posibles escenarios de interpretación. Así pues, vamos a revisar la interpretación de 1 Cor 15 a la luz de las creencias que registramos anteriormente. En el supuesto de que algunos corintios profesaran o, al menos conocieran, algunas de dichas creencias, ¿cómo les sonaría el anuncio paulino? ¿qué similitudes y qué divergencias encontrarían?

a) *Resucitar no es perdurar en la tumba, sino levantarse de ella.* Como la mayoría de los corintios, Pablo fue sensible a la realidad de la tumba. A diferencia de las creencias en la muerte y resurrección de algunos dioses y las apoteosis de ciertos héroes que eran trasladados a ámbitos divinos incluso sin pasar por la tumba –de Asclepio, por ejemplo, no se veneraba sepultura alguna (*cf.* Cook 2018: 340); también se contaba de Elías y Henoc que fueron arrebatados al cielo sin pasar por el sepulcro–, Pablo escoge para hablar de la resurrección términos que presuponen la certeza de la tumba: Jesús fue sepultado (ἐτάφη) y fue levantado de ella (ἐγήγερται: 1 Cor 15,4). Tanto el verbo ἐγείρω (15,4, etc.) como el sustantivo ἀνάστασις (15,12, etc.) expresan el movimiento hacia arriba de un cuerpo que se encontraba postrado y «se levanta»[22]. La resurrección, por consiguiente, implicaba tanto para Pablo como para sus oyentes que los cuerpos de sus difuntos habrían de levantarse de sus sepulcros[23].

En la sección § I (a), decíamos que la creencia en la pervivencia del difunto en la tumba implicaba también ciertas prácticas rituales en su favor, como lo atestigua el orificio realizado para las libaciones de la tumba X descubierta en la zona norte de Corinto. De manera análoga, Pablo menciona en 1 Cor 15,29 (τί ποιήσουσιν οἱ βαπτιζόμενοι ὑπὲρ τῶν νεκρῶν;) una misteriosa acción de los corintios –«bautizarse por los difuntos»– que revela que ellos también realizaban prácticas rituales en favor de sus difuntos. Los estudiosos debaten sobre qué hacían y qué sentido le daban (*cf.* Hull 2005; White 2012: 379-395; Bianchini 2017: 221-225). La interpretación mayoritaria describe esta práctica como un bautizo vicario que efectuarían los nuevos convertidos en favor de sus familiares difuntos, que no habían podido incorporarse al cuerpo de Cristo. Richard DeMaris ha

---

22. Cf. el «alzarse» (ἐγείρω) de uno que se ha caído (Mt 12,11; Mc 9,27; Hch 9,8), que estaba postrado (Hch 10,26; Lc 11,8), enfermo (Hch 3,6-7; Mc 1,31) o muerto (Mc 5,39-41; Mt 27,52). Cf. el estudio filológico de Cook (2018: 7-55) y Ware (2014: 497-498): «The assumption that the formula's affirmation that Jesus' has been «raised» denoted a post mortem ascension to heaven which did not involve the revival of the corpse in the grave may be an inference possible from English or other modern language translations, but is it not a possible inference from the Greek wording if this ancient formula». Estos términos y sus derivados no fueron empleados para la resurrección del alma (ψυχή) o del espíritu (πνεῦμα) antes del siglo II d.C., cuando los gnósticos comenzaron a usarlos para expresar un tipo de resurrección espiritual ajena al cuerpo (*cf.* Epifanio de Salamina, *Panarion* 40.2.5. *cf.* Cook 2018: 30-37). Así pues, los términos no denotan en 1 Cor 15 «ascensión» o «elevación» al cielo, sino el volver a estar en pie de los cuerpos tras la postración de la tumba.

23. El silencio de 1 Cor 15,3 sobre la tumba vacía llevó a Bultmann a afirmar que «son leyenda las historias de la tumba vacía de las que Pablo no sabe aún nada» (1948, ⁵2011: 89). Pero su argumento basado en el silencio es problemático. La ausencia de la noticia sobre la tumba vacía en 1 Cor 15,3-5 se debe a que este era motivo propio del género de las narraciones (*cf.* Mc 15,46; Mt 27,60; Lc 23,53; Jn 19,42), no de las confesiones, género de 1 Cor 15,3-5. De hecho, la obra lucana muestra que los relatos de la tumba vacía (Lc 24,1-12.23-24) no reaparecen en las confesiones de Hechos, que también son obra de Lucas (Hch 2,22-32; 3,13-15; 10,36-41; 13,26-37. Cf. Ware 2014: 480-484; y Cook 2018: 570-593). En conclusión, no se puede usar 1 Cor 15 para afirmar que Pablo imaginaba la resurrección de Cristo sin presuponer una tumba vacía.

evidenciado que este bautismo vicario tenía ciertas similitudes con otras prácticas funeraria de la religiosidad pagana de la Corinto romana (1995a: 661-682). Puesto que el rito no está atestiguado en otras iglesias paulinas y es rechazado por la tradición sucesiva (*cf.* Tertuliano, *Contra Marción* 5.10.1), es probable que aquellos nuevos convertidos de Corinto desarrollaran esta práctica ritual combinando su nueva fe con ciertos ritos funerarios de su ambiente (así Brown 2014: 158). En 1 Cor 15,29, no queda claro si Pablo acepta o rechaza la práctica. Él simplemente recurre a dicha acción ritual como un persuasivo argumento *ad hominem*: ¿qué sentido tendría realizar prácticas en favor de sus difuntos si después negaban, en teoría, la resurrección de sus cuerpos? El apóstol aprovecharía así las implicaciones teóricas de aquella ambigua práctica ritual para convencerles de su futura resurrección[24]. Tenemos aquí, en conclusión, un interesante ejemplo de que las creencias y ritos que albergaban los corintios influyeron –e incluso sirvieron retóricamente a Pablo– en su modo de comprender la fe en la resurrección.

b) *La resurrección, destino venturoso no solo para los héroes, sino también para el resto de los mortales.* En las secciones § I (b) y (e), evidenciamos que la escatología de los habitantes de la Corinto romana estaba informada por la religiosidad de los mitos griegos, asumida y actualizada por los romanos. Los difuntos, tras los ritos funerarios, irían al Hades, el reino de los muertos, cuya vida era más bien aciaga e indeseable. Ellos ciertamente creían que unos pocos mortales heroizados –guerreros, atletas, poetas o emperadores– podían alcanzar una dichosa existencia corporal eterna en la isla de los bienaventurados o en los campos elíseos; pero dicho destino venturoso estaba reservado a unos pocos y distaba mucho de las tristes expectativas del común de los mortales.

Estas concepciones escatológicas influyeron, sin duda, en el modo en que los corintios acogieron el anuncio paulino. La resurrección de Cristo, hijo de Dios y de una mujer mortal, pudo aparecer ante los corintios en analogía a las apoteosis de algunos héroes divinizados –lógicamente para ellos, Jesucristo sería el mayor y único– como Asclepio, Heracles, Aquiles, Rómulo o los emperadores y las emperatrices que, tras una vida heroica, eran exaltados al estatus divino. En el siglo II, Justino atestigua que la analogía era posible, pues él confronta la resurrección de Cristo y la –para él, imitación demoníaca– resurrección de ciertas divinidades paganas (Dionisos, Heracles, Asclepio; *cf.* Justino, *Diálogo con Trifón* 69.2-3). Ahora bien, algunos corintios probablemente creían que el destino de los difuntos corrientes –mujeres, esclavos, niños..., todos ellos miembros de la nueva Iglesia– no podía ser otro que la tumba y el Hades. Esta dicotomía explicaría que los corintios profesaran la fe en la resurrección de Cristo y le dieran culto, mientras que algunos negaban al mismo tiempo su resurrección propia (*cf.* 1 Cor 15,12; Brown 2014: 79-102). Tendríamos así otra manifestación de cuán significativa fue la escatología pagana a la hora de recibir y entender el mensaje cristiano.

El apóstol Pablo les responde tratando de conectar la resurrección de Cristo que ellos aceptaban (1 Cor 15,3-11) con la resurrección de los creyentes, que algunos negaban (15,12). El énfasis de su argumentación radica precisamente en la conexión entre las dos: tanto de forma negativa (si los muertos no resucitan, tampoco Cristo ha resucitado y no

---

24. También Tertuliano, *Sobre la resurrección de la carne* 1.2-3, recurre a las prácticas rituales en favor de los difuntos de los romanos de su época que no creían en la resurrección para mostrarles su incoherencia.

tienen sentido ni la fe, ni la esperanza ni las prácticas de su nueva vida: 15,12-19.29-34) como de forma positiva (Cristo ha resucitado como primicia de los creyentes: 15,20-28). La concepción heroica grecorromana era de tenor elitista. Pablo, en cambio, intentaría hacerles ver que la propuesta cristiana ensanchaba el futuro venturoso de la resurrección para todos; se daba una especie de democratización del destino heroico, incluso para los que tuvieron existencias anodinas y nada famosas, de forma que, como afirma de manera solemne en 1 Cor 15,28, al final «Dios sea todo en todos» (ἵνα ᾖ ὁ θεὸς τὰ πάντα ἐν πᾶσιν)[25].

c) *Inmortalidad del alma, resurrección corporal y existencia astral.* Aunque la influencia popular de las creencias mitológicas debió ser mayor entre los corintios, la idea de la inmortalidad del alma, más elaborada filosóficamente, no debería ser descartada. El relato del discurso de Pablo en el Areópago (Hch 17,18.32) –poco importa si Lucas recoge una noticia histórica o recrea una situación ficticia (*cf.* Keener 2014: 2619-2625)– atestigua ya a finales del siglo I la conciencia de los primeros cristianos del posible rechazo que su fe en la resurrección suscitaría entre los filósofos estoicos y epicúreos[26]. Por otro lado, Celso, en el siglo II, corrobora la impresión negativa que para algunos griegos ilustrados podría causar la creencia en la resurrección corporal. Dice así el filósofo pagano:

> ¿Qué alma de hombre echaría otra vez de menos un cuerpo podrido? [...] ¿Qué cuerpo, en efecto, una vez totalmente corrompido, puede volver a su naturaleza originaria y aquella estructura primera de que fue disuelto? No teniendo qué responder a esto, se refugian en la más extravagante escapatoria de que todo es posible para Dios. Pero Dios no puede lo que es vergonzoso ni quiere lo que va contra naturaleza [...] Al alma, sí, aún pudiera otorgarle una vida eterna; pero «a los cadáveres –dice Heráclito– hay que echarlos de casa antes que al estiércol». La carne, empero, llena de cosas que no fuera ni decente nombrar, Dios no querrá ni podrá hacerla inmortal contra toda razón (Orígenes, *Contra Celso* 5.14; BAC 271.342-343; *cf.* también Tertuliano, *Sobre la resurrección de la carne* 4.2-7, quien recoge otras ideas de paganos que denigran la carne y la esperanza en su resurrección).

De hecho, el análisis retórico de 1 Cor 15,35-37 («Alguno preguntará: ¿Y cómo resucitan los muertos? ¿Con qué cuerpo vendrán? Insensato, lo que tú siembras no recibe vida si antes no muere. Y al sembrar, no siembras el cuerpo que llegará a ser, sino un

---

25. ¿Creía Pablo que resucitarían *todos* los hombres o *solo* los creyentes? Pablo no afronta la cuestión en sus cartas, solo podemos responderla de forma indirecta. La formulación de 1 Cor 15,23 («Pero cada cual en su orden: Cristo como primicia; luego *los que son de Cristo* en su venida») parecería que circunscribe la resurrección a los cristianos, pero el escenario de 15,23-28 es más bien universalista («Dios será todo en todos»: 15,28). Además, la alternativa es impensable para el apóstol. Los primeros cristianos confiaban en que, en virtud del Espíritu que impulsaba la misión de la Iglesia, el evangelio sería predicado a todas las naciones antes del fin (*cf.* Mt 24,14; 28,19; Lc 24,47; Ap 14,6). Todos podrían acoger (o rechazar) a Cristo. Por tanto, «la resurrección de los que son de Cristo» es una expresión que aúna, por un lado, la necesaria mediación de Cristo salvador y, por otro, el alcance universal de su labor. Él pensaría: puesto que a todos se les predicará el evangelio antes de la parusía, todos podrán resucitar si creen en Cristo.

26. «En parlant de ressusciter, Paul a atteint les limites du crédible. La tragédien Eschyle fait dire à Apollon: «Une fois son sang versé et bu par la poussière, l'homme ne se relève plus» (*Euménides* 647-648). Mail pour les juifs aussi, dans les Actes, la résurrection de Jésus constitue le point de rupture; c'est pourquoi les discours des apôtres et de Paul à leur intention se focalisent sur l'annonce de la résurrection (Ac 2,22-36 ; 3,13-26 ; 4,10-12 ; 10,39-43 ; 13,27-39 ; 26,23). Aux yeux de Luc, la foi pascale est la pierre de touche du christianisme» (Marguerat 2015: 163-164).

simple grano, de trigo, por ejemplo, o de cualquier otra planta...») hace suponer que Pablo pretende convencer a un interlocutor implícito que duda de la resurrección porque le parece imposible que un cadáver pueda revivir. La respuesta del apóstol incide, por ello, en la discontinuidad entre el cuerpo presente y el futuro: como hay mucha distancia entre el grano sembrado y la planta que se desarrolla; así también habrá mucha distancia entre el cuerpo corruptible y el cuerpo glorioso.

La metáfora estelar de 1 Cor 15,40-42 («Hay cuerpos celestes y cuerpos terrestres; pero uno es el resplandor de los cuerpos celestes y otro el de los cuerpos terrestres. Uno es el resplandor del sol, otro el de la luna, otro el de las estrellas. Y una estrella difiere de otra en resplandor. Así también en la resurrección de los muertos...») y la famosa expresión del «cuerpo espiritual» (σῶμα πνευματικόν: 15,44) ha llevado a algunos estudiosos a interpretar la respuesta de Pablo a la luz de la creencia antigua en la inmortalidad astral de los difuntos («Then they will no longer shine *like* stars: they will *be* stars»: Engberg-Pedersen 2010, 43; *cf.* Martin 1995: 117-120. 123-136; y Litwa 2012: 140-151) y, en relación con ello, a la luz de las reflexiones de los estoicos sobre la esencia material del espíritu. Según estos especialistas, Pablo estaría tratando de explicar la resurrección como una manera de convertirse en seres angélicos de la misma sustancia que las estrellas.

Sin embargo, la argumentación de 1 Cor 15 no permite entender la resurrección como un modo de inmortalidad astral (*cf.* Rabens 2010: 86-96; Levinson 2011: 415-432; y Orr 2014: 67-86). Por un lado, se debe reparar en que la mención de los astros es presentada a modo de símil. El «así también» (οὕτως καί:15,42) introduce la aplicación de la analogía. Pablo no define, solo compara. Por otro lado, el texto no opone la carne (σάρξ) al espíritu (πνεῦμα), sino que enfrenta el principio de vida natural (ψυχή) al principio de vida divino (πνεῦμα). De hecho, la expresión σῶμα πνευματικόν no indica que el cuerpo resucitado estará hecho de espíritu –el éter sutil, pero material, de los estoicos–, sino que expresa que el cuerpo de los resucitados recibirá nueva vida por la acción del Espíritu de Dios (*cf.* Pereira-Delgado 2017: 453-454). El contraste no atañe a la composición del cuerpo, sino al principio que lo dinamiza. En todo caso, y aunque es erróneo afirmar que Pablo considere la resurrección como un modo de inmortalidad astral, es posible que algunos corintios acogieran desde estas creencias las palabras de Pablo; e, incluso, que el mismo apóstol echara mano del motivo, muy extendido en la época, para que ellos pudieran comprender mejor a qué se estaba refiriendo.

d) *Ethos, mitología y resurrección*. En relación con nuestro tema, Brown (2014: 94-97) ha evidenciado que, para aquellos corintos que formulaban sus expectativas sobre el más allá desde las creencias mitológicas, no existía una relación estrecha entre escatología y ética. Aunque se daban excepciones, los cultos de la época eran más de índole ritual que moral. En cambio, las diferentes escuelas filosóficas, cada una con sus especificidades, sí que invitaron a una vida buena y justa, también ante la perspectiva de la muerte. De hecho, la creencia en la inmortalidad del alma, de ascendencia platónica, representaba una reacción contra la idea mitológica del funesto Hades. Según el pasaje de Platón citado en § I (c), la isla de los bienaventurados era el destino de los que, mediante la lucha contra sus pasiones corporales y la vida virtuosa, liberaban su alma. Aquí escatología y ética sí aparecían relacionadas. Pablo también conecta en 1 Cor 15,32-34.58 el presente de una vida auténtica y el futuro de los cuerpos resucitados. Para él, la resurrección funda la moral: si no hubiera réplica divina ante la conducta humana, si no hubiera resurrección ni juicio, entonces cualquier acción podría ser declarada legítima: «Si los muertos no resucitan, comamos y bebamos que mañana moriremos» (15,32; *cf.* Is 22,13)[27]. Así pues, los nuevos convertidos no solo eran invitados a creer en la resurrección corporal, también debían deducir de dicha creencia una vida moral según los estándares del evangelio.

e) *Contrastes de narrativas: las Escrituras santas frente a los poemas homéricos.* Toda cultura tiende a crear macro relatos que ofrecen explicaciones globales de la realidad. Los poemas homéricos y sus numerosas reinterpretaciones posteriores, que informaron la *paideia* helenística, realizaron esta labor cultural de primer orden. A dichos relatos homéricos se fueron sumando otras creencias orientales y romanas, a veces contradictorias entre sí, que configuraron la amalgama de convicciones, rituales y explicaciones de la realidad que recibieron los corintios de la época. Los primeros oyentes corintios de Pablo debieron reparar en que aquel judío convencido de su fe les estaba presentando un relato diverso. Él no les hablaba de la serpiente primigenia, de Urano y de Gea; de los dioses del Olimpo o de los héroes que alcanzaban la apoteosis, merced a sus obras heroicas y al favor de los dioses. No les hablaba de la tierna Isis, del misterioso dios Mitra o del divinizado Augusto. Aquel judío tenía su propio macro relato que se basaba en las antiguas Escrituras de Israel.

En 1 Cor 15, Pablo recurre a esta valencia narrativa de sus Escrituras para explicar la esperanza última sobre la resurrección desde la creencia primera sobre la creación: «Si por Adán vino la muerte, por Cristo vino la resurrección» (1 Cor 15,21; *cf.* Rom 5,12-21). Adán, el primer hombre para las Escrituras judías, había sido creado inmortal; pero la muerte, de suyo ajena al hombre, entró en el mundo por su trasgresión (*cf.* Gén 3,14; 4 Esdras 3,7-10; 7,116-118; 2 Baruc 48,42-43; 54,14-15, etc.). Por eso, para Pablo, la resurrección de Cristo, nuevo Adán, habría renovado el orden creado, arruinado por la muerte que campeaba por el poder del pecado (*cf.* 1 Cor 15,56). El modelo de Adán en Gén 2,7 también le sirvió a Pablo para explicar la transformación corporal que experimentarían los resucitados. Para ello, empleó una exégesis similar –aunque no idéntica– a la del judaísmo helenista (*cf.* Filón, *Alegoría de las leyes* 1.31; *La creación del mundo según Moisés* 134-142; etc.): si Adán, el primer hombre, fue un ser viviente; Cristo, el último Adán, es un espíritu que da vida; si Adán era terreno porque provenía de la tierra, el segundo Adán procede del cielo y llevará al cielo a los que porten su imagen (1 Cor 15,44b-49; *cf.* Pereira-Delgado 2017: 463-467).

En Corinto, los nuevos convertidos procedentes del paganismo captarían que Pablo les presentaba una narrativa contrastante frente a sus mitos clásicos; a la par que los nuevos creyentes procedentes del judaísmo acogerían con simpatía y complicidad las argumentaciones paulinas. Ahora bien, el mensaje del apóstol, si bien concordante con muchas ideas judías, también representaba cierta innovación. Él no solo describía

---

27. Este versículo evoca el famoso motivo del *carpe diem*, que también fue popular en las inscripciones romanas. Así dice una tumba de un niño de ocho años encontrada en Tolox (Málaga, sin datar; *CIL* 2.1434): *D(is) M(anibus) S(acrum) / Hermogenes pius in suis / [a]nn(orum) VIII m(ensium) VII d(ierum) XIII / N(i)l fui nil sum et tu qui vivis es / [bibe] lude veni h(ic) s(itus) e(st) s(it) t(ibi) t(erra) l(evis)* («Consagrado a los dioses manes, Hermógenes. Él fue piadoso en sus ocho años siete meses y trece días. Nada fui, nada soy; y tú, que aún vives, come, (bebe), juega, ven. Aquí está puesto, sea la tierra leve para ti»; *cf.* Gómez Pallarés *et al.* 2005: 248-250).

una resurrección colectiva al final de la historia para premiar a los justos perseguidos (v. gr. 2 Mac 7); él hablaba de que Dios había enviado al mundo a su Mesías esperado, quien había muerto para rescatar de los pecados a los hombres y había resucitado para restaurar su creación. El fin ya había comenzado. Así lo explica bellamente el prestigioso exégeta N. T. Wright:

> Para Pablo, lo esencial de la resurrección no es simplemente que el dios creador haya realizado algo extraordinario por un individuo en particular (esta es a veces para la gente de hoy la idea supuestamente central de la proclamación pascual), sino que, en y por la resurrección, «la malvada era presente» ha quedado invadida por la «era venidera», el tiempo de restauración, de regreso, de renovación de la alianza y de perdón. Se ha producido un acontecimiento como resultado del cual el mundo es un lugar diferente, y los seres humanos tienen la nueva posibilidad de llegar a ser un tipo diferente de personas (Wright 2003: 415).

La fe en la resurrección, por tanto, no solo era una nueva creencia escatológica, entre otras; era una idea eje que transformaba toda la cosmovisión sobre la realidad (teología, cosmología, antropología, etc.). Así, por ejemplo, el tiempo ya no podía ser concebido como un eterno retorno de las estaciones, sino como la venturosa promesa de la nueva creación (Wischmeyer 2009: 178). La pretensión del predicador judío debió aparecer como realmente osada.

f) *Del pesimismo a la esperanza: la victoria sobre la muerte.* Las expectativas tradicionales del Hades, o simplemente de la tumba, no eran muy halagüeñas para los corintios romanos del siglo I. Brown ha aducido varios ejemplos acerca del pesimismo existencial de los romanos ante la muerte (2014: 85-89). Pablo debió ser sensible a esta actitud pesimista de sus primeros oyentes cuando afirma: «Si solamente para esta vida tenemos puesta nuestra esperanza en Cristo, ¡somos los hombres más dignos de compasión!» (1 Cor 15,19). El Apocalipsis de Baruc, apócrifo judío del siglo II d.C., recoge una idea similar: «Pues nada habría más amargo si únicamente existiera esta vida de aquí para todo hombre» (2 Baruc 21.13; traducción de Piñero 2009: VI, 191). Ahora bien, el mensaje de la resurrección no solo ofrecía una esperanza ante el final de la vida, también pretendía dar un nuevo sentido a la vida presente; por ello los nuevos convertidos debían desarrollar una conducta moral auténtica (1 Cor 15,58); por ello, también, los ministros podían ponerse «cada día en peligro de muerte» (15,31).

Esta esperanza ante la muerte –actitud que debió interpelar a los nuevos fieles corintios– conduce a Pablo a terminar con tonos exaltados:

> [54] Y cuando esto corruptible se vista de incorrupción, y esto mortal se vista de inmortalidad, entonces se cumplirá la palabra que está escrita: *La muerte ha sido absorbida en la victoria* (Is 25,8). [55] ¿Dónde está, muerte, tu victoria? ¿Dónde está, muerte, tu aguijón? (Os 13,14) [56] El aguijón de la muerte es el pecado, y la fuerza del pecado, la ley. [57] ¡Gracias a Dios, que nos da la victoria por medio de nuestro Señor Jesucristo! (1 Cor 15,54-55).

Es interesante reparar en que Pablo ha alterado la formulación de Oseas 13,14: ha preferido repetir el vocativo «muerte» (θάνατε), frente a la mención del *sheol* en el hebreo (Os 13,14 TM) y del Hades en griego (ᾅδης: Os 13,14 LXX). ¿Por qué esta sustitución?

Aunque seguramente sus primeros oyentes no recordaran el texto de Oseas, es plausible pensar que Pablo ha preferido evitar cualquier referencia al mito del Hades. De hecho, no lo nombra jamás en sus cartas (*cf.*, en cambio, Mt 11,23; 16,18; Lc 10,15; 16,23; Hch 2,27.31; Ap 1,18; 6,8; 20,13.14). Así pues, la fe en la resurrección enfrenta como enemigo apocalíptico a la muerte, y sus lugartenientes: el pecado y la ley. Aquí no hay concesiones a otras creencias mitológicas.

En suma, Pablo concluye su amplia argumentación sobre la resurrección encarándose con la muerte y haciéndole un par de preguntas burlonas: «¿Dónde está, muerte, tu victoria? ¿Dónde está, muerte, tu aguijón?» (1 Cor 15,55). Él puede llegar a tanto porque la resurrección de Cristo le garantiza la victoria final frente a la muerte, «el último enemigo» (15,26). Su palabra conclusiva, así pues, no podía ser otra que una acción de gracias: «¡Gracias a Dios, que nos da la victoria por medio de nuestro Señor Jesucristo!» (15,57).

* * *

Al final de nuestro recorrido reconocemos que hemos llegado a resultados modestos, sin que por ello dejen de tener cierto interés. El escenario final vislumbrado nos describe a unos primeros convertidos corintios cuyas creencias escatológicas previas, preferentemente mitológicas, debieron influir en su modo de recibir el mensaje paulino. Los cultos a héroes extraordinarios como Asclepio o Hércules les haría plausible la fe en la resurrección de Jesucristo; pero las expectativas negativas acerca del final de la vida para el resto de los mortales les haría extraña la creencia en su propia resurrección. Es posible también que algunos, quizás los más ilustrados e influyentes en aquella comunidad incipiente, consideraran como repulsiva la fe en la resurrección corporal, merced a sus ideas sobre la inmortalidad del alma; en cambio, los miembros de extracción judía, ajenos a una antropología de tenor dualista, estarían más equipados para acoger el anuncio paulino.

El apóstol Pablo también sería consciente de las prácticas y creencias escatológicas previas de sus oyentes. La importancia de las prácticas rituales funerarias en la Corinto romana de la época le fueron útiles en su *inventio* de pruebas a la hora de tratar de convencerlos sobre la resurrección de los muertos. Si se bautizaban vicariamente por sus difuntos, ¿por qué no creían en su destino venturoso? (1 Cor 15,29). La idea de la inmortalidad astral (15,40-41), la reflexión del judaísmo helenista sobre el primer y el segundo Adán (15,44-49) y, quizás, la conexión de ciertas escuelas filosóficas entre el presente ético y el futuro escatológico (*cf.* 15,32-34.59) también pudieron serle tradiciones útiles –si bien perfilándolas y transformándolas– a la hora de formular su argumentación.

Ahora bien, la propuesta paulina se fundaba, sobre todo, en su experiencia biográfica de encuentro con el resucitado (15,9-10), en la tradición apostólica que había recibido (15,3-8) y en la relectura apocalíptica de las Escrituras de Israel (15,20-28.50-57). Los corintios debieron ser muy conscientes de que aquel predicador judío les presentaba una narrativa novedosa y contrastante sobre el sentido de la realidad y el futuro de la historia. En esta narrativa, el venturoso destino de los héroes grecorromanos era ensanchado y democratizado: no solo los nobles, no solo unos pocos. El evangelio de Pablo prometía la resurrección también para aquellos comerciantes, artesanos, mujeres y esclavos cuyas existencias anodinas y nada relevantes no les permitía albergar más esperanza que la tumba. Ellos también podían resucitar. No debieron recibir mal aquel anuncio; sino que, muy al contrario, les debió dar sentido y esperanza, cuando siguieron perteneciendo a la comunidad y continuó la relación con aquel apóstol. Al fin y al cabo, no está mal tener la suficiente confianza como para llegar a encararse con la muerte y decirle:

> La muerte ha sido absorbida en la victoria
> ¿Dónde está, muerte, tu victoria?
> ¿Dónde está, muerte, tu aguijón?

BIBLIOGRAFÍA

He consultado las obras antiguas en la *Loeb Classical Library* (Cambridge, MS, Harvard University Press / Heinemann, London) y, para la traducción castellana, en la *Biblioteca Clásica Gredos* (Madrid, Gredos) salvo las obras que se indican a continuación.

ALMOND, P. C. (2016): *Afterlife. A History of Life After Death*. Ithaca, NY, Tauris.

BASTA, P. (2006): *Gezerah Shawah. Storia, forme e metodi dell'analogia biblica* (Subsidia Biblica 26). Roma, GB Press.

BAUCKHAM, R. (2008): *Jesus and the God of Israel. God Crucified and Other Studies on the New Testament's Christology of Divine Identity*. Milton Keynes, Paternoster.

BIANCHINI, F. (2017): «"Battezzati in vista (della risurrezione) dei morti". La *crux interpretum* di 1 Cor 15,29», *Rivista Biblica* 65: 221-225.

BOOKIDIS, N.; HANSEN, J.; SNYDER, L. y GOLDBERG, P. (1999): «Dining in the Sanctuary of Demeter and Kore at Corinth», *Hesperia* 68: 1-54.

BOUSSET, W. (1913): *Kyrios Christos. Geschichte des Christusglaubens von den Anfängen des Christentums bis Irenaeus*. Göttingen, Vandenhoeck & Ruprecht.

BROWN, A. (2018): *Corinth in Late Antiquity. A Greek, Roman and Christian City*. London-New York, Tauris.

BROWN, P. J. (2014): *Bodily Resurrection and Ethics in 1 Cor 15*. WUNT/II 360. Tübingen, Mohr Siebeck.

BULTMANN (⁵2011): *Teología del Nuevo Testamento*. BEB 32. Salamanca, Sígueme.

COOK, J. G. (2018): *Empty Tomb, Resurrection, Apotheosis*. WUNT 410. Tübingen, Mohr Siebeck.

CUMONT, F. (1922): *After Life in Roman Paganism*. New Haven, Yale University Press.

DAVIES, J. (1999): *Death, Burial and Rebirth in the Religions of Antiquity*. London, Routledge.

DE MARIS, R. E. (1995a): «Corinthians Religion and Baptism for the Dead (1 Corinthians 15:29): Insights from Archeology and Anthropology», *Journal of Biblical Literature* 114: 661-682.

DE MARIS, R. E. (1995b): «Demeter in Roman Corinth: Local Development in a Mediterranean Religion», *Numen* 42: 105-117.

DIÓGENES LAERCIO (2007): *Vidas de los filósofos ilustres. Traducción, introducción y notas de Carlos García Gual*. Clásicos de Grecia y Roma. Madrid, Alianza.

DORMEYER, D. (2007): «Apotheosis», en H.-D. Betz *et al.*, *Religion Past & Present. Encyclopedia of Theology and Religion*. Volume I: A-Bhu: 340-341. Leiden-Boston, Brill.

DUTCH, R. S. (2005): *The Educated Elite in 1 Corinthians. Education and Community Conflict in Graeco-Roman Context* (JSNT.S 271). London-New York, T. & T. Clark.

ELLEDGE, C. D. (2017): *Resurrection of the Dead in Early Judaism. 200 BCE-CE 200*. Oxford, OUP.

ENDSJØ, D. Ø. (2009): *Greek Resurrection Beliefs and the Success of Christianity*. New York, Malgrave McMillan.

ENGBERG-PEDERSEN, T. (2010): *Cosmology and Self in the Apostle Paul*. Oxford-New York, OUP.

EUSEBIO DE CESAREA (2008): *Historia eclesiástica. Texto bilingüe. Texto, versión española, introducción y notas por Argimiro Velasco-Delgado* (Biblioteca de Autores Cristianos 394). Madrid.

FARAONE, C. A. y RIFE, J. L. (2007): «A Greek Curse agains a Thief from the Koutsongile Cementery at Roman Kenchreai», *Zeitschrift für Papyrologie und Epigraphik* 160: 141-157.

FERNÁNDEZ MARTÍNEZ, C. y CARANDE HERRERO, R. (2002): «Dos poemas epigráficos dedicados a Honorato»: Nuevo estudio de IHC 65 y 363", *Laboratorio de Arte* 15: 13-29.

FILÓN DE ALEJANDRÍA (2009ss): *Obras Completas*. Edición dirigida por José Pablo Martín I-VIII. Madrid, Trotta.

FORNIS VAQUERO, C. (2007): «La construcción de la identidad romana en Corinto», *Habis* 38: 205-224.

GÓMEZ PALLARÈS, J.; DEL HOYO CALLEJA, J. y MARTÍN CAMACHO, J. (2005): «*Carmina latina epigraphica* de la provincia de Cádiz (España): Edición y Comentario», *Epigraphica* 68: 184-255.

GRAPPE, C. (2001): «Naissance de l'idée de résurrection dans le judaïsme», en O. Mainville y D. Marguerat (eds.), *Résurrection. L'après-mort dans le monde ancien et le Nouveau Testament*: 45-72. Géneve, Editions Médiaspaul.

HART, G. D. (2000): *Asclepius: The God of Medicine*. London, Royal Society of Medicine Press.

HOLT, P. (1992): «Herakles' *Apotheosis* in Lost Greek Literature and Art», *L'antiquité classique* 61: 38-59.

HOPE, V. M. (2008): *Death in Ancient Rome* (RSAW). London, Routledge.

HULL, M. F. (2005): *Baptism on Account of the Dead (1 Cor 15:29). An Act of Faith in the Resurrection*. SBL.AB 22. Atlanta, Society of Biblical Literature.

HURTADO, L. W. (2008): *Señor Jesucristo. La devoción de Jesús en el cristianismo primitivo* (BEB 123). Salamanca, Sígueme.

KEENER, C. S. (2014): *Acts. An Exegetical Commentary*. Vol. 3: 15:1-23: 35. Grand Rapids (MI), Baker Academic.

KENT, J. H. (1966): *Corinth VIII.3: Inscriptions (1926-1950)*. Princeton, The American School of Classical Studies at Athens.

KLAUCK, H. (2003): *The Religious Context of Early Christianity. A Guide to Graeco-Roman Religions*. Minneapolis, Fortress.

KRAUS, W. y KRAUS, M. (2011): «On Eschatology in Paul's First Epistle to the Corinthians», en Jan D. van der Watt (eds.), *Eschatology of the New Testament and Some Related Documents*. WUNT II/315: 197-224. Tübingen, Mohr Siebeck.

LEVINSON, J. R. (2011): «Paul in the Stoa Poecile: A Response to Troels Engberg-Pedersen, Cosmology and Self in the Apostle Paul: The Material Spirit (Oxford, 2010)», *Journal for the Study of the New Testament* 33: 415-432.

LITWA, M. D. (2012): *We Are Being Transformed. Deification in Paul's Soteriology* (BZNW 187). Berlin, De Gruyter.

MARGUERAT, D. (2015): *Les Actes des Apôtres (13-28)* (Commentaire du Nouveau Testament. Deuxième Série 5b). Genève, Labor et fides.

MARTIN, D. B. (1995): *The Corinthian Body*. New Haven-London, Yale University Press.

MEGGITT, J. J. (2004): «Sources: Use, Abuse, Neglect. The Importance of Ancient Popular Culture», en E. Adams y D. G. Horrell (eds.), *Christianity at Corinth. The Quest for the Pauline Church*: 241-253. Louisville-London, Westminster John Knox Press.

MERRITT, B. D. (1931): *Corinth VIII.1: Greek Inscriptions (1896-1927)*. Cambridge (MS), The American School of Classical Studies at Athens, Harvard University Press.

MURPHY-O'CONNOR, J. (1983): *St. Paul's Corinth. Texts and Archeology* (Good New Studies 6). Wilmington, Michael Glacier, Inc.

ORÍGENES DE ALEJANDRÍA (1968): *Contra Celso* (Biblioteca de Autores Cristianos 271). Madrid.

ORR, P. (2014): *Christ Absent and Present. A Study in Pauline Christology*. WUNT/2 354. Tübingen, Mohr Siebeck.

PEREIRA-DELGADO, A. (2017): *Primera carta a los corintios* (Comprender la palabra 31A). Madrid, BAC.

PIÑERO, A. (2009): *Apócrifos del Antiguo Testamento*. Edición dirigida por Alejandro Díez Macho, VI. Madrid, Cristiandad.

RABENS, V. (2010): *The Holy Spirit and Ethics in Paul. Transformation and Empowering for Religious-Ethical Life*. WUNT II/283. Tübingen, Mohr Siebeck.

RIFE, J. L. (2010): «Religion and Society at Roman Kenchreai», en S. J. Friesen, D. N. Schowalter y J. C. Walters (eds.), *Corinth in Context*. NT.S 134: 391-432. Leiden-Boston, Brill.

ROUGIER, L. (1959): *La religion astrale des Pythagoriciens*. Mythes et Religions 37. Paris, Presses Universitaires de France.

RUIZ BUENO, D. (1964): *Padres apologistas griegos. siglo II. Introducciones, texto griego, versión española y notas* (Biblioteca de Autores Cristianos 116). Madrid.

SCHRAGE, W. (2000): *Der erste Brief an die Korinther. 4. Teilband: 1 Kor 15,11-16,24*. EKKNT 7/4. Düsseldorf, Neukirchen-Vluyn, Benzinger Verlad y Neukirchener Verlag.

SELTER, B. (2006): «Astral Immortality in the *Carmina Latina Epigraphica* of the City of Rome: A Comparison between Pagan and Christian Views», *Sacris Erudiri* 45: 46-106.

SLANE, K. W. (2017): *Tombs, Burials, and Commemoration in Corinth's Northern Cemetery*. Corinth XXI. Athens, American School of Classical Studies at Athens.

SMITH, B. D. (2019): «What Christ Does, God Does: Surveying Recent Scholarship on Christological Monotheism», *Currents in Biblical Research* 17: 184-208.

SONGE-MØLLER, V. (2009): «"With What Kind of Body Will they Come?" Metamorphoses and the Concept of Change: From Platonic Thinking to Paul's Notion of the Resurrection of the Dead», en T. K. Seim y J. Økland (eds.), *Metamorphoses: Resurrection, Body and Transformative Practices in Early Christianity*: 109-122. Berlin, De Gruyter.

STROUD, R. S. (2013): «Religion and Magic in Roman Corinth», en S. J. Freisen, S. A. James y D. N. Schowalter (eds.), *Corinth in Contrast. Studies in Inequality* (Novum Testamentum, Supplements 155): 187-202. Leiden, Brill.

TONER, J. (2009): *Popular Culture in Ancient Rome*. Cambridge-Malden, MA, Polity Press.

VERMES, G. (2008): *Resurrection*. New York, Doubleday.

WALBANK, M. E. H. (2005): «Unquiet Graves: Burial Practices of the Romans Corinthians», en D. N. Schwalter y S. J. Friesen (eds.), *Urban Religion in Roman Corinth. Interdisciplinary Approaches*. Harvard Theological Studies 53: 249-280. Cambridge (MS), Harvard University Press.

WARE, J. (2014): «The Resurrection of Jesus in the Pre-Pauline Formula of 1 Cor 15.3-5», *New Testament Studies* 60: 475-498.

WEST, A. B. (1931): *Corinth VIII.2: Latin Inscriptions (1896-1926)*. Cambridge (MS), Harvard University Press.

WHINTER-JACOBSEN, K. (2006): «Pots for the dead. Pottery and ritual in Cypriote tombs of the Hellenistic and Roman period», en D. Malfitana, J. Probome y J. Lund (eds.), *Old Pottery in a New Century. Innovating Perspectives on Roman Pottery Studies. Proceedings of the International Workshop (Catania 22-24 April 2004)*: 389-397. Catania, Monografie dell'Istituto per i Beni Archeologici e Monumentali.

WHITE, J. R. (2012): «Recent Challenges to the *communis opinio* on 1 Corinthians 15.29», *Currents in Biblical Research* 10: 379-395.

WIKKISER, B. L. (2010): «Asklepios in Greek and Roman Corinth», en S. J. Friesen, D. N. Schowalter y J. C. Walters, *Corinth in Context* (NT.S 134): 37-66. Leiden-Boston, Brill.

WILLIAMS, C. K. y ZERVOS, O. H. (1984): «Corinth, 1984: East of the Theater», *Hesperia* 54: 55-96.

WISCHMEYER, O. (2009): «Cosmo e cosmología in Paolo», *Protestantesimo* 64: 163-179.

WRIGHT, N. T. (2003): *La resurrección del Hijo de Dios. Los orígenes cristianos y la cuestión de Dios*. Estella, Verbo Divino.

APOTEOSIS IMPERIAL Y *ACCLAMATIO* A CRISTO EN EL CRISTIANISMO PRIMITIVO*

Francisco Juan Martínez Rojas

Instituto de Teología «San Eufrasio» de Jaén

1. *PRINCEPS A DIIS ELECTUS.* LA *APOTEOSIS* COMO REALIDAD POLÍTICA EN ROMA

En 1977, J. Rufus Fears publicó su estudio sobre la *apotheosis* o divinización, comprendiéndola desde una clave hermenéutica política (Rufus 1977). No se trataba de un análisis pionero, ya que a este estudio le precedían otras numerosas investigaciones, que se habían centrado en la divinización imperial desde diversas angulaturas, y le seguiría la publicación de otros estudios, que llegan hasta la actualidad (Bickermann 1929: 1-34; L'Orange 1982; Clauss 1999; Kahlos 2016).

La *apotheosis* fue una práctica oriental que, a través de Grecia, llegó a Roma. En virtud de esta creencia, se elevaba a la categoría de «divinos» (*divus, divi*) a determinados héroes mitológicos o personajes reales que, en el caso romano, fueron sobre todo emperadores, o miembros destacados de sus familias (AA. VV. 2013; Gradel 2004: 262-324; Strong 1915; Strothmann 2006: 175-178; Tommasi 2005: 437-441; 2016: 177-209; Von Gaertringen 1895: 184-188; Wissowa 1900: 896-902).

En el caso de los emperadores romanos, la apoteosis o divinización se otorgaba después de la muerte del soberano en virtud de un decreto del Senado, que, para ser otorgado, precisaba del testimonio de una persona que asegurase que había contemplado al emperador difunto salir de la pira funeraria, llevada su alma al cielo por el águila que en ese mismo momento se soltaba (Gradel 2004: 291-324). Desde ese instante, el emperador podía recibir los honores celestes. Una dificultad surgía cuando los emperadores (desde Trajano) ya no fueron incinerados, sino inhumados: se procedió entonces a una doble ceremonia, las exequias y el *funus imaginarium* (Piganiol 1971: 317).

---

* Este trabajo ha sido realizado con la ayuda del Centro Español de Estudios Eclesiásticos anejo a la Iglesia Nacional Española de Santiago y Montserrat, en Roma, en el marco de los proyectos de investigación del curso 2018-2019.

A partir de Nerva, desde finales del siglo I, la apoteosis del emperador pasó a ser una regla casi sin excepción, y la divinización se extendió a menudo a las emperatrices, y a veces a todo el grupo familiar: ya se había hecho un intento en tal sentido bajo Augusto (Cabrero 2015: 515-516; Dumézil 1970: 248 y 251-252). Pero, como señala Jean Bayet, fueron Trajano y Adriano quienes aseguraron su vigencia. Paralelamente se acentuó la pompa en la ceremonia de apoteosis, alcanzando su perfección entre Antonino Pío y Septimio Severo. Pero esta multiplicación de los *Divi* iba a traer dos consecuencias: al hacerse demasiado numerosos para poder ser enumerados en las plegarias, se terminó por agruparlos en un santuario colectivo y bajo una invocación común; y al banalizarse la apoteosis, y difundirse la idea de que una multitud de hombres iniciados en diferentes misterios estaban destinados a una inmortalidad casi divina, la sacralidad imperial, ya tan necesaria para la unidad política y religiosa del mundo romano, tendió a transferirse de los muertos a los vivos, creándose la ideología del soberano-dios terrestre, engendrado por los dioses o por Dios, que alcanzó su máxima expresión con la Tetrarquía, y de ahí pasó al Imperio bizantino (Bayet 1984: 203-204 y 240).

2. DE BOUSSET A HURTADO: EL RECORRIDO DE UNA INVESTIGACIÓN SOBRE LA APOTEOSIS/DIVINIZACIÓN DE JESÚS

El poeta hispano Aurelio Prudencio (348-410 d.C.) tituló *Apotheosis* a una de sus obras literarias más conocidas (Aurelio Prudencio 1966: 73-115; 1981: 175-243), recurriendo al vocablo que se había usado en la antigüedad pagana para expresar el proceso de divinización de los emperadores, práctica que, en cierto modo, todavía pervivía, con las lógicas diferencias, en la antigüedad tardía, en el contexto político y social de un Imperio que ya era oficialmente cristiano, y en el que progresivamente el emperador divinizado se transformaría en emperador santo (Bonamente 1988: 107-142; 2011: 339-370; 2014a: 17-36; 2014b: 359-378). La intencionalidad del poeta cristiano Prudencio era presentar, de manera didáctica, la divinización de la naturaleza humana en la persona del Verbo, confutando las doctrinas contrarias a esta verdad de fe, tanto las que negaban el realismo de la encarnación de Cristo como las que reducían a Jesús a un simple hombre. Y el corolario de este poema lo constituye la afirmación de que la misma apoteosis o divinización de Cristo es la que le aguarda al hombre, con la resurrección futura (Rivero 2018: 71).

La investigación sobre la divinización de Cristo experimentó un auge inusitado a partir de la publicación, en vísperas del estallido de la I Guerra Mundial, de la obra de Wilhem Bousset *Kyrios Christos. Historia de la fe en Cristo desde los inicios del cristianismo hasta Ireneo* (Bousset 1913). Bousset, siguiendo los dictados de la llamada escuela de la Historia de las Religiones, pretendía explicar la progresiva divinización de Cristo como consecuencia del influjo del helenismo en el cristianismo primitivo, que, al igual que había hecho con héroes y emperadores, había aplicado a la figura de Jesús de Nazaret el mismo proceso de la apoteosis (Marshall 1985: 120). Desde entonces hasta la actualidad, la hipótesis de Bousset ha recibido tanto apoyos con diversos matices (Lohmeyer 1919; Lösch 1933), como críticas que han negado su viabilidad, siendo entre estas últimas una de las más representativas la de Larry Hurtado (Hurtado 2008 y 2013. Resumen de posiciones en Bermejo 2014: 293-320 y Smith 2019: 184-208). Hurtado señala seis prácticas concretas que dan forma a una muy temprana, extraordinaria y novedosa devoción a Cristo como Dios: 1) himnos sobre Jesús cantados como parte del culto cristiano; 2) oración a Dios «por medio de» y «en nombre de» Jesús, e incluso oración directa a Jesús mismo; 3) invocación del nombre de Jesús, sobre todo en el bautismo, sanaciones y exorcismos; 4) comida en comunidad celebrada como un banquete sagrado donde el Jesús resucitado preside como «Señor» de la asamblea; 5) praxis de «confesar» a Jesús de forma ritual; 6) profecía cristiana entendida como oráculos de Jesús resucitado y del Espíritu Santo, comprendido también como el Espíritu de Jesús (Bermejo 2014: 309). Y todo ello, sin olvidar, en ocasiones, como demostró fehacientemente Hugo Rahner, los primeros escritores cristianos interpretaron los mitos paganos, sobre todo recurriendo a las figuras de los héroes, para explicar la entraña del mensaje kerigmático, que no es otra sino la resurrección de Cristo (*cf.* Rahner 1971: 50-51).

3. A LA APOTEOSIS POR LA HUMILLACIÓN: DESCENSO DE CRISTO AL HADES Y EXALTACIÓN SOBRE LOS ÁNGELES

A partir de lo expuesto brevemente en el apartado anterior, y sin entrar en disquisiciones y disputas historiográficas, se puede analizar someramente el proceso de exaltación y reconocimiento de Cristo como Dios en el contexto de la apoteosis imperial, para señalar puntos de encuentro, como es el uso de la *acclamatio* en el arte por parte de los cristianos, y hacer notar también los desencuentros entre paganismo y cristianismo en este mismo ámbito, sobre todo por razón de la incompatibilidad del culto imperial con la nueva fe venida de Oriente.

Si nos ceñimos inicialmente a los textos del Nuevo Testamento, es obligado convenir que para hablar de *acclamatio* a Cristo o exaltación de Jesús, hay que tener en cuenta que ese proceso conlleva necesariamente el abajamiento –*sintakábasis*– previo de Cristo: su despojarse de la condición divina, encarnarse asumiendo la naturaleza humana y bajar a lo más hondo de la condición humana, en el Hades, para tomar sobre sí el pecado del mundo. Sólo con este movimiento descendente, bajando a lo más hondo, Jesús puede *subir a los cielos llevando cautivos* (Sal 67,18 y Ef 4,8). En este sentido, no puede pasar desapercibido que, desde sus inicios, el primer anuncio o el kerygma cristológico versaba sobre la tríada «resurrección-ascensión-exaltación», que forma una unidad coherente y lógica, más allá de que se trate de tres momentos consecutivos en el misterio de Jesús de Nazaret, pero que dependen íntimamente unos de los otros (Santamaría 2007: 99).

Como señaló acertadamente Jean Daniélou, el uso de las representaciones de bajada y exaltación aparece ya en la cristología de Juan y de Pablo (Daniélou 2004: 260). Las llamadas *Epístolas de la cautividad* están llenas de representaciones gnósticas, en particular la bajada de Cristo (Ef. 4,9), la lucha de Cristo en la cruz contra Principados y Potestades (Col 2,15), la exaltación de Cristo por encima de todos los cielos (Ef 2,1; Flp 2,10. Martin 1967: 197-228 –el abajamiento–, y 229-246 –la exaltación–). Heinrich Schlier ya advirtió que la imagen del mundo de Pablo estaba emparentada con las cartas de Ignacio de Antioquía, con la segunda carta de Clemente y con el *Pastor de Hermas*. El mismo autor subrayó que esa representación no se encuentra ni en los textos puramente judíos, ni en los textos puramente griegos, y la calificó de *helenística oriental*. En este sentido, es interesante repasar con algo más de detenimiento ese doble movimiento de bajada y subida, anonadamiento y exaltación, al que venimos haciendo referencia, que tiene como conclusión última el reconocimiento de la divinidad de Cristo.

Daniélou señala que la bajada oculta es el primer rasgo de la teología judeocristiana, una bajada que queda oculta para los ángeles (Daniélou 2004: 260-261). El Verbo, al bajar a la tierra para encarnarse, atraviesa sucesivamente todos los coros angélicos. Esto sitúa a la encarnación en el marco «mítico» del judeocristianismo y se encuentra en la *Ascensión de Isaías*. Una perspectiva análoga, aunque en sentido inverso, aparece en el caso de la Ascensión, en la que vemos a Cristo atravesar los diversos mundos angélicos a lo largo de su subida (Santamaría 2007: 155-156). Todo esto indica solamente el marco de la representación y no tiene todavía contenido teológico. Por el contrario, la idea central es que la encarnación permanece oculta para los ángeles, lo que parece un rasgo característico de la teología judeocristiana, que aparece ya en Pablo (1Cor 2,8; Ef 3,9-11). También se encuentra en un célebre pasaje de Ignacio de Antioquía: «*El príncipe de este mundo no conoció la virginidad de María ni su embarazo, y tampoco la muerte del Señor, tres misterios resplandecientes que se realizaron en el silencio de Dios*» (Efesios 19,1). Ireneo de Lyon llega a decir, haciendo alusión a los ángeles: *Invisible en su naturaleza, el Verbo no podía ser visto por las criaturas cuando bajó a la tierra* (*Demostración de la predicación apostólica,* 84). La fuente de estos dos pasajes parece ser la ascensión de Isaías (XI, 16): *Ha sido ocultado a todos los cielos y a todos los príncipes y a todos los dioses de este mundo* (citado por Daniélou 2004: 262).

Sin embargo, el descenso hasta lo último tiene, como prolongación natural, la exaltación de Cristo junto al Padre, por encima de toda criatura. La humanidad del Verbo sube a lo más alto, y con ello, lo somático se diviniza (Daniélou 2004: 308). Esa exaltación adquiere, en la carta a los Hebreos, tintes semejantes a la exaltación de un héroe en la tradición helenística más clásica (Miselbrook 2012; *cf.* también, en sentido más amplio, Knox 1948: 229-249).

Siguiendo a Daniélou, se puede continuar afirmando que entre los textos judeocristianos que tratan de la exaltación gloriosa de Cristo, un primer grupo se vincula directamente con la resurrección, de la que expresa el contenido teológico. No significa que los autores no crean en una estancia, sino que significa que la exaltación de Cristo no va unida a este último acontecimiento, pues se considera que existe desde la resurrección. En realidad, como ya se ha señalado, resurrección, ascensión y exaltación constituyen un todo, aunque cronológicamente fuesen tres momentos consecutivos.

Esta perspectiva aparece, primero, en los textos donde no se menciona la resurrección y donde su expresión es la exaltación celeste. Es el caso del *Testamento de Benjamín: Después de subir del Hades, pasará [metabainôn] de la tierra al cielo. He conocido lo humilde [tapeinós] que será en la tierra y lo glorioso [éndoxos] que será en el cielo* (IX, 5). El contraste se establece entre el abajamiento de la encarnación y la exaltación de la resurrección. La resurrección se presenta como la entrada en el cielo. Se puede ver que la mención de la bajada a los infiernos precede inmediatamente a la exaltación (Daniélou 2004: 308-309).

La exaltación de Cristo junto a Dios Padre completa su misión y conlleva, por parte de sus seguidores, el reconocimiento de su divinidad y el culto que lógicamente se le debe tributar. Un culto que, en el contexto de los primeros siglos, chocó directamente con el culto que se rendía al *divino* emperador.

4. EL CONFLICTO DEL CULTO AL EMPERADOR.
EL EJEMPLO DE ASIA MENOR

Veamos qué relación puede tener la exaltación de Cristo con la apoteosis imperial y con el culto al emperador, tema historiográfico este último, que ha generado una abundante bibliografía (por citar solo algunos títulos: Alvar 1999, 272-280; Cerfaux y Tondriau 1957; Di Cosmo 2002: 1-30; Fishwick 1985; Gnoli y Muccioli 2014; Herz 1978, 833-910; Kelly 2001: 170-195; Lozano Gómez 2003: 157-169; Giménez de Aragón Sierra y Alarcón Hernández 2014: 9-28; Pollini 1990: 334-363; Santos 2014: 285-318; Taeger 1957-1960). Teniendo en cuenta lo expuesto en el anterior punto, se deduce con facilidad que los primeros cristianos no pudieran aceptar las pretensiones imperiales de rendir culto a una persona –el emperador–, que pretendía fundamentar su superioridad sobre los demás seres humanos adscribiéndose a la esfera de lo divino, aunque dicha consideración no fuese uniforme en todo el Imperio, y se expresase de diferentes modos según en qué partes del territorio imperial romano se tratase (por ejemplo, para África, *cf.* Selmi 2009: 209-224).

La divinización de los emperadores comenzó con Augusto (27 a.C.-14 d.C.), que divinizó a su padre adoptivo, Julio César, y a su vez fue divinizado tras su muerte. Tiberio afirmó que él solo era un hombre y en el año 25 rechazó la construcción de un templo en la Bética en honor suyo y de su madre. Calígula y Domiciano fueron divinizados en vida, pero la norma fue que estas divinizaciones se hicieran después de la muerte, y a los dos emperadores citados lo que sucedió a su óbito fue su *damnatio memoriae*. La concepción teocrática del poder oriental comenzó con Marco Antonio y siguió con Calígula (37-41), Nerón (54-68) y Domiciano (81-96). A partir de Trajano se determinaron con precisión los epítetos y cualidades divinas aplicados a los emperadores (Blázquez 1995a: 308).

Si bien la divinización de los emperadores no los colocaba al mismo nivel que los dioses del panteón grecorromano, ello no fue óbice para que reivindicasen que se les tributase culto, aunque fuese póstumamente, y fueran reconocidos como *divus*, y no como *deus*. Como señala Cadenas, en las leyes romanas se usaron términos muy variados para designar la divinidad del emperador, que pervivieron cuando el Imperio se cristianizó, y continuaron siendo usadas hasta el s. VIII: *divina domus, manu divina, numen nostrum, divinae, divalis, caelestis sententia, numina nostra, sacrae o aeternales* son usados frecuentemente. Asimismo, a los emperadores fallecidos podía nombrárseles con los epítetos de *divi, divae memoriae* o *divae recordationis*. Desde el punto de vista legislativo no hay duda de la divinidad y del aspecto sagrado de los emperadores hasta principios del s. V, y así consta en el *Codex Theodosianus*, aunque es difícil precisar el valor de estos adjetivos. Es posible que estas palabras mantuvieran intacto su valor semántico durante todo el siglo IV, aunque también es posible que la *interpretatio* cristiana cambiara el significado de divinidad que había en estos términos sustituyéndolo por otros como «virtuoso», «bienaventurado», etc., pasándose así, como ya se ha señalado, del emperador divino al emperador santo (*cf.* Cadenas 2017: 31-44 *passim*; Drake 2016: 1-17). Ilustra magníficamente esta evolución un texto medieval citado por Kantorowicz, en el que se recoge el concepto de *apotheosis* para aplicarlo cristianamente al rey, santificado –es decir, divinizado– por la unción:

Rex autem [...] huius Christi, id est Dei et hominis, imago et figura erat, quia [...] totus homo erat, totus deificatus erat et sanctificatus per gratiam unctionis et per benedictionis consecrationem. Nam et si Graeci sermonis utaris ethimologia, consecratio, id est *apotheosis*, sonabit tibi deificatio. Si ergo [...] rex [...] per gratiam deus est et christus Domini, quicquid agit et operatur secundum hanc gratiam, iam non homo agit et operatur, sed Deus et Christus Domini (Kantorowicz 2012: 80-82 *passim*).

Pero antes de la cristianización del Imperio, para los cristianos el culto imperial supuso un auténtico obstáculo para el ejercicio de la nueva fe y generó un acalorado debate (Stauffer 1955; Teja 2014: 343-357), sin que falten estudiosos que afirmen que el mismo culto imperial influyó en el desarrollo de las estructuras eclesiásticas, cristianas hasta bien entrado el s. III (*cf.* Brent 1999). En algunos textos del Nuevo Testamento, sobre todo de las cartas paulinas, se exhorta a la fiel colaboración con los poderes constituidos (Rom 13,1-2; 1Tim 2,1-2; Tit 3,1, a las que habría que añadir 1Pe 2,13-17). En esta misma línea, los apologistas griegos del siglo II no se refieren al culto imperial, por no ser un hecho impuesto, instituido, por los propios emperadores, sino que insisten en la lealtad de los cristianos a los emperadores y al Imperio. Sin embargo, como ya se ha señalado, el culto imperial no fue algo uniforme, ya que involucró una rica diversidad de prácticas, y lo mismo ocurría con el cristianismo, que lejos de ser una realidad monolítica, presentaba en ocasiones notables diferencias según las distintas áreas geográficas por las que se había difundido.

Un claro ejemplo de lo que acabamos de indicar lo constituye el llamado *cristianismo asiático*, difundido sobre todo en el territorio de la antigua provincia romana de Asia, situada en lo que actualmente es parte de la costa mediterránea de Turquía (*cf.* Lozano 1995: 109-155). Este cristianismo, algunas de cuyas características más señeras quedaron reflejadas en el libro del Apocalipsis, chocó de frente con el culto imperial en Asia que, en cierto modo, fue paradigmático para todo Oriente (Lozano 1995: 122-123).

Como recuerdan Grillo y Abreu (2015: 55-56), el texto del Apocalipsis, como un todo, está impregnado de referencias explícitas del rechazo de su autor a la práctica del culto imperial. De las 7 iglesias a las que el Espíritu dirige su mensaje (Ap 2), en 5 de ellas existía un templo dedicado exclusivamente al culto imperial. La bestia que surge del mar (Ap 13) es la personificación del mal, y representa al Imperio romano. La referencia a Pérgamo como la ciudad donde «*está el trono de Satanás*» (Ap 2,13), tiene sentido cuando tomamos en cuenta que fue el primer centro del culto imperial en Asia Menor. La proclama de los cuatro Seres vivos «*Eres digno, Señor y Dios nuestro, de recibir la gloria, el honor y el poder*» (Ap 4,11), representa probablemente una protesta contra la adoración al emperador. Del mismo modo, la afirmación de que el Cordero vencerá a la Bestia porque es «*Señor de señores y Rey de reyes*» (Ap 17,14) implica que la autoridad de Jesús era superior a la del emperador. El Apocalipsis puede ser visto, concluye Jones, «como una protesta contra el culto del Emperador y como una exhortación a las iglesias para que resistieran a sus exigencias» (Jones 1980: 1034).

Con el objetivo de contextualizar tales implicaciones, Horsley presenta, en primer lugar, aspectos del culto imperial como fueron percibidos en algunas regiones del Imperio, sobre todo en Asia Menor: 1) El culto al emperador se practicó en las ciudades griegas con base en sus propias religiones y conforme sus particularidades. 2) El emperador era considerado como otro Dios y, por extensión, como parte del panteón particular de las comunidades regionales. 3) Las ceremonias en honor del emperador fueron modeladas a partir de las ceremonias tradicionales griegas dedicadas a sus propios dioses. 4) Los sacrificios se convirtieron en uno de los medios para relacionarse con el emperador. 5) Por medio de la construcción de templos y santuarios, así como de la instalación de imágenes del emperador en lugares importantes de la ciudad, la presencia imperial también permeó los espacios públicos. 6) De forma semejante, por medio de los festivales públicos, enfocados en los eventos imperiales, el culto al emperador permeó la vida pública y cultural. 7) Por medio de los rituales, sacrificios y festivales se celebró, entonces, la supremacía de los emperadores y los beneficios del orden imperial (Horsley 1997: 10-24).

Desde la visión joánica que refleja el Apocalipsis, era imposible cualquier tipo de diálogo y entendimiento entre la ciudad terrena (el Imperio) y la ciudad celeste (la Iglesia), por lo que el conflicto era inevitable. Y una de las máximas expresiones de esa profunda divergencia era el culto al emperador (*cf.* Campanile 2001: 473-488; 2004: 69-79; De Jonge 2002: 127-141; Friesen 2001; Friesen-Neokoros 1999; Hunt 2019; Price 1984). Esta misma línea de pensamiento fue seguida por otros pensadores cristianos, fuera del área geográfica señalada, como es el caso de Tertuliano, en Cartago, quien, en una de sus obras más conocidas, el *Apologeticum*, dedica tres capítulos a esta espinosa temática: caps. 33-35: *que el emperador no es dios sino solo hombre, y no puede ser llamado señor* (Blázquez 1995a: 309-310; Rankin 2001: 204-216; Tertuliano 1954: 143-147).

Es cierto que algunos autores han enfatizado el aspecto político del culto imperial, pero no por ello se puede minusvalorar su neta dimensión religiosa. Para muchas personas, el culto al emperador estaba imbricado en una visión cosmológica, de base religiosa, que asociaba la tranquilidad de la vida social y natural al culto a los dioses y, entre ellos, a los emperadores (Grillo y Abreu 2015: 49-65). Ello conllevaba necesariamente que quienes, como los judíos y los cristianos, rehusaran participar en el culto imperial, fuesen visto con sospecha, y su actitud de rechazo fuera origen también de conflictos con el Imperio. Esa era la opinión del filósofo pagano Celso, quien en su *Discurso verdadero* (c. 180), sostenía la obligación de los cristianos de adorar al emperador, sin encontrar que fuese nada negativo jurar por la fortuna del monarca. Es más, Celso sostenía que la piedad era más completa cuando se extendía a todos los dioses, llegando a afirmar que, si todos los habitantes del Imperio hiciesen lo mismo que los cristianos, el emperador se quedaría solo, y los bienes de la tierra caerían en poder de los bárbaros, destruyéndose así el Imperio (Blázquez 1995b: 184-185).

5. LA *ACCLAMATIO* EN EL ARTE PALEOCRISTIANO

Si bien el cristianismo primitivo rechazó la *apotheosis* imperial como incompatible con el reconocimiento de Cristo como Dios encarnado, no presentó tantas objeciones para usar un gesto pagano de reconocimiento al emperador y aplicarlo a Cristo para confesar la fe en su divinidad. Se trata de la *acclamatio* (Andresen 1971: 90; Corby 2017: 7-8; Klauser 1950a: 216-233; Schmidt 1893: 147-150; Smith 1890a: 7).

La *acclamatio* era un gesto con el que el pueblo reconocía al emperador y lo saludaba afirmando su superioridad frente a los demás mortales, levantando el brazo y agitándolo.

Este gesto se solía hacer cuando el emperador visitaba las ciudades del Imperio o pronunciaba un discurso en la Curia o en el Senado. En los relieves de la columna de Trajano se conservan varias representaciones paganas de este gesto.

La iconografía cristiana se apropió de este gesto pagano y lo usó en distintas representaciones de Cristo, sobre todo en las que perseguían reflejar el carácter divino de Jesús, reconocido como Dios por los apóstoles. La idea teológica que subyace en esta «apropiación» y «reconversión gestual» no es otra sino la afirmación de Cristo como maestro de la verdadera doctrina, señor inmutable y eterno. A partir de esta confesión de fe visual, los artistas cristianos configuraron la escena del concilio celeste, como visión plena del supremo colegio apostólico, símbolo de toda la Iglesia docente y discente. De esta composición estática, en la que la inmovilidad de los personajes parece expresar la inmutabilidad y la perennidad de la enseñanza divina, se derivaron dos composiciones sustancialmente diversas: la *Traditio legis* (también luego la *Traditio clavium*), verdadera y propia *missio apostolorum*, y el *Christus imperator*, sentado o de pie como en una sala de corte (*cf.* Awes Freeman 2015: 159-195).

En esta última representación, el movimiento parte de la comunidad y se concreta en el gesto oratorio o de aclamación del colegio apostólico o de los dos príncipes de los apóstoles –Pedro y Pablo– al Señor resucitado, Alfa y Omega de todo el ser. En cuanto al origen de las figuraciones de Cristo sentado en un trono entre los apóstoles debe colocarse en el s. III, cuando el Imperio experimenta decadencia y crisis, y la evangelización convirtió a la Iglesia en la primera fuerza espiritual del Imperio (Testini 2009: 112-113). No se puede olvidar el contexto político en que se produjo esta evolución iconográfica desde el paganismo al cristianismo. Como advierte el ya citado Pasquale Testini, el problema fundamental del poder imperial durante el s. III fue la búsqueda de un signo visible de su legitimidad, y ese testimonio fue sistemáticamente buscado en el hecho religioso. Ya durante los dos primeros siglos del Imperio, el augusto se atribuyó y pretendió del Estado honores divinos: celebración de los «Natalia», imágenes sagradas, culto al Genio, atribución de nombres de meses, juramento en su nombre, fueron expresiones todas ellas del culto imperial. A pesar de ello, todavía se permanece en los límites de un culto «ad munus» y no «ad personam». Y también cuando se reserva los atributos de una divinidad o el título solar de de «invictus», el emperador permanece como un mediador entre el dios supremo y el pueblo.

En el s. III, la progresiva penetración de las religiones orientales ayudó a modificar gradualmente la soberanía imperial en poder absoluto que tendía a absorber toda la autoridad religiosa subordinando los cultos. El emperador Decio (249-251) manifestó públicamente esta nueva concepción del poder, obligando a todos los ciudadanos del Imperio indiscriminadamente a sacrificar por los dioses tutelares del Estado, provocando por esta razón el inicio de una cruenta persecución. Un paso más dio el emperador Aureliano (270-275) cuando transformó la persona del emperador en *Pontifex Maximus* del Sol, en *Deus et Dominus natus* con emblemas solares. Y, finalmente, Diocleciano (284-305) anuló todo testimonio de legitimidad fuera de su persona, para centrarla en sí en cuanto encarnación de la divinidad suprema y como Júpiter, dispensador del poder legítimo. Por eso, él afirmaba que provenía de la raza de Júpiter, colocaba a Maximiano entre la descendencia de Hércules y, fuera de todo vínculo de consanguineidad, sostenía que los tetrarcas pertenecían a la descendencia divina, como seres *engendrados por los dioses* (*theotikstoí*).

En contraposición y neto contraste con esta concepción de la soberanía imperial, el cristianismo, desde sus orígenes, exaltó la realeza de Cristo pastor sobre su rebaño y al mismo tiempo lo confesó como guía, señor (*Kyrios*) y salvador (*sotêr*) de su milicia. En este contexto hay que situar el origen de la representación de Cristo entre los apóstoles, del Maestro en el trono entre los componentes del concilio celeste y la representación de los apóstoles con el gesto de la *acclamatio*. La representación de Cristo solo está iconológicamente en antítesis a la iconografía oficial, ya que iconográficamente se inspira en composiciones celebrativas oficiales paganas, entre las que Testini señala la decoración esculpida en el arco de Galerio en Tesalónica, erigido para celebrar la campaña militar victoriosa contra los persas el año 297, y datable hacia el 303, precisamente el año del inicio de la persecución de Diocleciano. En uno de los relieves aparecen los dos augustos –Diocleciano y Maximiano– coronados por dos victorias, y a sus lados los dos césares –Galerio y Constancio Cloro–, acompañados por las figuras de dos provincias liberadas: Siria y Britannia. En los extremos, las figuras de los Dióscuros con otras divinidades simbolizan el ámbito cósmico de la soberanía de los tetrarcas y la eternidad de su poder.

Así las cosas, se puede considerar este relieve como un ejemplo de «*maiestas*» transferida de Júpiter a la realeza imperial, como ya había aparecido en las monedas. Dos ejemplos más de este tipo de relieves, como los del arco de Constantino en Roma (*oratio Augusti* y *Liberalitas Augusti*) y la base del obelisco de Teodosio en la antigua Constantinopla, prolongan una composición que, a partir de Diocleciano, fue asumida por la iconografía oficial para las celebraciones de la corte (Testini 2009: 117-118).

A partir del s. IV y con el mismo esquema compositivo aparece en la pintura cimiterial la representación de Cristo entre los apóstoles. Como en el modelo del filósofo, la iconografía cristiana toma de las representaciones contemporáneas modelos que reformula. Empiezan las representaciones en las pinturas de las catacumbas, para pasar después a los edificios de culto, sarcófagos y otras representaciones artísticas. Se encuentran representaciones de este modelo en las catacumbas de Pietro y Marcellino de Roma, en la cripta de Ampliato y el cubículo «dei Flornai» (catacumbas de Domitila, Roma) y en las catacumbas «dei Giordani», datables estas representaciones entre finales s. III y principios del s. IV.

Este es el contexto en el que se produjo una evolución de este modelo iconográfico, que se explica también por el ambiente político-religioso de la época. El énfasis en el carácter divino de los emperadores había llevado progresivamente a la adopción de algunos rituales orientales, como la adoración, la *proskynesis*, desde tiempo de la dinastía de los Severos (193-235), pero no se había creado una iconografía propia para representar la adoración de los emperadores, aun cuando sí se conservan algunos relieves, como los ya citados de Tesalónica, y de la Columna de Trajano en Roma, donde los bárbaros sí aparecen con esa actitud de adoración al emperador. Pero, y es lo que nos interesa, la iconografía imperial recurrió a otro gesto de veneración o adoración del gobernante: la *acclamatio*, que era la expresión singular o coral de consenso, vítor triunfal que tenía una larga tradición. En este esquema compositivo, los personajes se colocan al lado del soberano con actitud deferente y manifiestan su sentimiento de adoración levantando la mano derecha con la palma extendida. Así fue imitado por la iconografía cristiana, sustituyendo al emperador por la figura de Cristo. La paz constantiniana también significó un contexto propicio para este desplazamiento simbólico, pues para los cristianos posteriores al 313, se había inaugurado ya el reino de Cristo en la tierra, como aparece claramente en el pensamiento del historiador Eusebio de Cesarea. Entre las representaciones de la *acclamatio* a Cristo por parte de los apóstoles se pueden citar el desaparecido ábside de la antigua iglesia romana de Sant'Andrea de Catabarbara (Armellini 1891: 815-817; Kalas 2013: 279-302; Testini 1963: 230-300), piezas vítreas, como la patena paleocristiana de Cástulo o el vaso de Orune en Cerdeña (Nieddu 2012: 584-587), varios sarcófagos –como el de Arlés y el de Manosque (Francia)–, y algunos mosaicos absidiales, como el de la basílica romana de San Cosme y San Damián (Testini 2009: 120).

6. PERVIVENCIA DE MODELOS PAGANOS EN LA ERA POSCONSTANTINIANA

Como ya se ha señalado, cuando el cristianismo se convirtió en *religio licita* gracias al edicto de Milán (313) suscrito por Constantino y Licinio, la apoteosis imperial empezó a perder sentido, en un proceso que se aceleró con la declaración de la oficialidad del cristianismo como religión del Imperio, con el edicto de Tesalónica, del emperador Teodosio (380). Sin embargo, el peso de la inercia histórica se hizo sentir todavía a lo largo del s. IV, y la apoteosis imperial conoció una efímera restauración en el reinado de Juliano el Apóstata (361-363), quien, fiel a la tradición pagana, quiso para sí la apoteosis.

Si para el cristianismo la apoteosis o deificación de un mortal era imposible, sin embargo, sí continuaron usándose modelos iconográficos paganos para representar la *apoteosis*, que ya no se consideraba privativa del emperador o de algún miembro de su familia, sino de otras personas pertenecientes a las élites senatoriales, que fueron, junto con los campesinos, los últimos colectivos sociales en cristianizarse. Tal es el caso del llamado *Díptico de los Símacos*. Se trata de una placa de marfil de finales del siglo IV d.C., fue probablemente comisionado por el senador Quinto Aurelio Símaco, que fue un firme defensor de la religión pagana frente al progresivo afianzamiento del cristianismo, y que, en el año 384, cuando era prefecto de Roma, llegó a enfrentarse a san Ambrosio de Milán, por la retirada del altar de la Victoria en el Senado (AA. VV. 2013: 42-43).

El relieve de marfil representa la apoteosis de una persona con una toga, probablemente no un emperador –como era lo habitual– sino un miembro de la familia del comitente. Aparece la pira ritual con la que comenzó el funeral, del que destacan dos águilas. En la parte superior del relieve, el difunto es transportado al cielo por dos genios alados, que son dos personificaciones de los vientos. El cielo está simbolizado a la derecha por un arco de círculo con la mitad invernal del zodíaco, detrás del cual aparece Helios, caracterizado por un nimbo irradiado alrededor de la cabeza. La presencia de las dos águilas hizo pensar en la apoteosis de dos personajes, el segundo de los cuales aparecería en la mitad izquierda del díptico, ahora perdido (Weitzmann 1979: 45-51 y 88). En definitiva, el díptico de Símaco constituye un documento de propaganda pagana en una corte –la del emperador Teodosio–, ya cristianizada en gran parte, y muestra la pervivencia iconográfica de la *apoteosis* imperial, aplicada a una persona que ya no pertenecía a una estirpe imperial, aunque formase parte de la élite dirigente senatorial (*cf.* Cracco 1977: 425-480).

Casi en paralelo iconográficamente, y muy cercana en el tiempo, podemos señalar el panel de la Ascensión de la puerta de la basílica de Santa Sabina, en Roma. La Ascensión de Cristo fue un motivo iconográfico no muy repetido en el arte paleocristiano, pero que, como en la imagen a la que nos referimos, alcanzó un grado de singularidad notable, asumiendo elementos paganos de la *apotheosis* (*cf.* Schmid 1994: 268-276).

Pero más evidente es la dependencia con la iconografía pagana de la *acclamatio* precisamente en el relieve conocido como de la *acclamatio*, de las mismas puertas de la basílica de Santa Sabina (Delbrueck 1949: 215-217; Foletti 2014: 258-262), lo que demuestra la pervivencia de modelos iconográficos paganos en el arte cristiano, redimensionados para expresar la idea de divinidad, no aplicada ya al emperador, sino a Cristo.

BIBLIOGRAFÍA

ALVAR EZQUERRA, J. (1999): «Religión, política y cohesión social: el culto al emperador», en A. Domínguez Monedero, D Plácido Suárez, F. J. Gómez Espelosín y F. Gascó (eds.), *Historia del mundo clásico a través de sus textos*: 272-280. Madrid, Alianza.

ANDRESEN, C. (1971): *Einführung in die christliche Archäologie*. Göttingen, Vandenhoeck & Ruprecht.

Apoteosi da uomini a dei. Il Mausoleo di Adriano (2013). Roma, Palombi Editori.

ARMELLINI, M. (1891): *Le chiese di Roma dal IV al XIX secolo*. Roma, Tipografia Vaticana.

AURELIO PRUDENCIO (1966): *Aurelii Prudentii Clementis Carmina* (cura et studio Mauricii P. Cunningham). Turnholti, Brepols.

AURELIO PRUDENCIO (1981): *Obras completas*. Ed. bilingüe de A. Ortega. Madrid, BAC.

AWES FREEMAN, J. (2015): «The Good Shepherd and the Enthroned Ruler: A Reconsideration of Imperial Iconography in the Early Church», en L. M. Jefferson, y R. M. Jensen (eds.), *The Art of Empire. Christian Art in Its Imperial Context*: 159-195. Augsburg, Fortress Publishers.

BAYET, J. (1984): *La religión romana. Historia política y psicológica*. Madrid, Cristiandad.

BERMEJO RUBIO, F. (2014): «La génesis del proceso de divinización de Jesús el Galileo: ensayo de *status quaestionis*», *ARYS. Antigüedad: Religiones y Sociedades* 12: 293-320.

BICKERMANN, E. (1929): «Die römische Kaiserapotheose», *Archiv für Religionwissenschaft* 27: 1-34.

BLÁZQUEZ MARTÍNEZ, J. M. (1995a): «El culto imperial y los cristianos», en A. Piñero, S. Fernández Ardanaz, A. Lozano, J. M. Blázquez, C. Martínez Maza, G. López Monteagudo y J. Alvar (eds.), *Cristianismo primitivo y religiones mistéricas*: 307-312. Madrid, Cátedra.

BLÁZQUEZ MARTÍNEZ, J. M. (1995b): «La reacción pagana ante el cristianismo», en A. Piñero, S. Fernández Ardanaz, A. Lozano, J.M. Blázquez, C. Martínez Maza, G. López Monteagudo y J. Alvar (eds.), *Cristianismo primitivo y religiones mistéricas*: 157-188. Madrid, Cátedra.

BONAMENTE, G. (1988): «Apoteosi e imperatori cristiani», en G. Bonamente y A. Nestori (a cura di). *I cristiani e l'impero nel IV secolo*: 107-142. Macerata, Università degli studi di Macerata.

BONAMENTE, G. (2011): «Dall'imperatore divinizzato all'imperatore santo», en R. L. Testa (ed.), *Pagans and Christians in the Roman Empire: The Breaking of a Dialogue (IVth-VIth Century A.D.)*: 339-370. Münster, LIT Verlag.

BONAMENTE, G. (2014a): «Teodosio il Grande e la fine dell'apoteosi imperiale», en R. L. Testa (eds.), *Politica, religione e legislazione nell'impero romano (IV e V sec. d.C.)*: 17-36. LIT Verlag Münster.

BONAMENTE, G. (2014b): «Teodosio I, imperatore senza apoteosi», en T. Gnoli y F. Muccioli (eds.), *Divinizzazione, culto del sovrano e apoteosi. Tra Antichità e Medioevo*: 359-378. Bologna, Bononia University Press.

BONAMENTE, G. y NESTORI, A. (eds.) (1988): *I cristiani e l'impero nel IV secolo*. Macerata, Università degli Studi di Macerata.

BOUSSET, W. (1913): *Kyrios Christos. Geschichte des Christusglaubens von den Anfängen des Christentums bis Irenaeus*. Göttingen, Vandenhoeck & Ruprecht.

BOWESOCK, G. W.; BROWN, P. y GRABAR, O. (eds.) (2001): *Interpreting Late Antiquity. Essays on the Postclassical World*. Cambridge (MAS)-London, The Belknap Press of Harvard University Press.

BRENT, A. (1999): *The imperial cult and the development of Church order: concepts and images of authority in paganism and early Christianity before the age of Cyprian*. Leiden, Brill.

BROWN, P. y LIZZI TESTA, R. (eds.) (2011): *Pagans and Christians in the Roman Empire: The Breaking of a Dialogue (IVth-VIth Century A.D.). Proceedings of the International Conference at the Monastery of Bose (20-22 October 2008)*. Wien, LIT Verlag.

CABRERO PIQUERO, J. y FERNÁNDEZ URIEL, P. (2015): *Historia Antigua II: el mundo clásico. Historia de Roma*. Madrid, UNED.

CADENAS GONZÁLEZ, A. (2017): «El culto imperial y la divinidad del emperador en la antigüedad tardía, dos conceptos a debate», *Espacio, tiempo y forma. Serie II historia antigua* 30: 31-44.

CAMPANILE, M. D. (2001): «Ancora sul culto imperiale in Asia», *Mediterraneo Antico* 4.2: 473-488.

CAMPANILE, M. D. (2004): «Asiarchi e archiereis d'Asia: titolatura, condizione giuridica e posizione sociale dei supremi dignitari del culto imperiale», en G. Labarre (ed.), *Les cultes locaux dans le monde grec et romain*: 69-79. Lyon, Institut Archeologie.

CERFAUX, L. y TONDRIAU, J. (1957): *Le culte des souverains dans la civilisation gréco-romaine: un concurrent du christianisme*. Tournai, Desclée et Cie.

CLAUSS, M. (1999): *Kaiser und Gott: Herrscherkult im römischen Reich*. Stuttgart, De Gruyter.

CORBY FINNEY, P. (2017): «Acclamatio», *The Eerdmans Encyclopedia of Early Christian Art and Archaeology* 1: 7-8.

CORBY FINNEY, P. (ed.) (2017): *The Eerdmans Encyclopedia of Early Christian Art and Archaeology* 1. Grand Rapids, William B. Eerdmans Publishing.

COSCARELLA, A. y DE SANTIS, P. (eds.) (2012): *Martiri, santi, patrini: per una archeologia della devozione. Atti X Congresso Nazionale di Archeologia Cristiana*. Calabria, Università di Calabria.

CRACCO RUGGINI, L. (1977): «Apoteosi e politica senatoria nel IV s. d.C.: il dittico dei Symmachi al BritishMuseum», *Rivista Storica Italiana* 89: 425-480.

Cristianismo primitivo y religiones mistéricas (1995). Madrid, Cátedra.

DANIÉLOU, J. (2004): *Teología del judeocristianismo*. Madrid, Cristiandad.

DE JONGE, H. J. (2002): «The Apocalypse of John and the Imperial Cult», *Kykeon. Studies in Honor of Hendrik S. Versnel*: 127-141. Leiden, Brill.

DELBRUECK, R. (1949): «The Acclamation Scene on the Doors of Santa Sabina», *The Art Bulletin* 31: 215-217.

DI COSMO, A. P. (2002): «L'evento morte e la teoria del potere: le elaborazioni pagane e cristiane circa l'ultra-vita dei sovrani», *Cuadernos Medievales* 28: 1-30.

DRAKE, H. (2016): «The Imperor as a 'Man of God': The impact of Constantine the Great's: Conversion on Roman Ideas of Kingship», *História* (São Paulo): 1-17.

DUMÉZIL, G. (1970): *Archaic Roman Religion*. Baltimore-London, The Johns Hopkins University Press.

FISHWICK, D. (1985): *The Imperial Cult in the Latin West. Studies in the ruler cult of the western provinces of the Roman Empire. Religions in the Graeco-Roman world* 1-3. Leiden, Brill.

FOLETTI, I. (2014): *Le porte lignee di Santa Sabina. La zona liminare del nartece e l'iniziazione cristiana.* Brno, Universitas Masarykiana.

FRIESEN, S. J. (2001): *Imperial Cults and the Apocalypse of John: Reading Revelation in the Ruins.* Oxford, Oxford University Press.

FRIESEN, S. J. y NEOKOROS, T. (1993): *Ephesus, Asia, and the Cult of the Flavian Imperial Family.* Leiden, Brill.

GNOLI, T. y MUCCIOLI, F. M. (eds.) (2014): *Divinizzazione, culto del sovrano e apoteosi. Tra Antichità e Medioevo.* Bologna, Bononia University Press.

GRADEL, I. (2004): *Emperor Worship and Roman Religion.* Oxford, Oxford University Press.

GRILLO, J. G. C. y ABREU FUNARI, P. P. (2015): «El Culto Imperial Romano y el Cristianismo inicial, algunas consideraciones», *Mundo Antigo* 6: 49-65.

HAASE, W. (ed.) (1980): *Aufstieg und Niedergang der römischen Welt, II - Geschichte und kultur Roms im Spiegel der neueren Forschung. Principat,* 23, 2: 1023-1054. Berlin-New York, De Gruyter.

HERZ, P. (1978): «Bibliographie zum römischen Kaiserkult (1955-1975)», *Aufstieg und Niedergang der römischen Welt* 2.16.2: 833-910.

HILLER VON GAERTRINGEN, F. (1895): «Apotheosis», *Paulys Realencyclopädie der classischen Altertumswissenschaft* II,1: 184-188.

Historia del mundo clásico a través de sus textos (1999). Madrid, Alianza.

HORSLEY, R. A. (ed.) (1997): *Paul and Empire: Religion and Power in Roman Imperial Society.* Harrisburg, Trinity Press.

HORSTMANNSHOFF, H. F. J.; SINGOR, H. W.; VAN STRATEN, F. T. y STRUBBE, J. H. M. (eds.) (2002): *Kykeon. Studies in Honor of Hendrik S. Versnel.* Leiden, Brill.

HUNT, L. J. (2019): *Jesus Caesar. A Roman Reading of the Johannine Trial Narrative.* Tübingen, Mohr Siebeck.

HURTADO, L. (2008): *Señor Jesucristo. La devoción a Jesús en el cristianismo primitivo.* Salamanca, Sígueme.

HURTADO, L. (2013): *¿Cómo llegó Jesús a ser Dios? Cuestiones históricas sobre la primitiva devoción a Jesús.* Salamanca, Sígueme.

JEFFERSON, L. M. y JENSEN, R. M. (eds.) (2015): *The Art of Empire. Christian Art in Its Imperial Context.* Minneapolis, Fortress Press.

JONES, D. L. (1980): «Christianity and the Roman imperial cult», *Aufstieg und Niedergang der römischen Welt,* II 23.2: 1023-1054.

JONES, L. (ed.) (2005): *Encyclopedia of Religion.* Detroit, Thomson.

KAHLOS, M. (ed.) (2016): *Emperors and the Divine – Rome and its Influence.* Helsinki, University of Helsinki.

KALAS, G. (2013): «Architecture and élite identity in Late Antique Rome: appropriating the past at Sant'Andrea Catabarbara», *Papers of the British School at Rome* 81: 279-302.

KANTORIWICZ, E. H. (2012): *Los dos cuerpos del rey. Un estudio de teología política medieval.* Madrid, Akal.

KELLY, CH. (2001): «Empire Building», en G. W. Bowersock, P. Brown y O. Grabar (eds.), *Interpreting Late Antiquity. Essays on the Postclassical World*: 170-195. Harvard, University Press.

KIRSCHBAUM, E. (dir.) (1994): *Lexikon der christlichen Ikonographie* 2. Roma-Freiburg-Basel-Wien, Herder.

KLAUSER, TH. (1950a): «Akklamation», *Reallexikon für Antike und Christentum* 1: 216-233. Stuttgart, Hiersemann Verlag.

KLAUSER, TH. (dir.) (1950b): *Reallexikon für Antike und Christentum* 1. Stuttgart, Hiersemann Verlag.

KNOX, W. L. (1948): «The "Divine Hero» Christology in the New Testament", *The Harvard Theological Review* 41: 229-249.

LABARRE, G. (ed.) (2004): *Les cultes locaux dans le monde grec et romain. Actes du colloque de Lyon 7-8 juin 2001*. Lyon, Université Lumiére.

LANDFESTER, M.; CANCIK, H. y SCHNEIDER, H. (eds.) (2006): *Brill's New Pauly classical tradition* 1. Leiden, Brill.

LIZZI TESTA, R. y ESCRIBANO PANO, M. V. (eds.) (2014): *Politica, religione e legislazione nell'impero romano (IV e V sec. d.C.)*. Bari, Edipuglia.

LOHMEYER, E. (1919): *Christuskult und Kaiserkult*. Tübingen, J. C. B. Mohr.

L'ORANGE, H. P. (1982): *Apotheosis in ancient portraiture*. New Rochelle (N. Y.), Caratzas Bros.

LÖSCH, S. (1933): *Deitas Jesu und antike Apotheose. Ein Beitrag zur Exegese und Religionsgeschichte*. Rottenburg, Bader'sche Verlagsbuchhandlung.

LOZANO, A. (1995): «Asia Menor en época helenístico-romana. Panorama religioso», en A. Piñero, S. Fernández Ardanaz, A. Lozano, J. M. Blázquez, C. Martínez Maza, G. López Monteagudo y J. Alvar, *Cristianismo primitivo y religiones mistéricas*: 109-155. Madrid, Cátedra.

LOZANO GÓMEZ, F. (2003): «Humillados y ofendidos. Cristianos, judíos y otros contestatarios al culto imperial», *ARYS. Antigüedad: Religiones y Sociedades* 6: 157-169.

LOZANO GÓMEZ, F.; GIMÉNEZ DE ARAGÓN SIERRA, P. y ALARCÓN HERNÁNDEZ, C. (2014): «Reyes y dioses: la realeza divina en las sociedades antiguas», *ARYS. Antigüedad: Religiones y Sociedades* 12: 9-28.

MARSHALL, I. H. (ed.) (1985): *New Testament Interpretation. Essays on Principles and Methods*. Carlisle, The Paternoster Press.

MARTIN, R. P. (1967): *Carmen Christi. Philipians II. 5-11 in recent interpretation and in the setting of early Christian worship*. Cambridge, The University Press.

MISELBROOK, J. (2012): *A Portrait of Christ the Hero in the Epistle to the Hebrews*. Chicago, Loyola University.

NIEDDU, A. M. (2012): «Il problema della cristianizzazione delle aree interne della Sardegna: i vetri incisi recentemente rinvenuti a s. Efisio di Orune», en A. Coscarella y P. De Santis, *Martiri, santi, patroni: per una archeologia della devozione. Atti X Congresso Nazionale di Archeologia Cristiana*: 581-592. Calabria, Università della Calabria.

PIGANIOL, A. (1971): *Historia de Roma*. Buenos Aires, Eudeba.

POLLINI, J. (1990): «Divine Assimilation and Imitation in Late Republic and Early Principate», *Between Republic and Empire: Interpretations of Augustus and His Principate*: 334-363. Berkeley, California University Press.

PRICE, S. R. F. (1984): *Rituals and Power. The Roman imperial cult in Asia Minor*. Cambridge, Cambridge University Press.

RAAFLAUB, K. A. y TOHER, M. (eds.) (1990): *Between Republic and Empire: Interpretations of Augustus and His Principate*. Berkeley-Oxford, University of California Press.

RAHNER, H. (1971): *Miti greci nell'interpretazione cristiana*. Bologna, Il Mulino.

RANKIN, D. (2001): «Tertullian and the Imperial Cult», *Studia Patristica* 334: 204-216.

RIVERO GARCÍA, L. (2018): *La poesía de Prudencio*. Huelva, Universidad de Huelva.

RUFUS FEARS, J. (1977): *Princeps a diis Electus: the divine election of the emperor as a political concept at Rome*. Rome, American Academy.

SANTAMARÍA LANCHO, J. A. (2007): *Un estudio sobre la soteriología del dogma del Descensus ad inferos: 1 Pe 3,19-20a y la tradición sobre «la Predicación de Cristo en los Infiernos»*. München, Ludwig Maximilians-Universität.

SANTOS YANGUAS, N. (2014): «El culto imperial», *'Ilu. Revista de Ciencias de las Religiones* 25: 285-318.

SCHMID, A. A. (1994): «Himmelfahrt Christi», *Lexikon der christlichen Ikonographie* 2: 268-276.

SCHMIDT, J. (1893): «Acclamatio», *Paulys Realencyclopädie der classischen Altertumswissenschaft* I,1: 147-150.

SELMI, S. (2009): «Culte impérial et persécution romaine: le cas de l'Afrique», *Synergies Tunisie* 1: 209-224.

SMITH, W. (1890a): «Acclamatio», *A Dictionary of Greek and Roman Antiquities*: 7.

SMITH, W. (dir.) (1890b): *A Dictionary of Greek and Roman Antiquities*. London, J. Murray.

STAUFFER, E. (1955): *Christ and the Caesars*. London, SCM Press Ltd.

STRONG, A. (1915): *Apotheosis and after life. Three Lectures on Certain Phases of Art and Religion in the Roman Empire*. London, Constable and Company.

STROTHMANN, M. (2006): «Apotheosis», *Brill's New Pauly classical tradition* 1: 175-178.

TAEGER, F. (1957-1960): *Charisma. Studien zur Geschichte des antiken Herrscherkultes*. Stuttgart, W. Kohlhammer.

TEJA, R. (2014): «*Non tamen deus dicitur cuius effigies salutatur*: el debate sobre el culto imperial en el imperio cristiano», en T. Gnoli y F. Muccioli *Divinizzazione, culto del sovrano e apoteosi. Tra Antichità e Medioevo*: 343-357. Bologna, Bononia University Press.

TEMPORINI, H. (ed.) (1978): *Aufstieg und Niedergang der römischen Welt* 2.16.2. Berlin-New York, De Gruyter.

TERTULIANO (1954): *Tertulliani opera* 1. Turnholti, Brepols.

TESTINI, P. (1963): «Osservazioni sull'iconografia del Cristo in trono fra gli apostoli. A proposito dell'affresco di un distrutto oratorio cristiano presso l'Aggere serviano a Roma», *Rivista dell'Istituto Nazionale di Archeologia e Storia dell'Arte* 11-12: 230-300.

TESTINI, P. (2009): «Osservazionie sull'iconografia del Cristo in trono fra gli apostoli. A proposito dell'affresco di in distrutto oratorio cristiano presso l'Aggere serviano a Roma», en F. Bisconti, Ph. Pergola y L. Lungaro (*a cura di*), *Scritti di archeologia cristiana. Le immagini, i luoghi, i contesti*: 108-178. Roma, Pontifico Istituto di Archeologia Cristiana.

TOMMASI, C. O. (2005): «Apotheosis», *Encyclopedia of Religion*: 437-441.

TOMMASI, C. O. (2016): «Coping with Ancient Gods, Celebrating Christian Emperors, Proclaiming Roman Eternity: Rhetoric and Religion in Late Antique Latin Panegyrics», en M. Kahlos, *Emperors and the Divine – Rome and its Influence*: 177-209. Helsinki, Helsinki Collegium for Advances Studies.

WEITZMANN, K. (ed.) (1979): *Age of Spirituality: Late Antique and Early Christian Art, Third to Seventh Century*. New York, The Metropolitan Museum of Art-Princeton University Press.

WISSOWA, G. (1900): «Consecratio», *Paulys Realencyclopädie der classischen Altertumswissenschaft* IV,1: 896-902. Stuttgart, Metzler.

WISSOWA, G. (dir.) (1893): *Paulys Realencyclopädie der classischen Altertumswissenschaft* I,1; II, 2; IV,1. Stuttgart, Metzler.

La edición de este libro
se terminó de imprimir
el día 29 de febrero de 2024,
siendo festividad de San Román